GOLDMANN
A R K A N A

POLLY YOUNG-EISENDRATH

Wenn Eltern es *zu gut* meinen

Warum übertriebenes Anspruchsdenken
zu überforderten und egoistischen
Kindern führt

Aus dem Amerikanischen
von Margarete Randow-Tesch

GOLDMANN
ARKANA

Die amerikanische Originalausgabe erschien 2008
unter dem Titel *The self-esteem trap. Raising confident and
compassionate kids in an age of self-importance*
bei Little, Brown and Company, New York, New York, USA.

FSC

Mix
Produktgruppe aus vorbildlich
bewirtschafteten Wäldern und
anderen kontrollierten Herkünften

Zert.-Nr. SGS-COC-1940
www.fsc.org
© 1996 Forest Stewardship Council

Verlagsgruppe Random House FSC-DEU-0100
Das für dieses Buch verwendete
FSC-zertifizierte Papier *Munken Premium Cream*
liefert Artic Paper Munkedals AB, Schweden.

1. Auflage

Deutsche Erstausgabe

© 2009 der deutschsprachigen Ausgabe

Arkana, München,

in der Verlagsgruppe Random House GmbH

© 2008 der Originalausgabe Polly Young-Eisendrath

This edition published by arrangement with Little, Brown
and Company, New York, New York, USA.

Lektorat: Gerhard Juckoff

Satz: KompetenzCenter, Mönchengladbach

Druck und Bindung: GGP Media GmbH, Pößneck

Printed in Germany

978-3-442-33840-5

www.arkana-verlag.de

Für meine Kinder,
Ihre Kinder und deren Kinder

Inhalt

Einleitung

Ich habe dieses Buch geschrieben, weil ich mit meinem Latein am Ende war. Ich hatte Stunde um Stunde in meiner psychotherapeutischen Praxis zugebracht, voller Mitgefühl mit besorgten Eltern, die es beunruhigte, dass es ihren Kindern – Teenager und älter – an gesundem Menschenverstand und an Einfühlungsvermögen für andere mangelte, und viele weitere Stunden mit gebildeten Erwachsenen in den Zwanzigern und Dreißigern, die mit ihrem attraktiven Leben bereits unzufrieden waren, und noch weitere Stunden mit jungen Müttern, die für sich und ihre Kinder unerreichbare Ideale aufstellten. Eines Tages hakte etwas in mir aus. »Es reicht!«

Ich hatte jedes Buch über das Idealisieren und Verwöhnen unserer Kinder gelesen, das es gab. Doch all dieser Lektüre zum Trotz konnte ich keinen Ansatz finden, der es mir oder meinen Klienten erlaubte, aus dem zementierten Denken auszusteigen, in dem wir festsaßen. Es fühlte sich an, als hätten wir Klebstoff unter den Füßen. Dieses zementierte Denken ist die in unserer Kultur vorherrschende Einstellung, dass jeder etwas Besonderes ist, zum Erfolg geboren und potenziell großartig.[1] Innerhalb dieses zementierten Denkens glauben wir, jeder habe etwas Außergewöhnliches zum Leben beizutragen und es sei blamabel, ein ganz gewöhnlicher Mensch zu sein. Diese Einstellung fordert Eltern und Kindern viel ab und sorgt für eine übermäßige Selbstbezogenheit und das unerbittliche Verlangen, zu den Besten zu gehören und das Beste zu haben. Und auch wenn Erziehungsexperten das, was sich innerhalb dieses zementierten Denkens abspielt, kritisch untersucht haben, waren wir bislang nicht imstande, es zu verlassen. Auszusteigen tut sehr weh, wenn wir es uns persönlich ankreiden, überhaupt darin festzustecken, oder keine andere Alternative sehen, glücklich und selbstbewusst zu sein.

In den 70er- und 80er-Jahren des 20. Jahrhunderts starteten Lehrer und Eltern eine Kampagne, um etwas gegen den geringen Selbstwert unserer Jugendlichen zu unternehmen.[2] In der Hoffnung, die Kreativität und den Selbstausdruck der Kinder zu stärken, entstand durch diese schulische und gesellschaftliche Bewegung ungewollt das, was ich die »Selbstwertfalle« nenne: unrealistische Fantasien von Leistung, Reichtum, Macht und Berühmtheit. Wenn sich diese Erwartungen im Erwachsenendasein – zwangsläufig – nicht erfüllen, resultiert daraus eine negative Selbsteinschätzung. Und die Falle einer negativen Selbsteinschätzung kann man nicht mit noch stärkerer Konzentration auf das eigene Selbst entschärfen oder umgehen. Es gibt bereits ein paar gute Bücher zu diesem Thema; einige basieren auf Analysen und andere auf klinischen Beobachtungen.[3] Sie beschreiben ein und dasselbe Problem, obwohl sie es verschieden benennen. Und doch hat niemand die Ursachen des Problems aufgedeckt oder die Lösung gefunden. Zwanghafte Selbstbezogenheit, rastlose Unzufriedenheit, der Druck, außergewöhnlich zu sein, die Weigerung, erwachsen zu werden, Gefühle der Über- (oder Unter-)legenheit und übermäßige Versagensangst sind die Leitsymptome des Problems, die die Betroffenen und die, die sie beob-

achten – Therapeuten, Pädagogen, Eltern und Großeltern – schildern.

Ich könnte mit Etiketten wie »Narzissmus« und »Anspruchshaltung« hantieren, aber ich halte sie für belei-
digend, besonders wenn sie als Urteil, Diagnose oder
Anklage verwendet werden.[4] Statt zu etikettieren,
möchte ich, dass wir uns aus dieser gefährlichen Falle
befreien und uns und andere nicht weiter anklagen.
Deshalb habe ich mich entschieden, selbst ein Buch
darüber zu schreiben. Ich habe schon viele Bücher geschrieben und viele Vorträge vor Laien und Fachleuten
über die Entwicklung im Kindes- und Erwachsenenalter gehalten. Bücher zu schreiben hilft mir zu verstehen, was ich nicht verstehe.

Ich glaubte, für dieses Buch das nötige Rüstzeug mit-
zubringen. Seit über zwanzig Jahren bin ich als Jung'-
sche Analytikerin, Psychologin und Psychotherapeutin tätig.[5] Innerhalb der breiteren Fachrichtung der
Psychoanalyse bin ich auch gut vertraut mit einem
Spezialgebiet, das »Ichpsychologie« genannt wird und
sich mit den Wunden befasst, die entstehen, wenn wir
von unseren Eltern übermäßig idealisiert oder herabge-
setzt wurden. Mein Forschungsgegenstand und mein
akademischer Hintergrund ist die Entwicklungspsycho-
logie, und ich lehre und forsche eingehend über die
Entwicklung in Kindheit und Jugend.

Aber die Arbeit an diesem Projekt erwies sich als viel
schwieriger, als ich gedacht hätte. Ich bin auf große
Empfindlichkeiten und schmerzliche Missverständ-
nisse auf allen Seiten der Selbstwertfalle gestoßen. Erstens möchte niemand die Schuld zugeschoben bekommen, und alle fürchten, genau das würde geschehen.
Eltern möchten nicht hören, dass ein Kind, das sie lie-

ben, infolge ihrer Erziehung unglücklich ist. Zweitens sind sich Eltern und erwachsene Kinder uneins darüber, inwieweit es heutzutage schwieriger ist, erwachsen zu werden als früher. Drittens beginnen wir erst jetzt zu verstehen, wie lange (bis Mitte zwanzig) der Reifungsprozess des menschlichen Gehirns dauert und wie lange junge Menschen demzufolge zur Meisterung jener Fähigkeiten brauchen, die notwendig sind, um autonom zu sein – um vernünftige Entscheidungen für ihr Leben treffen zu können. Weit über die Jahre der frühen Kindheit hinaus entwickeln Teenager und junge Erwachsene immer noch ihre Identität und Werte, wenn man die Entwicklung schon lange für abgeschlossen halten könnte.[6] Und schließlich stellt jeder beim Thema des Ichs die Stacheln auf. Bei der Arbeit an diesem Buch habe ich gelernt, ein Gespräch darüber bei Dinnerpartys zu vermeiden. Schon die bloße Erwähnung schien Menschen unangenehm zu berühren. Es ist, als würden wir alle fürchten, in die Selbstwertfalle zu gehen – leicht reizbar und allzu egoistisch zu sein. All dies machte deutlich, dass ich bei der Behandlung des Problems den richtigen Ton treffen musste. Ich habe viel Suchen, Mühen und Nachdenken darauf verwendet, und sicherlich ist es mir nicht immer gelungen.

Sollte ich Sie also bisweilen kränken, verzeihen Sie mir bitte. Ich möchte ehrlich aussprechen, was mir als Fachfrau und Mensch auffällt. Als Mutter und Großmutter, die ich selber bin, habe ich tiefes Mitgefühl mit dem Leiden aller Beteiligten bei diesem Problem. Aber das Risiko ist groß, wenn wir über das Selbst sprechen.

Kurz nachdem ich zu schreiben begann, wurde mir klar, dass ich es mit einem umfassenden Phänomen unserer Kultur zu tun hatte, nicht nur mit einem psychologischen Problem oder einer Schwierigkeit, die nur bestimmte Erziehungsstile oder Familien betraf. Als Mutter und Erzieherin begann ich irgendwann in den 1980er-Jahren einen Wandel in den gesellschaftlichen Idealen für unsere Kinder wahrzunehmen, aber ich war mir damals nicht sicher, womit ich es zu tun hatte. Ich fragte mich, ob die Rastlosigkeit, die Egozentrik und der Zynismus, die mir bei Jugendlichen und Kindern auffielen, daher kamen, dass die »traditionelle« Erziehung, mit der ich aufgewachsen war, im Verschwinden begriffen war – eine Erziehung, in der die Grenzen zwischen den Generationen klar gezogen wurden und es immer ein Machtgefälle gab. Viele meiner Kollegen (Experten in klinischer Psychologie) behaupteten, diese Veränderungen seien eher das Resultat eines »Aufmerksamkeitsdefizits«: Junge Leute könnten nicht mehr still sitzen und den Vorgängen in ihrer Umgebung Aufmerksamkeit schenken, weil sie auf immer kürzere Aufmerksamkeitsspannen konditioniert seien.[7] Wo ich einen Mangel an Manieren und Respekt für Ältere sah, sahen andere eine biologische Störung oder die weit verbreiteten Wirkungen von Fernsehen, Computerspielen, Popmusik und anderen Aspekten der Jugendkultur. Ich war meiner Sache nicht sicher.

Zu meiner Freude bin ich unlängst auf eine maßgebliche Forschungsarbeit gestoßen, die von der Psychologin Jean M. Twenge stammt und für eine willkommene Klarheit sorgt. Ihre Studie zeigt schlüssig, dass ein epochaler kultureller Wandel in dem stattgefunden hat, was wir unseren Kindern beibringen und von ihnen erwarten. Die Menschen, die zwischen den frühen 1970ern und den ersten Jahren des neuen Jahrtausends zur Welt gekommen sind – heutige Erwachsene in ihren

Dreißigern bis hin zu Grundschulkindern und Kleinkindern –, wurden sämtlich von diesem Wandel geprägt.
In ihrem Fazit aus einer umfassenden Mehrgenerationen-Untersuchung von 1,3 Millionen Amerikanern sagt
Twenge: »Geboren, nachdem Selbstbezogenheit zu
einem Bestandteil des kulturellen Mainstreams wurde,
hat diese Generation nie eine Welt kennengelernt, in der
Pflichterfüllung Vorrang vor dem Ich hatte.«[8] Sie tauft
diese Generation »Generation Ich«. Ich werde ihren Begriff – »Generation Ich« – im gesamten Buch verwenden und wie Twenge darunter jene Altersgruppen zu-
sammenfassen, die gewöhnlich als »Generation X«
(Menschen, die in den späten 60ern und den 70ern geboren sind), »Generation Y« (in den 80er- und 90er-
Jahren Geborene) und »Generation Millennium« (im
neuen Jahrtausend Geborene) bezeichnet werden.[9] Sie
weist nach, dass diese sehr unterschiedlichen Altersgruppen von einer zentralen Ideologie geprägt sind.

Kinder der Generation Ich haben vor allem zu hören
bekommen, dass sie einzigartige Individuen sind und
Begabungen und Stärken besitzen, die nur ihnen eigen
sind: Sie sind »besonders«. Menschen ihrer Generation
haben oft den Eindruck, dass die »Chancen«, die ihnen
angeblich offenstehen, in Wirklichkeit *Forderungen*
sind, außergewöhnlich kreativ und erfolgreich zu sein.
Während es bei oberflächlicher Betrachtung den Anschein haben kann, dass größere Chancen und Vorteile
sich automatisch in höherem Selbstvertrauen und größerer Autonomie niederschlagen müssten, erweist sich
traurigerweise oft das Gegenteil als wahr. Problematisch an der Besonderheit ist, dass sie ein Steckenbleiben in der Selbstwertfalle fördert: eine übermäßige Befangenheit, Isolation und erbarmungslose Selbstkritik.

Die beunruhigendsten Auswirkungen dieser Falle sind das Auftreten von Depression und Ängstlichkeit, wenn man nicht imstande ist, »den eigenen Traum zu leben«.

Was heißt es eigentlich, besonders zu sein oder sich besonders zu fühlen? Ganz wörtlich bedeutet der Begriff »außergewöhnlich«, »hervorragend«, »den Durchschnitt weit übertreffend«. »Besonders« wird oft mit seinem Pendant »einzigartig« verwechselt. »Einzigartig« bedeutet, wie der Name schon sagt, »einzig in seiner Art«. Man kann daher gar nicht sagen, jemand sei einzigartiger als jemand anders, denn etwas, was einzig in seiner Art ist, kann man nicht mit etwas anderem vergleichen. Wenn jeder einzigartig ist, ist das das Ende der Geschichte: Einzigartigkeit wird zum Normalfall. Aber die Aussage: »Du bist so besonders!«, beinhaltet, dass jemand herausragt und sich vom Durchschnitt abhebt. In einer Gesellschaft wie der unseren, die Individualität und Konkurrenz bereits betont, kann das Etikett »besonders« eine Zentnerlast auf unseren Schultern sein, ein unnötiges Extragewicht.

Als ich in den 1980ern zum ersten Mal den Wandel in unserem gesellschaftlichen Befinden wahrnahm, las ich eine wegweisende Studie, die ich beim Schreiben dieses Buches gedanklich im Hinterkopf hatte. Sie erschien 1985 unter dem Titel *Habits of the Heart: Individualism and Commitment in American Life* (»*Gewohnheiten des Herzens: Individualismus und Engagement im amerikanischen Leben*«). Als breit angelegte soziologische Analyse mit Beiträgen vieler Autoren mahnte *Habits of the Heart*, dass wir mit unserer starken Betonung des Individualismus in die Irre gehen könnten:

Wir finden nicht unabhängig von anderen Menschen und Institutionen zu uns selbst, sondern nur durch sie. Wir gelangen niemals eigenständig auf den Grund unserer selbst. Wir entdecken, wer wir sind, von Angesicht zu Angesicht und Seite an Seite mit anderen Menschen, während wir arbeiten, lieben und lernen. Unsere gesamte Aktivität findet in Beziehungen, Gruppen, Verbänden und Gemeinschaften statt, geregelt durch institutionelle Strukturen und interpretiert mithilfe von gesellschaftlichen Sinnmustern. Unser Individualismus selbst ist ein solches Muster.[10]

Diese Studie zeigt, dass viele Wissenschaftler bereits in den 1980ern angestrengt über das Problem des besonderen Selbst nachdachten, zu einer Zeit, als Eltern und Erzieher es noch bei Kindern förderten. Statt unseren Kindern Gemeinsinn beizubringen, lehrten wir sie, sich auf ihre eigenen Leistungen und Erfolgserwartungen zu konzentrieren. Wir haben uns endlose Sorgen um ihren Selbstwert und ihre Selbstachtung gemacht. Warum?

Dieses Buch liefert die bestmögliche Antwort, die ich geben kann. Ich gebe sie im Geiste des Dialogs mit meinen Lesern. Ich glaube, ich kenne das Leiden heutiger Eltern und junger Leute bereits, und ich möchte nicht zu jemandes Elend beitragen. Ein Einstellungswandel ist meiner Meinung nach der Schlüssel, um uns aus der Selbstwertfalle zu befreien und die Bürde des besonderen Selbst fallen zu lassen. Ohne uns oder andere zu beschuldigen, sollten wir der Tatsache ins Auge blicken, dass wir uns alle zusammen in diesem zementierten Denken verfangen haben. Das Problem des besonderen Selbst ist nicht die Schuld einzelner

Eltern, Kinder, Heranwachsender oder Erwachsener. Es ist ein Fehler, den eine ganze Generation unwissentlich und aus ihrer eigenen Bedürftigkeit heraus begangen hat. In diesem Buch verfolge ich die Ursachen der Selbstwertfalle bis in die Kindheit der geburtenstarken Jahrgänge oder der »Babyboomer«* (meiner eigenen Generation) zurück, um mich anschließend mit der Lösung zu befassen.

Ich stütze mich dabei auf meine jahrzehntelange Praxis als Psychotherapeutin, auf meine Kenntnis der menschlichen Entwicklung, meine persönliche Erfahrung als Mutter und Mensch und viele Theorien aus der zeitgenössischen Psychologie. Ich stütze mich auch auf verschiedene religiöse Traditionen, vor allem auf den Buddhismus, den ich seit 1971 studiere und praktiziere. Der Buddhismus stellt unsere westliche Ichpsychologie auf den Kopf und bietet eine völlig neue Sicht, wonach unsere Interdependenz – das wechselseitige Geben und Nehmen – die Grundlage des Selbstvertrauens und Glücks bildet. Im Zentrum seiner Lehren über den Alltag steht die weise Aussage, dass wir sehr stark daran leiden, uns selbst zu ernst zu nehmen und zu glauben, dass Leistungen, Reichtum, Macht oder Berühmtheit uns dauerhafte Befriedigung und Sinn bescheren.[11] Zusätzlich zu Psychologie und Religion wurde der vorliegende Ansatz entscheidend von den umfangreichen Interviews und Recherchen geprägt, die ich für dieses Buch durchgeführt habe. Insbesondere aus diesen Interviews habe ich einige Hypothesen über Sie, meine Leserinnen und Leser, abgeleitet.

---

* Der Begriff »Babyboomer«bezeichnet die geburtenstarken Nachkriegsjahrgänge von 1946 (in Deutschland erst von 1954) bis zum »Pillenknick« Mitte der 1960er-Jahre (Anm. d. Übers.).

Einige Hypothesen über Sie

Ich gehe davon aus, dass Ihnen die Selbstwertfalle Sorgen macht – aufgrund Ihrer eigenen Kindheit, als Eltern, die ihren Kindern die optimale Erziehung geben wollen, als Pädagogen, Angestellte oder Manager, die mit jungen Menschen arbeiten, oder als Therapeuten, die sich genauso ratlos fühlen, wie ich mich fühlte. Ich habe bereits erwähnt, dass wir alle die Stacheln aufstellen, wenn wir anfangen, über das Ich zu sprechen. Wir wollen wissen: »Wessen Ich meinen Sie?« und »Was können Sie denn über mich als Individuum aussagen, ohne mich zu kennen?« Ich möchte behaupten, dass wir unsere Identität ein Stück weit miteinander teilen und uns einen großen Dienst damit erweisen, wenn wir uns bewusst machen, was unsere Kultur oder Gesellschaft zu einem bestimmten Zeitpunkt darüber sagt, was es heißt, ein Mensch und Erwachsener zu sein. Die Annahmen und Erwartungen bezüglich unserer Identität haben sich gerade in der jüngsten Geschichte erheblich geändert, und sie spielen eine große Rolle im Hinblick darauf, wie wir uns als Individuen fühlen.

Davon wird im vorliegenden Buch die Rede sein. An dieser Stelle möchte ich lediglich ein paar weitere Themen im Zusammenhang mit Selbstwert und Besonderheit erwähnen. Zum Beispiel wissen wir aus Forschung und Erfahrung, dass bei Mädchen oft Aussehen und Leistung die Kriterien bilden, um als besonders zu gelten.[12] Bei Jungen sind es Sportlichkeit und Macht (aufgrund von Erfolgen oder intellektueller Überlegenheit).[13] In gewisser Weise haben wir unterschiedliche Werte für das, was geschlechtsspezifisch als besonders gilt. Auch wenn es nützlich ist zu verstehen, wie die Geschlechtszugehörigkeit unsere Selbsteinschätzung beeinflusst, ist dies kein Thema, das ich hier vertiefen werde. Es war das Thema mehrerer meiner früheren Bücher, darunter auch des letzten, *Frauen und Verlangen*.[14] Der komplexe Zusammenhang von Geschlechtszugehörigkeit und Besonderheit würde mich zu sehr von dem Weg abbringen, den ich in diesem Buch einschlagen möchte, indem ich eine neue Denkweise über Selbstwert und Selbstvertrauen darstelle.

Ebenso spielt die soziale Schicht eine Rolle, wenn man die Schwierigkeiten des Besondersseins erörtert. Kindliche Leistungen und Erfolge übertrieben zu fördern und zu loben gilt bei vielen Fachleuten hauptsächlich als Produkt der Mittelschicht- oder Oberschichterziehung.[15] Als ich mit diesem Buch begann, dachte ich auch in diese Richtung. Es gibt die These, wonach Eltern aus der Arbeiterschicht die Grenzen zwischen den Generationen betonen und größeren Respekt fordern und ihre Kinder damit möglicherweise sogar ins Hintertreffen bringen, wenn es darum geht, selbstsicher zu sein oder das zu bekommen, was sie haben wollen. Im Laufe meiner Recherchen und meiner Arbeit am vorliegenden Buch bin ich zu dem Schluss gekommen, dass wir keine strengen schichtenbezogenen Grenzen um die Selbstwertfalle und die heutzutage vorherrschende Betonung, zum Erfolg geboren zu sein, ziehen können. Meiner Ansicht nach sind alle Kinder und Erwachsenen davon betroffen, unabhängig von ihrer sozialen Schicht, weil diese Betonung weithin die Identität und Werte Erwachsener bestimmt. In den Medien, den Schulen und der Werbung wird das Ideal, außergewöhnlich und besonders zu sein, auf eine Art und Weise hervorgehoben, die sich auf uns alle auswirkt im Hinblick darauf, wie wir von uns denken.

Ich versichere Ihnen, meine Leserinnen und Leser, dass ich ausgiebig über Ihre sensiblen Punkte, Ängste und Schmerzen im Zusammenhang mit der Selbstwertfalle nachgedacht habe. Doch um ein Buch zu schreiben, das Sie, wie ich hoffe, mühelos und rasch lesen können, musste ich einen Schwerpunkt setzen. Mir ist durchaus bewusst, dass mein Ansatz nicht immer erschöpfend ist oder konkret auf jedermanns Situation zutrifft. Neben dem Thema der Geschlechtszugehörigkeit gibt es weitere Themen, die ich im vorliegenden Buch ausgespart habe, nämlich Missbrauch, Vernachlässigung und Trauma. Wenn Sie als Kind oder Erwachsener ein Trauma erlitten haben, klingen einige meiner allgemeineren Aussagen vielleicht abstoßend oder unpassend. Ich bitte um Ihre Nachsicht. Ich konzentriere mich hier auf ein spezielles und weit verbreitetes Phänomen: Wie es sich auswirkt, besondere Begabungen, individuelle Leistung und hohe Ansprüche in den Vordergrund zu rücken, als hätte jeder das Zeug dazu, außergewöhnlich zu sein. In manchen Fällen bin ich über die Feinheiten dieses Problems hinweggegangen, um das zentrale Thema so klar wie möglich herausarbeiten zu können.

Meine Recherchen und Interviews

Schon bald nachdem ich mit den Recherchen für dieses Buch begonnen hatte, beschloss ich, für die Darstellung der Selbstwertfalle prinzipiell nicht auf meine eigenen psychotherapeutischen Klienten zurückzugreifen. Da das Thema allerhand sensible Punkte berührt und schnell zu Befangenheit führt, wollte ich nicht meine eigenen Klienten auf die »Bühne« stellen, auch nicht unter Wahrung der Anonymität. Letztlich habe ich nur ein paar Beispiele aus meiner eigenen klinischen Arbeit und ein ausführliches Beispiel von einem jungen Mann genommen, der bei jemand anderem in Therapie war.

Stattdessen beschloss ich, eine Vielzahl unterschiedlichster Menschen zu interviewen. Ich habe mit jungen Erwachsenen in den Zwanzigern und Dreißigern gesprochen, die in der Generation Ich aufgewachsen sind, um etwas über ihr Leben und darüber zu erfahren, wie es war, mit der Forderung nach Besonderheit groß zu werden. Ich habe mich auch mit Pädagogen, Schulpolizisten, Sozialarbeitern, Schulberatern und anderen Fachleuten aus dem therapeutischen Bereich unterhalten, die mit Familien, Kindern, Heranwachsenden und jungen Erwachsenen zu tun haben in einem Umfeld, in dem die Auswirkungen des besonderen Selbst tagtäglich spürbar sind. Ich stellte Fragen zu der Lern-, Liebes- und Arbeitseinstellung und den damit einhergehenden Beziehungen. Obwohl ich einen allgemeinen Fragekatalog hatte, folgte ich dem Gesprächsfaden, der sich spontan zwischen mir und meinen Gesprächspartnern entspann. Ich ließ ihnen meine Fragen vor dem Gespräch zukommen, und wir griffen auf sie zurück, wenn wir zu stark vom Thema abwichen.

Ich habe alles verwendet, was ich in jahrelangen Recherchen zusammengetragen habe, einiges ganz explizit und anderes als impliziten Hintergrund. Die in diesem Buch wiedergegebenen Gespräche haben zwei

Formen. Wenn nur der Vorname des Gesprächspartners genannt wird, handelt es sich um ein Pseudonym, und ich habe, um die Anonymität des Betreffenden zu wahren, seine Geschichte etwas abgewandelt und mit anderen Geschichten kombiniert. Bei anderen Gesprächen werden der volle Name (kein Pseudonym) und die Tätigkeit des Interviewpartners genannt. In allen Fällen handelt es sich um wörtliche Zitate, die von den Betreffenden genehmigt wurden. Neben Interviews habe ich auch eine anonyme Befragung von College-Studenten an drei Universitäten durchgeführt.

Da ich in Vermont lebe und arbeite, fand ein Großteil meiner Recherchen im Nordosten von Amerika statt. Ich habe mit Pädagogen und Fachleuten Kontakt aufgenommen und sie um die Namen von Menschen gebeten, die ich interviewen könnte. Überdies habe ich Menschen angerufen, von deren Arbeit ich gelesen oder gehört hatte. Freunde an anderen Orten stellten für mich ebenfalls Kontakte zu Fachleuten her. Auch einige meiner Gesprächspartner bat ich, mir andere Menschen zu empfehlen, die ich kontaktieren könnte. Die Beschränkung auf meine geografische Umgebung gab mir einige einzigartige Einsichten in die Selbstwertfalle. Vielen anderen Büchern, die ich zur Vorbereitung auf das vorliegende Buch gelesen hatte, lagen Recherchen in Städten oder Ballungsgebieten zugrunde, in denen Eltern und Kinder zu den Besten gehören wollen, was materielle Belohnungen und andere äußere Erfolgskennzeichen angeht (wie etwa Kinder in den elitärsten Schulen unterzubringen, angefangen von der Vorschule bis hin zu Harvard).

Vermont unterscheidet sich in einigen signifikanten Punkten von städtischen Regionen. Viele, die (wie ich) aus Ballungsgebieten abgewandert sind, haben sich in Vermont niedergelassen, weil sie ihr Leben vereinfachen, der Natur näher kommen und sich nicht länger zwingen lassen wollten, nach den materialistischen Werten zu leben, von denen es in amerikanischen Städten und Vororten wimmelt. Viele Paare ließen sich hier in den 1970ern und 1980ern nieder, um ihre Kinder in einem Umfeld aufzuziehen, das ihre Unschuld schützen und humanistische Werte stärken sollte. Aber sosehr ich die Kultur meines Wahlbundesstaates auch liebe und schätze (ich lebe seit zwölf Jahren hier), habe ich sogar hier eine Art Besonderheit festgestellt: einen Perfektionismus in puncto Essen, Sport und Kreativität im Familienleben, der in die Falle führen kann zu glauben, man habe das Leben voll im Griff und könne alles »einfach richtig« machen. Perfektionismus ist ein Zustand, in dem unsere Ideale uns daran hindern, realistisch, flexibel und bescheiden zu sein. Beispielsweise herrschte in Vermont von den 1970ern bis in die 1990er-Jahre hinein die ziemlich weit verbreitete Anschauung, dass Kinder an sich vollständige Individuen seien, die bloß die richtige Ernährung, Unterstützung und Freiheit brauchten, um sich zu dem besonderen Selbst zu entfalten, das in ihnen von Geburt an angelegt war. Auch diese Denkweise kann Schwierigkeiten mit dem Besonderssein heraufbeschwören.

Als ich dieses Buches schrieb, habe ich mit verschiedensten Menschen von unterschiedlicher Herkunft, Geschlechts-, Rassen- und Alterszugehörigkeit gesprochen. Die Selbstwertfalle drückt sich in vielen Formen und Stimmen aus. Ich bin sicher, Sie werden auf diesen Seiten auf eine Stimme stoßen, mit der Sie etwas anfangen können, ganz gleich, wie alt Sie sind oder wo

Sie leben. Und wenn Sie mir Ihre eigenen Gedanken und Fragen zur Selbstwertfalle mitteilen möchten, besuchen Sie bitte meine Webseite unter www.youngeisendrath.com und lassen Sie mich wissen, was Sie denken.

Eine neue Mitte finden

Ein gewisses Maß an Egoismus und Selbstbezogenheit sind notwendig, um unser Leben auf Kurs zu halten, ganz gleich, wie alt wir sind. Aber das Gefühl, in Scham, Beängstigung, Druck oder Konkurrenz festzustecken (und sei es auch nur gedanklich), ist ein Königsweg zum Elend. Wenn wir uns Sorgen um uns machen, wenn wir uns blamiert oder unvollkommen fühlen, fällt es uns schwer, uns zu entspannen, und noch schwerer, uns selbst so zu akzeptieren, wie wir sind. Die normalen Freuden und Genüsse des Lebens entgehen uns, und wir haben möglicherweise das Gefühl, um etwas Grundlegendes gebracht zu werden, selbst wenn unser Leben seinen Gang geht und wir alle Bequemlichkeiten haben, die wir brauchen. Das Problem mit der Besonderheit ist, dass sie uns häufig in eine negative Selbsteinschätzung abgleiten lässt.

Eltern und Kindern wurde etwas anderes vermittelt: nämlich dass besonders sein und sich besonders fühlen Glück und Selbstwert zur Folge haben. Auf ebenso bezeichnende wie traurige Weise hat es leider fast die gegenteilige Wirkung. Auf diesen Seiten bitte ich uns alle, eine Bestandsaufnahme von dem zu machen, was wir in Bezug auf uns und andere fühlen, und eine neue Art von Selbstvertrauen und Mitgefühl mit uns zu finden. Auf unserem gemeinsamen Menschsein und unserer Interdependenz gründend, ist es etwas, was wir »normal sein« nennen könnten. Wenn wir heranwachsen und uns entwickeln, kommen wir allmählich zu der Erkenntnis, dass unser Leben nicht einfach nur uns gehört, damit wir damit tun und lassen, was uns gefällt. Im Laufe unseres ganzen Lebens und besonders in der Kindheit werden wir von unzähligen anderen Menschen unterstützt und versorgt. Menschen und anderen Wesen die Geschenke zurückzugeben, die uns gegeben wurden, ist der gerade Weg zu Glück und Selbstachtung. Es könnte instinktwidrig oder verwirrend erscheinen, Normalität für ein erstrebenswertes Ziel zu halten, aber sie ist wahrhaft eine Errungenschaft. Normalität gründet auf Weisheit, was die Grundbedingung menschlicher Existenz angeht, und auf der Erkenntnis, dass wir alle miteinander verbunden sind und uns gegenseitig brauchen. Unser Leben auf die Wichtigkeit des Normalseins zu gründen – als Mitglied einer Gruppe ebenso wie als ihr Anführer, als abhängiger Teil ebenso wie als einer, von dem andere abhängen, und als Mensch, der mitfühlend mit den Anforderungen umgeht, die das Leben an uns alle stellt – ist ein ganz neuer Ansatz zu Selbstvertrauen.

KAPITEL 1

Das Problem des Besondersseins

Adrienne ist eine große, schlanke, modische und attraktive 33-Jährige, eine erfolgreiche psychiatrische Assistenzärztin, die höchstwahrscheinlich einmal eine exzellente Psychiaterin werden wird. Obwohl sie (kinderlos) geschieden ist, hat es von außen den Anschein, als habe sie ihr Leben im Griff. Gleichaltrige und Kollegen schauen zu ihr auf. Sie hat ihre beruflichen Ziele erreicht, präsentiert sich gut und pflegt einen sehr sportlichen Lebensstil, zu dem Radfahren, Wandern und Yoga gehören. Sie lebt in einem kleinen, komfortablen Haus mit ihrem Hund und zwei Katzen in einem schönen Viertel im Norden Chicagos. Von außen würde man vermuten, dass Adrienne selbstsicher und relativ glücklich ist (abgesehen vielleicht von der Scheidung).

Doch dem ist nicht so. Trotz ihrer beeindruckenden Leistungen wird Adrienne von negativen Selbstwertgefühlen beherrscht und hat Angst, allein zu sein. Seit ihrer Scheidung unterstützen ihre Eltern sie finanziell. Sie wolle nicht wirklich erwachsen werden, sagt sie, und sei sich unsicher, in welche Richtung ihr Leben gehen soll. »Ich frage mich, wie ich mit der Welt da draußen umgehen soll, wenn ich keine Zensuren mehr bekomme?«

Gute Zensuren waren ein wichtiger Bestandteil von Adriennes Kindheit. Wie viele leistungsstarke junge

Frauen wuchs sie in einer Familie der höheren Mittelschicht auf und besuchte gute Schulen. Sie war intelligent, hübsch und gesund. Ihre Eltern sagten ihr wiederholt, sie könne alles tun, was sie wolle, und solle sich
hohe Ziele stecken, denn sie sei so begabt und vielversprechend.

Das einzige größere Problem, mit dem Adrienne konfrontiert war, als sie noch zu Hause bei ihren Eltern
wohnte, war eine Essstörung, die im Sommer nach der
achten Klasse einsetzte. Adrienne weiß von den An-
fängen nur noch, dass sie von einem Feriencamp nach
Hause kam, wo es ihr so gut gegangen war wie noch
nie, und ihre Mutter sagte: »Mir scheint, dass du ein
bisschen zugenommen hast.« Adrienne betrachtete
ihre Hüften im Spiegel und fand sich zu dick. »Das war
mir äußerst peinlich. Ich weiß noch, wie ich mir die
anderen Mädchen anschaute und Vergleiche anstellte,
und dann fing ich eine Diät an. Sie war extrem. Sie bestand hauptsächlich aus Training und Wettkampf-
schwimmen. Ich hatte damals schon ungefähr meine
volle Körpergröße von 1,78 Meter erreicht und nahm
rasch von 125 auf 103 Pfund ab.«

Adriennes Eltern bestanden darauf, dass sie einen
Psychiater aufsuchte und alle seine Ratschläge und An-
weisungen befolgte. Obwohl sich Adrienne sehr gegen
eine Einmischung in die Art, wie sie aß und Sport
trieb, wehrte, kooperierte sie zumindest oberflächlich
mit dem Therapeuten. Sie wechselte auf eine gute private Highschool, in der ihre Mutter Lehrerin war,
schnitt gut ab, und wurde dann an genau dem Elite-
College angenommen, das sie am liebsten besuchen
wollte. Im College hatte sie gute Zensuren und ein gutes
Sozialleben. All diese Erfolge gipfelten darin, dass sie

an der medizinischen Hochschule ihrer Wahl angenommen wurde.

Adrienne hat viel von dem erfüllt, was sich Eltern
aus der Mittelschicht oder mittleren Oberschicht für
ihre Kinder erträumen. Sie war schulisch erfolgreich,
studierte an einem Elite-College und an einer Elite-
Universität, hat eine gut bezahlte und interessante Karriere vor sich und viele gute Freunde. Und dennoch ist
Adrienne weit davon entfernt, mit ihrem Leben glücklich oder zufrieden zu sein. Wenn sie an ihre Erwartungen als Jugendliche zurückdenkt, scheint sie ein
bisschen erstaunt. »Meine Erwartungen waren so etwas
wie Fantasien. Vielleicht nicht einmal Fantasien, denn
für eine Fantasie braucht man irgendeine Vorstellung
oder ein Bild. Ich dachte einfach, dass bei mir schon
alles gut laufen würde. Als ich in den letzten Jahren erkannte, dass meine Ehe nicht funktionierte, bin ich einfach ausgeflippt. Fehlschläge waren bei mir nicht *vor-
gesehen*.« Wenn ich sie jetzt nach ihren Lebenszielen
frage, sagt sie als Erstes: »Ich wünsche mir einfach,
dass es leichter wird.« Dann fasst sie ihre Gedanken in
dem ergreifenden Satz zusammen: »Ich würde nicht
gern in dieser Dunkelheit versinken.«

Adriennes Unglück ist typisch für die Selbstwertfalle, in der viele junge Menschen zwischen 14 und
30 stecken, die die größtmögliche Fürsorge, Aufmerksamkeit, Bildung und Hilfe von Fachleuten genossen
haben, die ihre Eltern ihnen nur bieten konnten. In
meine Praxis kommen viele junge Menschen wie Adrienne, denen ihre negative Selbsteinschätzung und rastlose Unzufriedenheit zu schaffen machen und die sich
vor den Herausforderungen eines Lebens in der Welt
ohne Unterstützung vonseiten der Eltern fürchten. Viele

von ihnen sind Kinder von Babyboom-Eltern. Ich habe
auch viele Eltern in Behandlung, die unglücklich über
das Ergebnis ihrer engagierten Erziehung sind. Nachdem
sie ihr Bestes getan haben, um ihren Kindern alles Erdenkliche zu bieten, sind diese Eltern verletzt, verblüfft,
enttäuscht, ärgerlich und um ihre Kinder besorgt.

Eine andere meiner Klientinnen ist Marie, eine Frau in
den Vierzigern, die einmal in der Woche zur Therapie
kommt. Marie ist Schulberaterin und hat eine warme,
mütterliche Ausstrahlung, die ihre italo-amerikani-
schen Wurzeln verrät. Sie begann bei mir eine Therapie
wegen Machtkämpfen und Kommunikationsproble-
men mit ihrem Mann Andy, mit dem sie seit zwanzig
Jahren verheiratet ist. Auch wenn Marie sich vor allem
von der Last des emotionalen Gepäcks befreien muss,
das sie aus ihrer Kindheit in die Ehe mitgebracht hat,
verbringt sie nun mindestens die Hälfte jeder Thera-
piestunde damit, sich über das eine oder andere ihrer
beiden heranwachsenden Kinder Sorgen zu machen.

Einmal brach sie sogar in Tränen und Schluchzen
aus, als sie mir von einem Vorfall erzählte, der sich
einige Abende vorher abgespielt hatte. Sie war mit
ihrem 19-jährigen Sohn Michael allein zu Hause, als
sie eine Gallenkolik mit heftigen Schmerzen bekam.
Stark schwitzend und kaum imstande zu sprechen, rief
sie ihren Sohn und bat ihn, ihr das Telefon zu bringen.
Er schien erschrocken, als er seine Mutter sah, und
fragte knapp: »Was ist denn mit *dir* los?« Als sie erwiderte, dass es ihr sehr schlecht gehe und sie vielleicht ins Krankenhaus müsse, antwortete er: »Kannst
du mir das Telefon geben, wenn du fertig bist? Ich war
gerade dabei, mir eine Pizza zu bestellen.«

Während ich Marie zuhörte, merkte ich, wie ich nicht nur als Therapeutin, sondern auch als Mutter reagierte, als Schicksalsgefährtin auf dem scheinbar aussichtslosen Weg, einen verantwortungsbewussten, wachen, mitfühlenden jungen Erwachsenen zu erziehen. Ich hatte tiefes Mitgefühl mit Marie, weil ich wusste, wie schwierig es ist, Mutter eines Jugendlichen zu sein.

Als Mutter und Großmutter einiger großartiger und verantwortungsbewusster junger Menschen habe ich es mir zum persönlichen Mantra gemacht zu sagen: »Als Eltern kann man nicht alles richtig machen« und »Wenn man es irgendwie übersteht und alle überleben, hat man gute Arbeit geleistet.« Einerseits bin ich außerordentlich stolz auf meinen Nachwuchs. Andererseits gilt alles, was ich hier über die Schwierigkeiten des Elternseins sage, auch für mich. Auch meine Kinder hatten wie Adrienne und Michael Probleme mit der Selbstwertfalle. Ihr Leben war teilweise von dem Erziehungs- und Unterrichtsstil geprägt, der die Kindererziehung in den letzten Jahrzehnten dominiert hat – und sich weiter fortsetzt. Tatsächlich wird er von jungen Eltern übernommen, die in einem Teufelskreis von gesellschaftlichen Ansprüchen und Wirkungen stecken, deren sie sich wahrscheinlich nicht einmal bewusst sind, und die daher Gefahr laufen, die Fehler ihrer eigenen Eltern noch zu überbieten. Als Mutter und Therapeutin glaube ich, dass die Elternrolle nie zuvor so verwirrend und destabilisierend war. Und nie zuvor hatten wir eine Generation von so verwirrten und unglücklichen jungen Erwachsenen, deren Leben, von außen betrachtet, attraktiv aussieht. Irgendetwas ist auf dramatische Weise falsch gelaufen.

Das Problem

Amerikanische Kinder leiden an einem besonders bedrohlichen und verwirrenden Problem. Zwanghafte Selbstbezogenheit, rastlose Unzufriedenheit, der Druck, außergewöhnlich zu sein, die Weigerung, erwachsen zu werden, Gefühle der Über- (oder Unter-)legenheit und übermäßige Versagensangst sind, wie ich bereits erwähnt habe, die Leitsymptome der Selbstwertfalle. Schon bei ganz kleinen Kindern kann man die Anfänge dieser Symptome beobachten – beispielsweise wenn ein Kind nicht imstande zu sein scheint, seine eigenen Bedürfnisse zugunsten der dringlicheren Bedürfnisse eines anderen zurückzustellen, wie es Marie von ihrem heranwachsenden Sohn schilderte. In ihrer unproblematischsten Form führt die Selbstwertfalle zu unglücklichen Erwachsenen, die sich unvollkommen fühlen, weil sie nicht in der Lage sind, das zu erreichen oder zu sein, was sie sich vorgestellt haben. Im schlimmsten Fall, wenn man in der Kindheit und den jungen Erwachsenenjahren nichts dagegen tut und sie von anderen sozialen Umständen verstärkt wird, kann sie zu chronischen Störungen wie Depression, Narzissmus und Sucht führen.[1]

Jason, ein junger Mann Anfang 20, kam zu mir in die Therapie, weil er das ausgeprägte Gefühl hatte, anderen überlegen zu sein. Dieses Gefühl behagte ihm nicht. Er wusste nicht, woher es kam, aber es machte ihm im Kontakt mit anderen zu schaffen. Wenn Jason neue Leute traf, war er zunächst begeistert und an ihnen interessiert. Aber schon nach etwa einem Monat stellte er fest, dass er sie kritisch beurteilte. Rasch und hämisch erkannte er ihre Mängel und Schwächen.

Schließlich fühlte er sich denen, die ihn anfangs fasziniert hatten, überlegen und betrachtete sich selbst als besser oder fähiger als sie. Fast immer empfand er den Druck, erfolgreich zu sein und andere zu überflügeln. In der Anwesenheit derjenigen, die er insgeheim kritisierte, fühlte er sich unwohl und empfand Desinteresse, dennoch schämte er sich seiner ständigen Urteile. Dieses ganze Gedanken- und Gefühlsspektrum machte ihm auf vielen verschiedenen Ebenen schrecklich zu schaffen.

Jason steckt in der Selbstwertfalle. Das besondere Selbst fordert von dem, der es pflegt, dass er außergewöhnlichen Maßstäben gerecht wird, dass er versucht, jeden Wettbewerb zu gewinnen, und dass er eine konkrete oder vage Größenfantasie im Hinblick auf das Selbst und sein Leben verwirklicht. Wie dieser junge Mann spürte, wird diese Identität zu einem Gefängnis, einer ewigen Falle, aus der es nach Ansicht des Betreffenden keine Befreiung und Rettung gibt. Wer könnte einen schließlich auch retten, wenn man besser als alle anderen ist? Das besondere Selbst ist ein einsamer und Furcht erregender Aufenthaltsort.

Der bedrohlichste Aspekt, wenn man diese Art Selbstgefühl kultiviert, besteht darin, dass es sehr schnell in Gefühle von Blamage und Scham umschlägt. Wenn es dem Betreffenden, und sei es auch nur einen Augenblick lang, nicht gelingt, den Ansprüchen dieses Selbst – der Beste, Schlankste, Klügste, Witzigste und Erfolgreichste zu sein – gerecht zu werden, fällt er in eine Art schwarzes Loch, in die Dunkelheit, von der Adrienne sprach. Innerlich fühlt es sich für den Betreffenden an, als würde sich der Boden unter ihm auftun und er in einen Abgrund stürzen, in dem er allein und ohne Hilfe ist. Je höher der Sockel, die Leistung oder die Fantasie, desto härter der Fall.

Am beängstigendsten ist das Gefühl, allein zu sein, das von dem Unvermögen herrührt, an irgendeinen verlässlichen Zusammenhalt zu glauben, eine Gruppe oder Gemeinschaft, die das Selbst trägt. Diese umfassende Einsamkeit macht es schwer, sich in andere hineinzuversetzen (außer in enge Freunde, die die gleichen Probleme und Ansichten haben), und fördert eine negative Fixierung auf das Selbst. Obwohl das besondere Selbst jedem, der darunter leidet, definitionsgemäß wie ein persönliches Problem erscheint, ist es unter der heutigen Jugend paradoxerweise weit verbreitet.

Wenn ich Menschen wie Adrienne und Jason in der Therapie zuhöre, fällt mir sofort auf, wie unrealistisch ihre Erwartungen sind. Da sie sich von frühester Kindheit an für ungewöhnlich, wenn nicht gar für außergewöhnlich gehalten haben, akzeptieren sie ältere Menschen oft nicht als Rollenmodell. Sie weisen auch die Hinweise oder Fingerzeige zurück, die ihnen signalisieren, dass sie in ihrem Beruf oder ihrer Elternrolle erst am Anfang stehen, dass alle Leistungen einen Prozess beinhalten und sie noch einen weiten Weg vor sich haben, bevor sie Experten sind.[2] Anfänger sein fühlt sich blamabel an. Normal sein reicht nicht. Und diese Weigerung, sich als normal, mit Mängeln behaftet und alles andere als perfekt zu betrachten, kann darauf zurückgeführt werden, wie sie aufgezogen wurden.

Da fürsorgliche Eltern rasch dazu neigen, sich am Leiden und Unglück ihrer Kinder die Schuld zu geben, möchte ich hier etwas noch einmal klarstellen. Das ist kein Buch, in dem es um Schuldzuweisung geht. Die Selbstwertfalle ist komplex und hat viele kulturelle

Ursachen, und sie ist *nicht* das absichtliche Werk für-
sorglicher Eltern oder ihrer Kinder. Wenn wir sie verstehen, können wir die Verantwortung dafür übernehmen, unser Verhalten zu ändern und uns gegenseitig in
diesem Prozess zu unterstützen. Meine Entscheidung,
dieses Buch zu schreiben, entstand unmittelbar aus
meiner tiefen Sympathie und meinem Mitleid mit heutigen engagierten Eltern und rastlosen, unglücklichen
jungen Erwachsenen, die mich aufsuchen, um Hilfe zu
erhalten. Wir alle sind in dem Glauben gefangen, jeder
sei großartig und zum Erfolg geboren und verdiene
ungewöhnliche Chancen, um ein außergewöhnlicher
Mensch zu werden. Um aus dieser Falle herauszukommen, müssen wir eine neue Art von Selbstvertrauen
und Mitgefühl mit uns selbst entwickeln. Auf unserem
grundlegenden gemeinsamen Menschsein und Aufei-
nanderangewiesensein gründend, wurzelt dieses neue
Vertrauen, wie ich bereits sagte, darin, normal zu sein
und sich normal zu fühlen. Sich normal zu fühlen entsteht aus einer Einsicht in die Grundbedingungen
menschlicher Existenz und aus der Erkenntnis, dass
wir alle miteinander verbunden sind. In den 1980ern
wurden wir von den Sozialforschern, die *Habits of the
Heart* schrieben, eindringlich darauf hingewiesen, dass
das einzelne Ich nie wirklich unabhängig von einem
Netzwerk oder einer Gemeinschaft von Menschen sein
kann; aber wir haben diesen Gedanken zu sehr aus den
Augen verloren, als wir anfingen, das Besonderssein zu
betonen. Was ist geschehen?

Zur Beantwortung dieser Frage werden wir zunächst einige zeitgenössische Erziehungsstile analysie-
ren, um zu sehen, wie sie sich auf die Chance der Kinder auswirken, selbstsichere, verantwortungsbewusste

und mitfühlende Erwachsene zu werden. Überdies werden wir von innen und außen eine Reihe problematischer Entwicklungserfahrungen von Kindern beleuchten, die fürsorgliche, engagierte Eltern hatten. Wir werden Menschen ähnlich wie Adrienne, Michael und Jason kennenlernen, die alt genug sind, um die Folgen eines Erziehungsstils zu demonstrieren, der betont, dass jedes Kind zum Erfolg geboren ist. Die heutigen Familien ziehen unsere Zukunft groß. Und viele von ihnen stecken in Schwierigkeiten.

Die Welt da draußen

All unsere Bemühungen, gute Eltern zu sein, vollziehen sich in einem sozialen Kontext, der weitaus größer ist als unsere Familie und unser Freundeskreis. Das soziale Klima beeinflusst, was wir für richtig halten im Hinblick auf das, was wir tun. Wie ich bereits sagte, bekamen Eltern in den letzten Jahrzehnten von Experten zu hören, dass sie den Selbstwert ihrer Kinder stärken sollten, indem sie sie häufig lobten und ihre einzigartigen und außergewöhnlichen Begabungen würdigten. Wir leben auch in einem Klima der biologischen Erklärungsmodelle, was Kinder angeht.[3] Auch wenn Sie vielleicht so gut wie nichts über Vererbungslehre und Gene wissen, pflichten Sie vermutlich der Vorstellung bei, dass einige Verhaltensweisen Ihrer Kinder auf Veranlagung beruhen.[4]

Wenn Eltern zu mir in die Therapie kommen, führen sie ihre Erinnerungen an Tante Millie und Opa Jones an, um zumindest einige der Stärken und Schwächen ihrer Kinder zu erklären. Die kleine Anna ist hyperaktiv, weil in ihren Genen viel manische Depression steckt. Adam leidet ebenso wie sein Vater unter ADS (Aufmerksamkeitsdefizitstörung), aber Adam bekommt Medikamente dagegen und wird hoffentlich nicht wie sein Vater zum Schulversager. Die 16-jährige Sarah scheint in jüngster Zeit ziemlich depressiv zu sein und spricht viel davon, dass sie sich selbst hasst, aber das hat vermutlich mit PMS (dem prämenstruellen Syndrom) zu tun, an dem auch ihre Mutter und ihre Schwester leiden.

Eltern haben oft solche Erklärungen zur Hand, selbst wenn sie wenig über die wissenschaftliche Gültigkeit dieser Denkweise wissen. Sie stellen diese Vorstellungen nicht infrage, weil ihre Ärzte, Nachbarn, die Lehrer und Berater ihrer Kinder und ihre Freunde auch daran glauben. Mit anderen Worten: Das biologische Erklärungsmodell in Bezug auf die Schwierigkeiten ihrer Kinder wird vom sozialen Klima unterstützt. Eltern und ihre fast erwachsenen Kinder halten an ihm auch deshalb fest, weil sie etwas gegen das Problem *unternehmen* können (eine Diagnose einholen, Medikamente nehmen, besondere schulische Vorkehrungen treffen), und solche Vorstellungen häufen bei Eltern nicht noch weitere Schuldgefühle an über das Maß dessen hinaus, was sie bereits als Selbstvorwurf mit sich herumtragen. Gewissenhafte Eltern neigen heutzutage dazu, zuerst sich selbst die Schuld zu geben und dann nach anderen Menschen Ausschau zu halten, die sie beschuldigen können, und gewöhnlich sind das nicht ihre Kinder.

Im vorliegenden Buch werde ich nicht viele biologische Erklärungen liefern, obwohl ich einige Befunde der Neurowissenschaft anführen werde, die uns helfen können zu verstehen, wie sich das Selbst in einem he-

ranwachsenden Kind bildet und entwickelt. Ich werde
auch nicht mit diesen Erklärungsmodellen streiten,
auch wenn ich offen gestanden glaube, dass sie zu
unserem Nachteil überstrapaziert werden.[5] Stattdessen
möchte ich mich in umfassender Weise damit beschäftigen, wie wir unsere Kinder erzogen haben, als die
Babyboomer erwachsen waren und selbst Eltern wurden.

Im Mittelpunkt stehen

Wie ich bereits erwähnt habe, sind zwanghafte Selbstbezogenheit, rastlose Unzufriedenheit, der Druck, außergewöhnlich zu sein, die Weigerung, erwachsen zu
werden, Gefühle der Über- (oder Unter-)legenheit und
übermäßige Versagensangst die Symptome der Selbstwertfalle bei jungen Erwachsenen und manchmal sogar
bei Kindern oder Jugendlichen. Mit diesen Symptomen
sind die vorhersehbaren Schwierigkeiten verbunden,
die ich bei engagierten Eltern beobachte. Sowohl im
therapeutischen als auch im privaten Rahmen erlebe
ich gewissenhafte Eltern, die von ihren Kindern – Kleinkindern, Schulkindern, Jugendlichen oder jungen Erwachsenen – unabsichtlich emotional tyrannisiert werden. Eltern scheinen gegenüber ihren kleinen Kindern
das Sagen zu haben, doch selbst dann kann jede Geste
eines Babys ein übermäßig hohes Maß an Aufmerksamkeit und Beachtung erfahren. Von frühester Kindheit an haben viele Kinder offensichtlich den Vorteil
der Kontrolle in gesellschaftlichen Situationen. Wenn
Kinder wiederholt schreien, fordern, drohen, lügen,
versagen, Sonderregelungen und materielle Dinge for-

dern und gleichzeitig die ihrem Alter gemäßen Pflichten missachten, sind sie in der ungünstigen Position verfrühter sozialer Macht.

Zweifellos haben Sie einen solchen Machtkampf schon einmal miterlebt oder selber mitgemacht.[6] Sie essen in einem Restaurant oder bei jemandem zu Hause zu Abend, und ein Kleinkind, Schulkind oder Teenager dominiert das Geschehen. Das Kleinkind stört möglicherweise oder rennt umher. Vielleicht sind die Eltern verlegen, peinlich berührt oder lassen es gewähren, aber es gelingt ihnen nicht, das Kind aus dem Mittelpunkt zu verbannen. Das Schulkind wird vielleicht von den Erwachsenen gebeten, Meinungen oder Fakten zu äußern, die das Wissen oder Können des Kindes demonstrieren sollen. Einige Kinder beteiligen sich einfach an jedem Gespräch in der festen Überzeugung, dass ihre Meinung willkommen ist. Der Teenager wird die Zusammenkunft wahrscheinlich eher dadurch dominieren, dass er schmollt und sich entzieht, wenn er gefragt wird, was er essen oder tun möchte. In Augenblicken, in denen Kinder dominieren, fühlen sich Erwachsene gewöhnlich unwohl, sind aber nicht bereit, Verstimmung oder Kritik zu äußern, weil sie fürchten, als herzlos und grob angesehen zu werden. Es sind doch schließlich Kinder. Sollte sich die Welt nicht um sie drehen?

Nein. Bei Kindern kann die Annahme oder Erwartung, im Mittelpunkt zu stehen, zu verzerrten Beziehungen und Selbsteinschätzungen führen, die später die Fähigkeit untergraben, sich in ein Netzwerk von Menschen einzufügen, das Geben und Nehmen in der Gemeinschaft zu akzeptieren und zu begreifen, dass sie Schwierigkeiten und Prozesse durchmachen müssen, um etwas in der Welt der Erwachsenen zu erreichen. Vor fünfzig Jahren noch wäre eine von einem Kind dominierte gesellschaftliche Zusammenkunft undenkbar gewesen. Auch wenn Kinder vielleicht dabei waren und sich zeitweise sogar schlecht benommen haben, nahmen sie sich niemals heraus, sich in der sozialen Rangordnung mit den Erwachsenen auf die gleiche Stufe zu stellen.

Die meisten Menschen reagieren verärgert auf diese Symptome der Besonderheit bei Kindern und Eltern. Warum dauert dieses Problem also hartnäckig an, wo es doch so viele gute Bücher und überzeugende Untersuchungen zu diesem Thema gibt, neben den peinlichen gesellschaftlichen Situationen und der Verwirrung und dem Unglück unserer erwachsenen Kinder? Weil man fürsorglichen Eltern in den letzten zwanzig Jahren eingeredet hat, dass ein gutes Selbstwertgefühl und dauerhaftes Glück darauf beruhen, den Kindern zu vermitteln, dass sie besonders sind.

Selbst und Selbstwert: ein kurzer Abriss

Um die Gründe dafür zu verstehen, müssen wir am Anfang beginnen, mit dem Selbst oder Ich. Die menschliche Erfahrung eines Ichs, das sich seiner selbst bewusst ist, ist auf der Welt einzigartig, obwohl Tiere aller Wahrscheinlichkeit nach auch ein rudimentäres Ichgefühl haben.[7] Vielleicht reflektieren Sie meistens nicht groß darüber, was Ihr Selbst ist, doch wenn Sie Vater oder Mutter sind, haben Sie über den Selbstwert Ihres Kindes vermutlich gründlich nachgedacht.

Das Selbst oder Ich ist unsere Erfahrung, ein Individuum zu sein, das in der Hauthülle steckt, die wir den Körper nennen. Menschen haben, ungeachtet ihrer Kultur oder Gesellschaft, überall auf der Welt dieses Gefühl, getrennte kleine Einheiten mit einer persönlichen Geschichte und einer einmaligen Identität zu sein. Selbst in Gesellschaften, deren Sprache keine oder nur wenige Personal- und Possessivpronomen (wie »ich«, »mich« und »mein«) kennt, gibt es Wörter, die besagen, dass »die Handlung von hier kommt« oder dass »die Handlung von dort kommt«.[8] Alle Gesellschaften machen Erwachsene in einem bedeutenden Umfang für ihre eigenen Handlungen verantwortlich. In den USA erklärt man junge Menschen mit 21 Jahren für volljährig (in Deutschland mit 18 Jahren). In der Vergangenheit hieß das, dass junge Menschen bereit sein mussten, volle finanzielle, juristische und psychische Verantwortung um die Zeit dieses Geburtstags herum zu übernehmen. Viele Menschen heirateten und gründeten Anfang zwanzig eine eigene Familie.

Das Wort »Selbst« oder »Ich« bezieht sich auf unser inneres Erleben – unsere persönliche Identität, unser Gefühl, in einem Körper zu stecken, unsere Fähigkeit, selbständig zu handeln, und auf unsere persönliche Geschichte. Wir verwenden das Wort »Person«, um das zu bezeichnen, was wir von außen sehen: das handfeste, dreidimensionale Objekt, das sich als Mensch bewegt und handelt. Meiner Ansicht nach ist das Ich eine Funktion der Person, vergleichbar mit dem Herzschlag oder dem Blutkreislauf. Die Ichfunktion ist etwas Aktives und ließe sich besser durch ein Verb als ein Substantiv ausdrücken. Sie durch ein Substantiv auszudrücken lässt uns irrtümlich glauben, sie sei ein Ding; deshalb identifizieren wir das Ich oft mit dem

Körper, der das Handfesteste an uns ist. Doch bei nur ein klein wenig Nachdenken wird uns klar, dass das Ich eine Funktion ist, die wir brauchen, um eine Person zu sein, aber dass es nicht identisch damit ist, eine Person zu sein.

Zu Anfang des 20. Jahrhunderts gipfelten viele wichtige europäische und amerikanische Ideale in dem Glauben, im Individuum liege eine enorme Verheißung und Macht. Die Idee des individuellen Genies – am häufigsten an Einstein, Darwin und Freud illustriert – wurde sehr zentral für das neue Gebiet der Psychologie, das noch in den Kinderschuhen steckte und sich hauptsächlich aus der Philosophie entwickelt hatte. Der Psychoanalytiker C.G. Jung, der zusammen mit Sigmund Freud die Psychoanalyse begründete, interessierte sich ganz besonders für das Selbst – insbesondere für seine individuelle Schöpferkraft und Einzigartigkeit. Wie er glaubte, drückt sich das Beste unseres Menschseins durch unsere Individualität aus.[9] Er glaubte auch, dass unsere Individualität ihren ganz eigenen Abdruck oder Stempel besitzt, der von Anbeginn an da ist. So wie eine Eichel sich zu einer Eiche und nicht zu einem Ahorn entwickelt, hatte Jung zufolge auch jedes Selbst seine ihm eigene Form, Bedeutung und Bestimmung. Die allmähliche Entfaltung dieser Bestimmung nannte er »Individuation«. Die Individuation konnte durch frühe Familienprobleme, Traumata oder Missbrauch verzögert oder unterbrochen werden, doch sie galt als etwas, was eine eigene natürliche Kraft und Organisation besaß. Wenn die Entfaltung oder Kraft der Individuation durch emotionale oder andere Störungen behindert worden war, konnte man das Hindernis durch eine wirksame Psychotherapie beseitigen und den Prozess, ein einzigartiges Individuum zu werden, wieder in Gang setzen. Als Jung'scher Analytikerin ist mir diese Theorie, wonach es einen angeborenen Entwurf der Kreativität oder des Selbstausdrucks in jedem von uns gibt, der uns von allen anderen unterscheidet, sehr vertraut.

Jung stand mit seiner Betonung der Individuation nicht allein. Viele der frühen Entwicklungspsychologen, klinischen Psychologen und Psychoanalytiker hielten das Ich für einen Samen, der sich von allein entwickelte, wenn man ein Kind richtig hegte und pflegte, erzog und verstand.[10] Aber wie sich herausstellte, enthielt diese Betonung des Selbst oder Ich einen schwerwiegenden Fehler, der erst in letzter Zeit durch neue Entdeckungen und Theorien der menschlichen Entwicklung korrigiert wurde.

Am Ende des 20. Jahrhunderts formulierten Psychologen, Philosophen, Linguisten und Soziologen die Theorie des Selbst neu und betonten dessen Interdependenz. Die Fachleute behaupten nun, dass die Primäreinheit der menschlichen Entwicklung die Beziehung – ursprünglich die Zweierbeziehung – und nicht das Individuum ist.[11] Schließlich beginnen wir Menschen als Paar (Mutter und Kind) und sind ein Leben lang auf andere angewiesen, um uns selbst zu erkennen, unsere Begabungen und Fähigkeiten zum Ausdruck zu bringen und unsere Bedürfnisse zu erfüllen. Die Vorstellung vom genialen Individuum hat dem Gedanken Platz gemacht, dass jedes schöpferische Werk und jede Führerschaft im Rahmen von Beziehungen und einer Gemeinschaft stattfindet. Solange ein Erwachsener unfähig ist, mit anderen zu teilen und zusammenzuarbeiten, zu geben und zu nehmen, wird er nicht imstande sein, Ambitionen und Begabungen zu artikulieren und aufrechtzuerhalten, ganz zu schweigen von einer Familie und Beziehungen. Diese Beziehungstheorie stellt die Wichtigkeit von individueller Begabung, Einsicht oder harter Arbeit nicht in Abrede, aber sie relativiert sie: Menschen brauchen andere, um etwas Bedeutendes zustande zu bringen. Unsere Leistungen werden immer von emotional intelligenten Beziehungen zu anderen abhängen. Sogar das Ich – die Erfahrung einer eigenen zeitlichen Identität und Geschichte – existiert nur in Beziehung zu anderen. Dieses Ich ist das, was wir aus dem entwickeln, was andere über uns sagen, aus unseren Reaktionen auf das, was andere mit uns machen und uns antun; und was wir in dem sehen, was andere uns zurückspiegeln.

Was ist im 21. Jahrhundert wichtig am Ich oder Selbst? Erstens brauchen wir all jene Funktionen, die es uns zur Verfügung stellt: das Empfinden, uns in unserem Körper aufzuhalten, die Erkenntnis, dass wir verantwortlich für unsere Worte und Taten sind, unsere zeitliche Geschichte und die Bindungen, die mit diesem Ich einhergehen und es am Leben erhalten. Diese Ichfunktionen unterstützen unsere Autonomie – die Fähigkeit, im Laufe unseres Lebens vernünftige Entscheidungen für uns zu treffen. Aber sie können unterbrochen, dürftig entwickelt oder aus dem Lot geraten und verzerrt sein, besonders infolge der Beziehungen, die wir zu anderen haben, zuallererst zu unseren Eltern und Geschwistern. Daher ist das Zweitwichtigste am Selbst oder Ich, dass es immer auf Beziehungen angewiesen ist. Als Erwachsene ein glückliches Leben mit uns selbst zu führen bedeutet, dass wir über ein verlässliches Gleichgewicht von Geben und Nehmen mit anderen verfügen, die uns umgeben und uns und unseren Wert unterstützen und nähren.

Was hat es also mit dem Selbstwert auf sich? Was ist er, und warum schenken wir ihm so viel Beachtung? Die meisten Menschen glauben, dass Selbstwert heißt, sich mit sich selbst gut zu fühlen, doch die folgende Definition aus einem zeitgenössischen Wörterbuch ist treffender: »Eine Haltung der Akzeptanz, Anerkennung und Achtung sich selbst gegenüber, die sich als persönliche Einsicht in die eigenen Fähigkeiten und Leistungen und als Anerkennung und Akzeptanz der eigenen Grenzen manifestiert.«[12] Selbstwert beinhaltet, dass wir *sowohl* um unsere Stärken *als auch* um unsere Schwächen wissen und sie akzeptieren. Wir entdecken unsere Stärken und Schwächen anhand der Wirkungen unserer Handlungen in der Welt (was wir tun und hervorbringen) und anhand dessen, wie andere uns sehen, indem sie uns zurückmelden, welchen Einfluss wir auf sie hatten. Ein gutes Selbstwertgefühl entsteht aus der Bewältigung von Aufgaben und aus Beziehungen; es ist ein Nebenprodukt davon, dass wir einige Dinge gut können, aber auch unsere Grenzen akzeptieren (erkennen, wann wir Hilfe von anderen brauchen) und die guten Folgen unserer eigenen Einflüsse sehen.

Selbstwert kann uns niemals einfach durch die Bemerkungen anderer eingepflanzt werden, er kann jedoch durch zu viel Kritik oder unverdientes Lob beeinträchtigt werden. Die heutigen Eltern neigen dazu, der bloßen Existenz ihrer Kinder zu viel Anerkennung und Begeisterung entgegenzubringen, was die im Aufbau begriffene Fähigkeit des Kindes stört, seine eigenen Handlungen und Wirkungen realistisch einordnen zu können.[13] Es für jeden Schritt, den es macht, jede Aufgabe, die es erledigt, jedes Fußballspiel, das es spielt, und jedes Buch, das es liest, überschwänglich zu loben begünstigt das Steckenbleiben in der Selbstwertfalle. Wenn man von einem Kind, dessen normale Rolle es ist, ein zivilisiertes Mitglied der menschlichen Gemeinschaft zu werden, nichts verlangt, fühlt es sich womöglich schon wichtig, weil es atmet – eine Überzeugung, die ihm keine guten Dienste leisten wird. Eine frustrierte Großmutter sagte mir neulich: »Ich war entgeistert, als meine Tochter feierte, dass ihr kleiner Sohn sauber ist. Eine Party zu geben, weil er in den Topf macht! Mensch, dachte ich, so weit ist es schon gekommen. Das Kind glaubt, dass es etwas Besonderes geleistet hat, zivilisiert zu werden. Aber das ist keine Leistung! Das ist bloß ein Teil des Lebens!«

Wenn fürsorgliche Eltern bei jeder kleinen Bemühung Ah und Oh rufen und sogar normale oder mittelmäßige Leistungen loben, entwickeln Kinder Probleme mit einer realistischen Einschätzung ihrer Handlungen. Sollen sie glauben, was Mama oder Papa sagen, oder sollen sie sich lieber an die Tatsachen halten? Es braucht viel Zeit und Entwicklung, um die Stimme der inneren Führung im Zentrum unseres Seins zu verfeinern, jene Stimme des wahren Selbstwerts und des Mitgefühls mit uns selbst, die uns eine einigermaßen gute – realistische und wohlwollende – Einschätzung dessen gibt, wie wir auf andere wirken und welche Fähigkeiten und Fehler wir haben. Durch überzogenes elterliches Lob können Kinder mit der Zeit tatsächlich das Vertrauen zu ihrer eigenen Fähigkeit verlieren, sich selbst einzuschätzen, und das macht sie (besonders als Jugendliche) sehr empfänglich für den Druck vonseiten Gleichaltriger und der Popkultur.

Als man vor etwa hundert Jahren zum ersten Mal das »besondere Selbst« erdachte, hielten die Menschen es für den Schlüssel zu Glück und Echtheit. Aber paradoxerweise bestehen einige seiner dauerhaftesten Folgen in einer negativen Selbsteinschätzung, einer Unterbewertung der Normalität und in Schwierigkeiten damit, ein zutreffendes und mitfühlendes Bild von sich zu haben. Unsere gesellschaftliche Vorstellung am Ende des 20. Jahrhunderts, dass jeder zum Erfolg geboren sei, hat unter Kindern und Jugendlichen zu einer Epidemie überzogener und gewöhnlich negativer Ichgefühle geführt. Diese Epidemie zeigt sich nicht nur in Form der Selbstwertfalle, sondern wird auch in peinlichen und unerfreulichen Situationen sichtbar, in denen Kinder das Sagen zu haben scheinen, und sie führt zu der Art Unglück und Leiden, das Jason in seinen Zwanzigern und Adrienne in ihren Dreißigern erleben. Obwohl beide intelligent und gut gebildet sind, haben sie Angst vor den Stürmen des Schicksals, weil es ihnen an realistischem Selbstwert und dem Vertrauen darauf fehlt, normal zu sein. Wie bereits erwähnt, besteht ein Hauptsymptom der Selbstwertfalle darin, dass das Selbstwertgefühl sehr schnell in Gefühle von Scham oder Blamage umschlagen kann, wenn man auf ganz gewöhnliche Weise versagt, Fehler macht und Schönheit, Erfolge und Leistungen nicht hundertprozentig perfekt sind.

Das vielleicht Allerschlimmste ist der Selbsthass, der daraus resultiert, den hohen Ansprüchen, besonders zu sein, nicht gerecht zu werden. Eine Überbetonung der Begabungen, Fähigkeiten oder Einsichten eines Kindes (wie hochbegabt es auch sein mag) führt natürlich zu einem übertriebenen Gefühl eigener Wichtigkeit in der

Pubertät und den frühen Erwachsenenjahren, und dann
kann der Wunsch, eine warme Pizza zu bestellen, automatisch die Fähigkeit blockieren, einer kranken Mutter
zuzuhören.[14]

Unsere Kinder sind zu sehr auf ihre eigenen Bedürfnisse fixiert, noch bevor sie irgendeine Chance haben,
eine innere Stimme des Selbstwerts und des Mitgefühls mit sich selbst zu entwickeln, die ihre Stärken
und Schwächen richtig einschätzt und ihnen erlaubt,
andere im Geiste der Dankbarkeit und Großzügigkeit
wertzuschätzen. Ein angemessenes Selbstwertgefühl
beinhaltet ein Wissen um unsere Schwächen und Grenzen. Es erlaubt uns, uns klarzumachen, wann wir die
Hilfe von anderen brauchen und was wir unabhängig
und allein zustande bringen können. Wenn Kinder lernen, anderen zu helfen und selbst Hilfe in Anspruch zu
nehmen, fühlen sie sich mit sich selbst wohler, weil
sie zu der Einsicht kommen, dass jeder sich Mühe
geben muss (es ist nichts Individuelles) und jeder Hilfe
leisten kann. Selbst ein Vorschulkind kann lernen,
Rücksicht auf die Gefühle und Sorgen anderer zu nehmen, besonders auf die jener Erwachsenen, die es mit
Nahrung und allem Lebensnotwendigen versorgen. Das
Gefühl, besonders zu sein, bringt nicht nur zu viel
Selbstzentriertheit hervor. Vielmehr besteht das Problem mit der Besonderheit darin, dass sie die Fähigkeit
behindert, sich normal zu fühlen und eine grundlegende Einsicht in die Grundbedingung menschlicher Existenz zu gewinnen: die Erkenntnis, dass wir alle verbunden sind und uns gegenseitig brauchen, um mit den
normalen Schwierigkeiten des menschlichen Lebens
umzugehen.

Eine neue Art von Selbstvertrauen

Dieses Buch schöpft aus vielen Quellen, um die Selbstwertfalle zu überwinden, aber es gibt zwei Richtungen, die ich betone: den Buddhismus und die psychoanalytische Psychologie.[15] Auch wenn man den Buddhismus eine Religion nennen kann, hat er keinen Ausschließlichkeitsanspruch. Jeder kann seine Methoden anwenden – ein Anhänger jeder oder keiner Religion. Daher möchte ich Ihnen einige buddhistische Lehren vermitteln, die uns die Augen für eine neue Art, uns zu entwickeln, öffnen können.

Im Gegensatz zur westlichen Betonung der Wichtigkeit des individuellen Selbst bietet die althergebrachte Tradition des Buddhismus einen Weg zu Selbstvertrauen, der darauf beruht, uns in geschickter Weise auf unsere Interdependenz einzulassen. Interdependenz oder gegenseitige Abhängigkeit ist das Beziehungsgeflecht, das uns Augenblick für Augenblick trägt, indem es uns unterstützt und inspiriert. Gemeinsinn als Grundlage des Selbstvertrauens gibt Eltern und Kindern unendlich viele Möglichkeiten, sich zu entwickeln, und zu lernen, sich gegenseitig zu helfen. Ich werde viele davon in diesem Buch beschreiben.

Andererseits habe ich eine entscheidende Lehre in der Psychoanalyse gefunden, die ich im Buddhismus nicht klar herausgestellt finde: dass unsere Autonomie von wesentlicher Bedeutung für unsere Entwicklung ist, angefangen von der Kindheit und sich im Leben fortsetzend. Autonomie ist nicht das Gegenteil von Interdependenz, sondern – richtig angewandt – ihre Optimierung. Durch Autonomie werden wir selbstbestimmte Menschen und sind imstande, eigene Entscheidungen zu fällen.[16] Das ist eine Fähigkeit, die in der westlichen Psychologie und Philosophie betont wurde, weil unsere (philosophischen, sozialen und politischen) Aufklärungsbewegungen sich für die individuelle Freiheit eingesetzt und sie geschützt haben. Wie ich bereits erwähnte, wurde unsere westliche Betonung der individuellen Freiheit zeitweilig durch die Annahme verzerrt, dass das Individuum eine autarke Einheit sei. Viele asiatische Kulturen mit ihren fest gefügten Kastensystemen und Hierarchien, was Rasse und Geschlecht angeht, haben hingegen die Wichtigkeit der Selbstbestimmung in der menschlichen Entwicklung unterschätzt. Psychoanalyse und Psychologie helfen uns zu verstehen, dass die von uns getroffenen Entscheidungen und der unmittelbare Umgang mit ihren Folgen uns etwas über uns selbst und die Welt lehren, die wir bewohnen.

Robustes Selbstvertrauen, Selbstbestimmung, Mitgefühl mit uns selbst und innere Stabilität beruhen darauf, frühzeitig und immer wieder zu lernen, dass sich wahres Glück prinzipiell auf zwei Arten einstellt: wenn wir imstande sind, mit anderen fürsorglich und freundlich umzugehen (da wir immer auf andere angewiesen sind, müssen wir unsere Verbindung zu ihnen aufrechterhalten), und wenn wir für uns und unsere Handlungen die Verantwortung übernehmen. Mit dieser Grundlage haben Kinder die beste Vorbereitung auf ein Leben der Kreativität und des Selbstvertrauens statt der Rastlosigkeit und negativen Selbsteinschätzung.

Ich möchte hier auf eine weitere fundamentale buddhistische Lehre zu sprechen kommen, weil sie unmittelbar das Problem der negativen Selbsteinschätzung berührt: Das menschliche Leben beinhaltet immer Unzufriedenheit und Schwierigkeiten.[17] Ganz gleich, wer wir sind: Uns werden negative Dinge zustoßen, wie sehr wir auch versuchen, sie fernzuhalten. Es ist nicht unser persönliches Problem, dass uns Hindernisse und Misserfolge begegnen. Menschen haben nicht sehr viel Kontrolle über ihr Leben, selbst wenn sie für ihre Handlungen und Entscheidungen verantwortlich sind. Da die Dinge unweigerlich nicht so laufen, wie wir es gern hätten – und wir am Ende überdies alle krank werden und sterben –, müssen wir lernen, realistisch und mitfühlend auf Schmerz, Verlust und Schwierigkeiten zu reagieren. Wenn wir normal sind, erkennen wir, dass wir Schwierigkeiten nicht entrinnen, aber aus ihnen lernen können. Aus Schwierigkeiten und Verlust zu lernen, wird zur Grundlage einer fundamentalen Weisheit, wie wir unser Leiden in Einsicht und Mitgefühl für uns selbst und andere verwandeln können.

Unlängst befasste sich ein ausführlicher Artikel im *New York Times Magazine* mit wissenschaftlichen Untersuchungen über Weisheit, die zurzeit an verschiedenen Universitäten in Amerika und anderen Ländern durchgeführt werden. Besonders ein Absatz fiel mir ins Auge:

Woher kommt Weisheit, und wie erwirbt man sie? Überraschenderweise deutet viel von dem Material, das aus Fallstudien und empirischen Erhebungen gewonnen wurde, darauf hin, dass die Saat der Weisheit früh im Leben gelegt wird – ganz gewiss vor dem Altwerden, oft vor dem mittleren Alter und möglicherweise sogar bevor wir erwachsen werden. Und es gibt gewichtige Hinweise darauf, dass Weisheit damit in Verbindung steht, dass man früh im Leben Schwierigkeiten oder Misserfolgen ausgesetzt war.[18]

Schwierigkeiten können uns stärken und sogar dem Gefühl von Sinn und tieferem Glück die Tür öffnen, das entsteht, wenn wir anderen helfen.[19] Und so müssen wir uns selbst wiederholt eingestehen, dass Unzufriedenheit ein Teil des Lebens ist. Keiner entrinnt ihr, kein Ausmaß an Besitz oder Status kann uns davor schützen. Je eher Kinder dies begreifen, desto leichter fällt es ihnen zu akzeptieren, dass Misserfolge, Stress und Verlust zu erwarten sind, ohne dass sie sich selbst oder anderen die Schuld daran geben.

Wenn Kinder irrtümlich meinen, dass eigene Leistungen, Besitz oder Status sie glücklich machen und ihrem Leben Sinn geben werden, nehmen sie (als Heranwachsende oder Erwachsene) an, dass etwas mit ihrem Selbst nicht stimmt, wenn diese Dinge nicht die erwünschten Ergebnisse liefern. Sie werden in die Selbstwertfalle gehen: Sie werden sich als unvollkommen (nicht klug, hübsch, begabt, schnell oder schlau genug) betrachten und Hass auf sich selbst entwickeln, indem sie ihre unerwünschten Eigenschaften über- und ihre positiven Eigenschaften untertreiben.

Ohne es zu wollen, haben fürsorgliche und engagierte Eltern ihre Kinder dieser Falle der Versagensangst und Verzweiflung ausgeliefert. Wir werden jedoch feststellen, dass es viele Möglichkeiten für junge Erwachsene gibt, sich aus dieser Falle zu befreien, und dass Eltern mit Kindern jeden Alters sich und ihre Kinder an einer neuen Art von Selbstvertrauen ausrichten können, das auf Normalität, Interdependenz und Autonomie beruht. Um dies sehenden Auges zu tun, müssen wir begreifen, was schiefgelaufen ist und warum, als die Babyboomer Eltern wurden.

KAPITEL 2

Die Wurzeln des Problems

Wenn man gegenüber jemandem unter fünfzig den Begriff »Babyboomer« für die geburtenstarken Nachkriegsjahrgänge gebraucht, erntet man leicht einen abwesenden Blick. Der Gedanke, der letzten Generation – insbesondere den Eltern – zuzuhören und von ihr zu lernen, ist nicht populär. Doch wenn wir nicht wissen, was geschah, bevor wir unseren Weg durch die Welt angetreten haben, haben wir vermutlich eine verworrene und unrealistische Einschätzung unserer gegenwärtigen Situation. Für viele Angehörige der Generation Ich scheint jedoch sogar die Rebellion gegen die Eltern der Vergangenheit anzugehören. Da sie meinen, den Älteren ebenbürtig zu sein, und vom bleibenden Wert ihrer eigenen Jugendkultur überzeugt sind, nehmen Heranwachsende und junge Erwachsene der Generation Ich Menschen, die älter sind als sie, einfach als irrelevant wahr. Viele haben Bedenken, bei Älteren irgendeinen Rat außer in den profansten Angelegenheiten einzuholen, weil sie nicht zu ihren Eltern aufgeschaut haben und daher nun niemandem Vertrauen oder Respekt entgegenbringen, der zu ihrer Elterngeneration gehört. Diese abgebrochene Verbindung führt zu der Tendenz, traditionelle gesellschaftliche Umgangsformen in Beruf und Schule abzulehnen.

Ein 55-jähriger Professor berichtete mir von seiner frisch angestellten Verwaltungskraft, einer dreißigjährigen Frau. In der ersten Woche an ihrem Arbeitsplatz schrieb sie ihm folgende E-Mail: »Ich habe Ihre Besprechung auf Mittwoch 10 Uhr festgesetzt und würde Ihnen vorschlagen, dazu folgende Leute einzuladen ...« Die junge Frau war voll und ganz davon überzeugt, dass sie ihre Arbeit gut machte, und hoffte, für ihre Ideen belohnt zu werden. Ihr war überhaupt nicht klar, dass ihr Ton respektlos war.

College-Professoren im ganzen Land haben mit demselben Problem zu tun.[1] Einer erzählte mir von einem Studienanfänger, der zu seiner ersten Studienberatung gar nicht erst erschien und ihm stattdessen per Voicemail eine Nachricht von der Skipiste schickte. »He Kumpel! Hier ist Ron. Sie sind mein Studienberater. Ich muss den und den Kurs belegen, können Sie das für mich erledigen?« Dieser Professor, ein gestandener Mann um die sechzig, erklärte, dass seine Magisterstudenten ihn gar nicht mehr mit seinem Titel ansprechen. Sie verwenden ganz selbstverständlich seinen Vornamen, selbst wenn sie ihm ihre Kinder vorstellen.

Wenn ich auf meine eigene Jugend zurückblicke, erinnere ich mich daran, wie streng meine Eltern waren und wie sehr ich gegen ihre Autorität rebellierte. Aber ich gab nicht die Hoffnung auf, mich an jemandem in ihrer Generation orientieren zu können. Auch wenn Jerry Rubin warnte: »Trau keinem über dreißig«, suchte ich wie viele in meiner Generation Orientierung bei Älteren, die ich bewunderte. Und tatsächlich ging ich mit meinen Eltern im Äußeren immer respektvoll um und glaubte, dass die Opfer, die sie für mich brachten, Achtung verdienten, ganz gleich, ob ich mit ihren Überzeugungen und Methoden übereinstimmte oder nicht.

Es schien mir damals so, als besäße ich ein »natürliches« Gefühl der Bescheidenheit, was mich selbst anging, das ich bei Älteren nie außer Acht ließ, es sei denn, ich wurde konkret darum gebeten. Mittlerweile ist mir klar, dass dieses Gefühl nicht natürlich, sondern anerzogen war. Ich machte mir keine Gedanken, wie ich mich in der gesellschaftlichen Hierarchie bewegen sollte, denn ich hatte gelernt, diejenigen zu respektieren, die ranghöher waren als ich. Ich musste in der Kindheit alle respektieren, die älter waren als ich, und als ich auf der gesellschaftlichen Leiter nach oben stieg, half mir dieses Training, Privilegien zu erwerben, meine Möglichkeiten zu erweitern und Unterstützung von vielen großzügigen Mentoren zu bekommen – besonders da ich eine ambitionierte Frau war zu einer Zeit, als weibliche Ambitionen nicht besonders gern gesehen wurden.

Doch als ich begann, meine eigenen Kinder großzuziehen, verlangte ich nicht von ihnen, mich oder andere meiner Generation zu respektieren. Seltsamerweise war ich der Meinung, ich müsse mir den Respekt meiner Kinder *verdienen*, statt ihn zu verlangen.

Eine Babyboomer-Kindheit

Ich wuchs im Arbeitermilieu auf. Meine ganze Kindheit spielte sich in ein und derselben homogenen Umgebung ab: kleinen eingeschossigen Häusern mit zwei Schlafzimmern, Straße für Straße, in denen Familien wohnten, die meiner im Großen und Ganzen ähnelten. Die Väter gingen frühmorgens in die örtlichen Fabriken zur Arbeit und kamen pünktlich zum Abendessen nach

Hause, irgendwann gegen fünf Uhr nachmittags. Beim Essen waren sie müde und grantig und danach manchmal reizbar oder schläfrig. Sie verbrachten wenig »Mußestunden« mit ihrem Nachwuchs, außer an Wochenenden. Einige Väter tranken in Kneipen auf dem Heimweg oder nach dem Abendessen. Meiner nicht.

Meine Mutter war wie die meisten Mütter der Mittelpunkt der Familie. Während mein Vater aus einer zusammengewürfelten amerikanischen Familie stammte (zum Teil Hinterwäldler, zum Teil Indianer und zum Teil Gesetzlose), kam sie aus einer slowenischen Familie, die sich an die alte Tradition ihres Volksstamms hielt. Meine Mutter schaute auf meinen Vater und seine Familie herab. Sie war die Chefin im Haus und betrieb den Haushalt wie eine gut geölte Maschine oder eine Fabrik. Das Familienleben ähnelte dem von anderen amerikanischen Familien der ersten oder zweiten Einwanderergeneration. Wir lebten nach den Regeln der alten Heimat. Alles hatte seinen Platz; und alles war an seinem Platz.

Meine Mutter brachte mir alles bei. Ihre Hauptdevise hieß »Ordnung ist das halbe Leben«, und ich hatte mich nach dieser Devise zu richten. Jeder Tag war durchgeplant und stand unter einem Thema: Montags war große Wäsche, dienstags wurde gebügelt, und so weiter, bis man sonntags zur Kirche ging und sich ausruhte. Alles war vorhersagbar und geordnet.

Ich hatte viele häusliche Pflichten und Aufgaben, von denen meine Schularbeiten das Geringste waren. Obwohl ich in der Schule sehr gute Leistungen zeigte, interessierten sich meine Eltern kaum für meine Noten. Ich brachte, wie es sich gehörte, mein Zeugnis nach Hause, auf dem immer glatte Einsen standen, und legte

es auf den Küchentisch. Beide Eltern äußerten sich besorgt, dass ich so glänzende Noten hatte. Mein Vater
pflegte Dinge zu sagen wie:»Ich hoffe, dass du dir
nichts einbildest. Und damit es klar ist, deine Lehrer
wissen auch nicht alles.« Meine Mutter sagte, ich solle
mich nicht so ins Zeug legen und manchmal lieber
»Ball spielen gehen«. Die häuslichen Pflichten waren
ihnen wichtiger als die Schularbeiten.

Beide Eltern glaubten an gründliche praktische Unterweisungen, vom Gemüseanbau bis hin zum Fußbo-
denscheuern. Jede Aufgabe, die ich ausführte, wurde
begutachtet und kommentiert. Ungefähr ab meinem
zwölften Lebensjahr wurde von mir auch erwartet, dass
ich Geld verdiente, um zum Familieneinkommen beizutragen. Da es in unserer unmittelbaren Umgebung
wenig Möglichkeiten zum Babysitten gab, ging ich als
junges Mädchen bügeln und mähte in der Nachbarschaft
den Rasen. Zu meiner Erziehung gehörte, dass ich ver-
sohlt wurde (gewöhnlich von meiner Mutter – zögernd
und förmlich, aber ernsthaft), wenn ich wirklich etwas
angestellt hatte, oder ausgeschimpft wurde und auf
Dinge verzichten musste, wenn ich zu meinen Eltern
frech war oder ungebeten meine Meinung äußerte.

Meine Eltern lehrten mich auch, was richtig und
falsch war, und sorgten dafür, dass ich die Zehn Gebote
auswendig lernte und sie verstand. Tatsächlich war ich
äußerst bedacht darauf, in den Augen Gottes gut dazu-
stehen, der, wie ich glaubte, alle meine Taten sah. Auf
einer Skala der Gewissenhaftigkeit von eins bis zehn
hätte ich bei zehn plus gestanden. Vom Typ her war ich
ein Kind, das über das Elend und die Ungerechtigkei-
ten dieser Welt nachsann und weder zum einen noch
zum anderen beitragen wollte. Daher gehörte ich nicht

immer zu den beliebtesten Kindern, aber ich hatte viele Freunde, auf die ich zählen konnte. Ich konnte auch auf das Gewissen meiner Freunde zählen, die wie ich mit den Zehn Geboten oder der Goldenen Regel aufwuchsen. Wenn es nötig war, drückten meine Freunde und ich jedoch im Angesicht der Schwierigkeiten des Lebens ein Auge zu. Als eine meiner besten Freundinnen in der Highschool nach dem Tod ihrer Mutter plötzlich zu einer zwanghaften Lügnerin wurde, waren wir mit ihr sehr nachsichtig. Uns war klar, dass sie mit großer Trauer und Depressionen fertig werden musste, auch wenn wir dieses Wort nicht kannten. Wir errieten, dass ihre Lügen etwas mit dem Versuch zu tun hatten, sich besser zu fühlen.

In meiner Kindheit und Jugend ging jeder, den ich kannte, zur Kirche oder Synagoge und hielt sich an die gesellschaftlichen und ethischen Regeln der Religion. Meine Eltern, die tiefreligiös und sehr einfache Menschen waren, erklärten das Elend der Welt oft mit philosophischen Sprüchen wie: »Gott in seiner Güte hat diesen Kelch an uns vorübergehen lassen« oder »Der Herr hat's gegeben, der Herr hat's genommen.« Ich fühlte mich durch diese Weisheiten getröstet. Als Teil der Arbeiterschicht waren wir von Familien umgeben, die noch mehr als wir damit rangen, sich über Wasser zu halten. Ich konnte mich glücklich schätzen, dass ich immer genug zu essen und anständige Kleider hatte. Meine Eltern opferten auch einen bestimmten Prozentsatz ihres schmalen Einkommens für wohltätige Zwecke und waren sehr großzügig zu jedem, der an unsere Tür kam und um Hilfe bat. Sie bestanden darauf, dass auch ich großzügig war und einen Teil meines Taschengeldes spendete.

Auch wenn diese Gewohnheiten und Formen hart klingen mögen, erlebte ich sie als völlig gerecht und vorhersagbar. Die emotionalen Probleme, mit denen ich in meiner Kindheit konfrontiert war, hatten nichts mit den Ansprüchen meiner Eltern an mich zu tun, sondern damit, dass meine Eltern sich stritten. Sie stritten offen und sehr aggressiv, auch wenn ich keine körperliche Gewalt zwischen ihnen erlebte. Ich hatte oft sehr viel Angst während ihrer Streitereien: Angst, dass sie aufeinander losgehen könnten, nicht auf mich. Bei Streitigkeiten meiner Tante und meines Onkels, die nebenan wohnten, kam es zu Handgreiflichkeiten, und so wusste ich aus erster Hand, dass manche Frauen von ihren Männern geschlagen wurden. Bei den Konflikten, die ich zwischen meinen Eltern erlebte, waren meine Sympathien immer aufseiten meiner Mutter.

Ich sollte die Gefährtin, Vertraute und Freundin meiner Mutter sein. Aufgrund eines Schicksalsschlags, den sie zutiefst beklagte, war ich ihr einziges Kind. Als ich in die Grundschule ging, vertraute sie mir an, dass sie meinen Vater nicht mochte. Dennoch verlangte sie von mir, ihn zu respektieren. Weder sie noch mein Vater hatten gelernt, einander Freunde zu sein, aber beide wollten meine Freunde sein. Mein Vater glaubte, dass er meine Freundschaft verloren hatte, weil meine Mutter sich offen über ihn beklagte und ihn verurteilte. Von Zeit zu Zeit versuchte er erfolglos, mit mir zu reden. Inzwischen weiß ich, dass meine Gefolgstreue gegenüber meiner Mutter hauptsächlich darauf beruhte, dass ich ihre Geschichte besser kannte als die meines Vaters. Und ich glaubte ihrer Behauptung, dass sie »die ganze Arbeit« machte, obwohl mein Vater der einzige Ernährer war. Sie erkannte seine anstrengende Arbeit nicht an, abgesehen von dem zweifelhaften Kompliment, dass er nicht »trank oder sich mit Frauen abgab und seinen Lohn verprasste«, wie es manche andere Männer taten.

In meinen ersten Lebensjahren schien meine besondere Nähe zu meiner Mutter den Nöten des Lebens eine himmlische Milde zu verleihen. Jeden Tag verbrachten wir Zeit miteinander, nur wir beide allein. Sie brachte mir viele Brettspiele bei und spielte sie mit mir. Wenn ich zu Hause für die Schule lernte, wollte sie auch lernen, was ich lernte, und wir unterhielten uns über die Lektion. Sie hatte die Schule mit 13 verlassen müssen und sprach sehnsüchtig davon, ihre Ausbildung fortzusetzen (obwohl sie es nie tat). Als ich mehr wusste als sie, begann ich sie zu unterrichten. Eine Zeitlang machte es Spaß. Doch als ich heranwuchs, wurden mir ihre emotionalen Bedürfnisse immer lästiger, da ich allmählich spürte (ohne es ausdrücken zu können), dass sie mich um meine Leistungen beneidete und sie abwertete.

Als es an der Zeit war, auszuziehen, konnte ich es kaum erwarten, wegzukommen. Die Welt lockte mich; ich hatte von ihr gelesen, aber über mein Viertel und meine Schule hinaus nicht viel von ihr gesehen. In meiner Highschool-Zeit hatte ich zwanzig Stunden in der Woche in der Telefonvermittlung gearbeitet, mehrere Schulvereine geleitet und war Abschiedsrednerin eines Jahrgangs von 400 Schülern gewesen. Ich schrieb meinen Erfolg harter Arbeit zu, nicht angeborener Intelligenz. Ich glaubte nicht, dass die Welt mir etwas schuldete, es sei denn, ich verdiente es mir. Ich war sehr zuversichtlich, dass ich den Anforderungen der Welt gerecht werden könnte. Ich hatte bereits bewiesen, dass ich in der Lage war, hart zu arbeiten, gutes

Geld zu verdienen und gleichzeitig meinen eigenen Interessen und Studien nachzugehen. Und vor allem wusste ich, dass mein Verstand und mein Leben mir gehörten. Nicht einen Augenblick lang bildete ich mir ein, dass meine Zensuren, Interessen oder Zukunftspläne die Sache meiner Eltern oder von sonst jemand waren. Das war eine ungeheure, wenn auch bittersüße Freiheit, denn trotz meiner Autonomie wünschte ich mir sehr, dass sich meine Eltern über meine Leistungen freuten und sie anerkannten.

Meine Kindheit lässt sich sicher nicht verallgemeinern, und vielleicht waren meine Eltern strenger als die meisten anderen. Und doch habe ich sie so ausführlich geschildert, weil ich glaube, dass sie einige entscheidende Ähnlichkeiten mit der Mehrzahl der Babyboomer-Kindheiten hatte. Diese entscheidenden Merkmale führten dazu, dass wir uns als Generation nach Lob und Anerkennung sehnten. Die Sehnsucht war so stark, dass sie uns blind machte für die vielen Vorzüge unserer Erziehung und die Rolle, die sie bei unseren späteren Erfolgen spielten. Elterliche Autorität, Bewältigung von Schwierigkeiten, tägliche Disziplin, moralische und ethische Erziehung und die Bereitschaft, zum Wohlergehen anderer beizutragen, waren weitestgehend in Vergessenheit geraten, als wir selbst Eltern wurden.

Die Suche nach dem Selbstwert

Warum war die Generation der Babyboomer so erpicht auf einen positiven Selbstwert, dass sie viele wichtige Lehren aus ihrer eigenen Kindheit vergaß? Um diese

Frage zu beantworten, müssen wir noch einmal ein Stück zurückgehen und über den sozialen Kontext nachdenken, in dem die Babyboomer aufwuchsen.

Die Weltwirtschaftskrise und der Zweite Weltkrieg hatten zur Folge, dass die Eltern der Babyboomer sorgenvoll, ängstlich und darauf fixiert waren, die Welt zu einem besseren Ort zu machen. Sie wollten einen Nachwuchs aufziehen, der fähig war, zu überleben, ganz gleich, was kam. Die fortlaufende Bedrohung durch den Kalten Krieg zeigte sich in Form von Luftalarmübungen und Luftschutzbunkern, die sie im Falle eines Dritten Weltkriegs beschützen sollten. Viele Väter hatten am eigenen Leibe das Trauma und Elend des Krieges und die von ihm bewirkten Verwüstungen kennengelernt. Die Erfahrung der ökonomischen Verwundbarkeit und die Erinnerungen an den Krieg und seine Bedrohungen überschatteten besonders die Väter und machten sie emotional unzugänglich, zerstreut und grüblerisch. Auf die Familien wirkten weitere einmalige Bedingungen ein, die sich von denen vorhergehender Generationen unterschieden.

Erstens tendierten die Menschen dazu, in Kleinfamilien zu leben, getrennt und abgeschnitten von den weitläufigeren Verwandten.[2] Wie mein Viertel waren auch andere Gemeinden homogen und entweder nach oben hin durchlässig oder bestrebt, es zu sein, oder sie litten zumindest darunter, dass sie es nicht waren. Die Zeit nach dem Zweiten Weltkrieg war eine Phase des wirtschaftlichen Aufschwungs und der Ausdehnung der Mittelschicht, und die Väter wollten jeden Vorteil nutzen, um beruflich voranzukommen und ihre Familien voranzubringen. Folglich waren sie tagsüber die meiste Zeit von zu Hause fern, nicht nur am anderen

Ende der Straße oder der Wiese (wie zu der Zeit, als
man noch nicht mit dem Auto zur Arbeit fuhr), sondern Meilen entfernt.

Die Frauen, die während des Krieges in den Fabriken
gearbeitet hatten, wurden an den Herd zurückgeschickt,
um sich ausschließlich ihrer neuen Aufgabe, der Mut-
terrolle, zu widmen. Sie sollten perfekte Hausfrauen
werden, etwas, was ihre eigenen Mütter einfach gewesen waren, ohne es eigens zu benennen oder groß zu
erwähnen. Die Mütter wurden vom sozialen Netz abgeschnitten, eingepfercht in kleine Haushalte, wo sie sich
mit der Fantasiewelt der Betty-Crocker-Kochbücher
statt mit der Realität ihrer eigenen Mütter verglichen.
Man gab ihnen konstant das Gefühl, dass sie keine
Option im Leben hatten, hauptsächlich wegen ihrer
wirtschaftlichen Abhängigkeit. Frühere Müttergene-
rationen hatten das Aufziehen von Kindern und die
Haushaltsführung von ihren eigenen Müttern oder
älteren Schwestern gelernt (die in der Nähe zu wohnen
pflegten). Im Gegensatz dazu sollten diese Mütter nun
von Experten wie Dr. Spock lernen, die nicht in der
Nähe waren, um ihre Schwierigkeiten zu sehen oder
sie zu trösten.

Das System der Kleinfamilie mit seiner Wurzellosig-
keit setzte auch Paare unter den neuen Druck, eine
eheliche »Romanze« oder eine Art von enger Partnerschaft miteinander zu entwickeln. Ohne besondere
Befähigung und Vorbilder dafür fühlten sich sowohl
Männer als auch Frauen in ihrer Ehe als furchtbare
Versager. Sie gaben sich gegenseitig die Schuld daran.
Meine Eltern hatten nicht gelernt, Freundschaft mit
dem anderen Geschlecht zu schließen, und stritten
unaufhörlich, weil ihre Herkunftsfamilien denkbar

verschieden waren und meine Mutter viele Dinge von
meinem Vater erwartete, die er gar nicht geben konnte. Sie glichen miteinander verfeindeten Stämmen.
Aus Tausenden Stunden von Paartherapie weiß ich,
dass in vielen anderen Familien zu Hause jeden Tag
eine ganz ähnliche Atmosphäre des Kalten Krieges
herrschte.

All dies forderte dem emotionalen Leben der Mütter
und Väter einen hohen Tribut ab, aber es waren die
Mütter, die zu Hause blieben und ein Redebedürfnis
hatten oder sich einfach ihrem Unglück ausgeliefert
fühlten. Die Intensität, mit der die Babyboomer den
psychischen Bedürfnissen ihrer Mütter tagtäglich und
persönlich ausgesetzt waren – insbesondere ihrer Wut,
Schuld, Scham und Depression –, sucht in der Geschichte der amerikanischen Familien ihresgleichen.
In früheren Zeiten wandten sich die Mütter an ihre
eigenen Mütter, Schwestern und Brüder, um sich emotionale Unterstützung zu holen und die Kinder be-
treuen zu lassen. Noch bis zum Zweiten Weltkrieg
konnten selbst frisch gebackene Mütter ihrer Arbeit auf
der Farm oder im Familiengeschäft weiter nachgehen,
während die Großfamilie die Kinder hütete. Frauen aus
der Mittel- und Oberschicht zahlten für die Kinder-
betreuung und hatten keine Schuldgefühle, wenn sie
ihre Kinder selbst für ausgedehnte Ferien Ammen und
Kindermädchen überließen. Den Müttern früherer Zeit
standen Mittel und Wege offen, die den Müttern nach
dem Krieg verschlossen waren.

Immer und überall auf der Welt geben Kinder sich
große Mühe, die emotionalen Bedürfnisse ihrer Eltern
zu befriedigen.[3] Kinder hoffen, auch wenn ihre Erwartungen enttäuscht werden, auf glückliche, gesunde

Eltern, die für sie sorgen. Wenn die Eltern nicht glücklich sind, tun Kinder ihr Bestes, um sie glücklich zu machen und sie so lange zu liebkosen und zu drängen, bis sie es sind. Funktioniert das nicht, denken sie sich in der Fantasie einfach adäquate Eltern aus, die an die Stelle der in Wirklichkeit unzulänglichen Eltern treten. Kinder, die von einer zutiefst unglücklichen und »bösen« Mutter abhängig sind, werden versuchen, sich gut zu benehmen, sie zu unterhalten und zu beraten, in die Fantasie zu flüchten oder – wenn alles andere zu scheitern scheint – ein Problemkind zu werden, um die Aufmerksamkeit der Mutter abzulenken.

Die großen emotionalen Bedürfnisse der Mütter, die lange Abwesenheit und Müdigkeit der Väter und die schlechte Behandlung, die Kindern der geburtenstarken Jahrgänge oft von ihren Eltern zuteil wurde, bedeuten, dass sie in der »Generation SIE« aufwuchsen. Ihr Leben drehte sich um *SIE*. SIE – Mütter, Väter und ältere Geschwister – beherrschten die emotionale Bühne. Vor allem verwechselten die Kinder dieser Jahrgänge das Gefühl, von IHNEN geliebt zu werden, damit, *deren* emotionale Bedürfnisse zu befriedigten. Erfüllten sie die Bedürfnisse ihrer Mütter, wie ich es tat, wenn ich meiner Mutter stundenlang vorlas oder ihr etwas beibrachte, erlebten Kinder Nähe, Verbundenheit und Geborgenheit, die sonst gewöhnlich nicht da waren. Unter diesen Umständen wurden die meisten dieser Kinder wahrgenommen und dafür geliebt, dass sie die Rolle der Tochter oder des Sohnes erfüllten, nicht dafür, dass sie einmalige Individuen mit eigenen Bedürfnissen und Fähigkeiten waren.

Ich habe mich wiederholt gefragt, was genau es für die Babyboomer so ausschlaggebend machte, als Indi-

viduum wahrgenommen und erkannt zu werden. Frühere Generationen von Kindern wurden zweifelsohne
mindestens ebenso ignoriert, abgewertet und misshan-
delt wie die Babyboomer. Mittlerweile glaube ich, dass
die Mobilität und Isolation der Kleinfamilie eine wichtige Rolle in ihrem Elend spielte. Diese Bedingungen
stürzten Mütter in ein gesellschaftliches und emotiona-
les Chaos und beraubten die Kinder einer Großmutter,
eines Großvaters oder Onkels, die den individuellen
Wert des heranwachsenden Kindes vielleicht erkannt
hätten. In den Generationen vorher wurden Kinder oft
von Mitgliedern der Großfamilie, die nicht so stark wie
die Eltern in die täglichen Pflichten des Lebens einge-
bunden waren, als Individuen erkannt. Und in diesen
früheren Generationen war die Arbeit, die die Kinder
auf der Farm oder im Familienbetrieb leisteten, vielleicht sichtbarer und handfester als die Arbeit, die die
Babyboom-Kinder verrichteten, und gab ihnen ein Gefühl von persönlichem Wert, wie ich es hatte, wenn ich
durch meine Arbeit außerhalb der Familie Geld verdiente. Die grundsätzliche Aufgabe von Kindern dieser
Jahrgänge bestand darin, dafür zu sorgen, dass ihre
Mütter glücklich waren. Diese Aufgabe konnte keiner
von beiden Eltern honorieren; es war keine legitime
Arbeit.

Wenn ich auf meine eigene Kindheit zurückblicke,
weiß ich inzwischen, dass ich mich nach der Aufmerksamkeit meiner Lehrer und Mentoren sehnte, denn
sie unterschied sich von der Aufmerksamkeit, die ich
von meiner Mutter erhielt. Auch wenn meine Mutter
warmherzig reagierte, sobald ich ihr Aufmerksamkeit
schenkte, war sie nicht daran interessiert, mehr über
mich zu erfahren; sie war daran interessiert, dass ich

mehr über *sie* erfuhr. Ich habe festgestellt, dass das bei den Kindern dieser Jahrgänge häufig so war. Letztlich glaube ich, dass wir Schuld- und Schamgefühle wegen unserer eigenen Bedürfnisse und Wünsche hatten, auf eine Weise, die andere Generationen nicht kannten.

Als die Babyboomer schließlich das Elternhaus verließen, gingen sie mit einem Ungestüm weg, der anderen Generationen vor und nach ihnen fehlte. Wir wollten weg, um ganz auf eigenen Füßen zu stehen. Unser rascher und endgültiger Abschied von den Eltern war, wie ich glaube, ein Ausdruck davon, dass wir nicht mehr für SIE leben wollten. Auch wenn wir es nicht in Worte fassen konnten: Wir wollten um unserer selbst willen als wichtig und wertvoll wahrgenommen werden. Unglücklicherweise bedeutete das, dass schon die Babyboomer wiederholt die »Generation Ich« genannt wurden.[4] Diese kritische Bezeichnung verweist auf das Symptom statt auf die Ursachen des Problems. Wir suchten das Rampenlicht nicht nur für uns selbst allein, sondern versuchten herauszufinden, ob wir uns mit uns selbst wohl fühlen *und* gleichzeitig auch anderen nah sein konnten. In unserer Kindheit war das nicht möglich gewesen. Die Babyboomer erfanden eine Generationentherapie, um sich selbst zu heilen – angefangen von der kulturellen Bewegung, die sich Liebe, Frieden und Verständnis auf die Fahnen geschrieben hatte (und aus der erst später Sex, Drogen und Rock 'n' Roll wurde). Wir versammelten uns in Großgruppen (Rockkonzerten) und Kleingruppen (Bewusstseinserweiterung), um uns selbst den Frieden und die Liebe zu geben, nach denen wir uns kollektiv sehnten. Schließlich definierten wir unser Problem als geringen Selbstwert und entwickelten viele Therapien und Bewegungen, die uns helfen sollten, mehr mit uns in Einklang zu kommen. Aber das war nicht die »Ich bin okay«-Revolution; es war die »Ich bin okay, du bist okay«-Revolution, wie der Titel eines populärpsychologischen Bestsellers der damaligen Zeit lautete.[5] Wir schenkten den Gefühlen anderer genauso viel Aufmerksamkeit wie unseren eigenen.

Als wir – die Babyboomer – schließlich Eltern wurden, ließen wir all unsere Ängste im Hinblick auf Selbstwert und Selbstvertrauen in die Kindererziehungsstrategien einfließen, die unsere eigenen Heilmittel imitierten. Wir wollten das individuelle Ich unserer Kinder bestätigen und ihnen helfen, natürlich aufzuwachsen; sie sollten sich wie Blumen in der Sonne unseres positiven Blickes öffnen. Wir glaubten irrtümlich, sie würden aufblühen, wenn sie nur genügend Lob, Akzeptanz und Respekt für ihre eigenen Gedanken und Gefühle erhielten. Wir hielten das nicht für Verwöhnen, sondern für simple Fürsorge.

Leider sind Kinder keine Blumen. Wir haben Selbstwert und Selbstvertrauen falsch verstanden. Sie kommen nicht daher, dass man sich mag oder dafür gelobt wird, dass man einfach nur da ist. Sie entstehen als Nebenprodukte davon, dass man Dinge gut macht, eine Haltung der Selbstachtung entwickelt, indem man die eigenen Stärken und Schwächen erkennt, lernt, normal zu sein, und die Regeln und Vorzüge der Interdependenz beherrscht – also auch, wie man sich als Anfänger in eine Hierarchie einordnet und von Älteren lernt. Unbeabsichtigt entwarfen die Babyboomer Praktiken der Kindererziehung, die bei ihren Kindern zu Symptomen der Besonderheit führten statt zu einem soliden Fundament des Selbstvertrauens und Selbstwerts.

Als Reaktion auf die »Generation SIE« ihrer Kindheit gründeten die Babyboomer eine kulturelle Bewegung, die unbewusst darauf abzielte, die emotionale Unausgewogenheit ihrer Ursprungsfamilien zu korrigieren. Verständlicherweise wollten sie in ihren Beziehungen ein Arrangement, bei dem jeder gewann; sie nahmen bei Streitigkeiten und Konflikten eine »Ich bin okay, du bist okay«-Haltung ein, die Gemeinsamkeit, Gegenseitigkeit und Gleichheit hervorhob und den Dialog in allen Aspekten des Konflikts förderte. Dieser Strategie zufolge ist es wichtig, dass beide Parteien sich als Ebenbürtige respektiert fühlen. Leider funktioniert die »Ich bin okay, du bist okay«-Formel in der Erziehung nicht so gut wie in der Freundschaft und Ehe.

Die »Ich bin okay, du bist okay«-Erziehung

Unter heutigen Eltern (ob aus den geburtenstarken Jahrgängen mit schon größeren Kindern oder aus der Generation danach mit kleineren Kindern) gibt es mittlerweile ein ganzes Spektrum von »Ich bin okay, du bist okay«-Erziehungsstilen, die man »Laissez-faire«, »Helikopter« und »Rollentausch« nennen könnte. Allen drei Typen ist die Überzeugung gemein, dass Eltern und Kinder im Hinblick auf Rechte und Bedürfnisse annähernd gleich sind, dass Eltern die Freunde ihrer Kinder sein sollten und dass das Selbstwertgefühl der Kinder um jeden Preis gefördert und geschützt werden muss. Aber der jeweilige Stil der drei Typen unterscheidet sich.

Die Laissez-faire-Erziehung

Bei diesem Erziehungsstil gehen Eltern in ihrem Versuch, Autoritäten zu sein, indirekt, nicht konfrontativ, vage und freundlich vor.[6] Diese Art Eltern, oft aus den Babyboomern, glauben, dass sie so etwas wie einen Erziehungsstil gar nicht wirklich haben, weil sie sich nicht als Autoritäten betrachten. Sie geben gewöhnlich nicht viele Ratschläge oder, wenn sie es tun, entschuldigen sie sich anschließend dafür. Doch wollen sie ihrem Nachwuchs größtmögliche Ermutigung und Chancen zuteil werden lassen, und sie geben gern mit den Leistungen und Erfolgen ihrer Kinder an. Sie finden gewöhnlich einen Weg, Kritik an ihren Kindern durch Autoritäten, wie Schulpersonal oder andere Leute außerhalb der Familie, zu verhindern oder zu entkräften. Laissez-faire-Eltern sind zurückhaltend oder inkonsequent beim Disziplinieren und versuchen, ihre Kinder stets in einem positiven Licht zu sehen.

Als ich Adrienne fragte, wer von ihren Eltern die Autoritätsfigur war, schaute sie zuerst verdutzt, als ob meine Frage seltsam wäre. Dann antwortete sie: »In Fragen der Autorität war meine Mutter zuständig.« Wie zeigte ihre Mutter Autorität? Adrienne zögerte wieder und sagte dann: »Ich kann mich nicht erinnern, dass sie je etwas direkt ansprach, außer vielleicht, wie ich Schularbeiten machen sollte, zum Beispiel, wie man sich Notizen machte. Oder sie redete über meine Freundinnen und dergleichen.« Adriennes Mutter verlieh ihrer Autorität auch indirekt dadurch Ausdruck, dass sie ihrer Tochter Dinge erzählte, die sich an der privaten Highschool ereignet hatten, an der sie unterrichtete. Aus diesen Gesprächen konnte Adrienne entnehmen, wie ihre Mutter sich verhielt.

Adrienne glaubt inzwischen, dass ihre Eltern nicht wussten, wie sie mit ihr umgehen sollten, besonders nachdem ihre Essstörung eingesetzt hatte. Ihrer Meinung nach fürchteten sie sich, ihr irgendwelche Grenzen zu setzen, weil sie dann noch mehr abnehmen würde, um wieder in den Besitz der Macht zu kommen. »Ich hatte viel zu viel Kontrolle. Wenn ihr Verhalten mir nicht passte, verletzte ich mich einfach selbst noch mehr, und das verletzte sie auch.«

Adriennes Eltern waren freundlich und umgänglich, aber nicht tonangebend und respekteinflößend. Laissez-faire-Eltern verhalten sich nicht wie Autoritäten, es sei denn, ihre Kinder fragen sie um Rat, und selbst dann tun sie es vielleicht nur widerstrebend. Ich erinnere mich, dass mein Mann und ich Sätze von uns gaben wie: »Wir sind hier die Eltern, oder? Ihr solltet auf uns hören, nicht wahr?« in Situationen, in denen wir auf Widerreden oder die Arroganz unserer heranwachsenden Kinder hätten energisch reagieren sollen.

Tim Guibault ist ein Schulpolizist in Zivil. Er ist ein stämmiger, sportlicher Mann mittleren Alters mit Bürstenschnitt und Kinnbart und trägt nie eine Uniform bei der Arbeit, doch er strahlt deutlich Autorität aus. Die Kinder respektieren ihn, sobald sie merken, dass er keine Ausreden für verantwortungsloses Verhalten akzeptiert. Bis sie das wissen, stellen sie ihn natürlich auf die Probe.

Tim glaubt, dass zu viele Eltern einen Laissez-faire-Stil haben. »Das größte Problem, mit dem wir zu tun haben, ist, dass Eltern jede Menge Ausreden für das Verhalten ihrer Kinder parat haben. Hauptsächlich bekomme ich zu hören: ›Dieser Lehrer hat etwas gegen mein Kind‹ oder ›So etwas tun Kinder in diesem Alter nun mal‹. Das trifft nicht auf hundert Prozent der Fälle zu, aber vermutlich auf achtzig oder neunzig«, sagt er.

Tim macht darauf aufmerksam, dass Erwachsene allzu oft Freunde der Kinder und nicht Autoritäten sein wollen. »Wir haben hier sogar Lehrer, die ihre Schüler als Freunde bezeichnen. Das nenne ich das ›Ich bin okay, du bist okay‹- Syndrom«, klagt Tim (ohne etwas von meiner Theorie des »Ich bin okay, du bist okay«-Erziehungsstils zu wissen). Tim sieht besonders den »Time-out«, eine Art Unterrichtsausschluss als Disziplinarmaßnahme, kritisch, weil Kinder seiner Ansicht nach dabei nicht lernen, warum sie mit Unterrichtsausschluss bestraft werden. »Sie haben einen Time-out, und das war's. Als Eltern und Erzieher müssen wir unsere Rolle erfüllen, Autoritäten und Mentoren zu sein, nicht Freunde.«

Die Helikopter-Erziehung

Dieser Erziehungsstil betrifft Eltern, die wie ein Helikopter behütend über ihren Kindern schweben und nicht nur freundlich zu ihnen, sondern eng befreundet mit ihnen sein wollen.[7] In der Annahme, dass Kinder und Eltern *immer* angenehme, vertraute Gefühle haben sollten, konzentriert sich die Helikopter-Erziehung auf den Erfolg und die Kreativität der Kinder wie auch auf eine konfliktfreie Beziehung. Sie wird am häufigsten von Eltern der Generation nach den Babyboomern praktiziert und vermittelt dem Beobachter den Eindruck, dass die Eltern an das Kind appellieren, ihnen Anerkennung zu zollen und/oder ihr *bester* Freund zu sein.

Unangenehme Gefühle und negative Urteile werden vermieden. Viele jüngere Helikopter-Eltern halten sich für Experten in *Attachment Parenting* (»Erziehung durch Zuneigung«) und anderen Theorien emotionaler Nähe.

Der Psychiater Dan Kindlon setzt sich in seinem ausgezeichneten Buch *Too Much of A Good Thing,* das von der zu großen Nachsicht mit unseren Kindern handelt, mit diesem Stil auseinander. »Verglichen mit früheren Generationen«, sagt er, »sind wir unseren Kindern emotional näher, sie vertrauen uns mehr, wir haben mehr Spaß mit ihnen, und wir wissen mehr über die Entwicklung im Kindesalter. Aber wir sind zu nachsichtig. Wir geben unseren Kindern zu viel und verlangen zu wenig von ihnen.«[8]

Helikopter-Eltern haben den unrealistischen Wunsch, dass der kleine Jonah 24 Stunden am Tag glücklich sein soll, auch wenn sie vielleicht wissen, dass das unmöglich ist. Wenn sich Jonah beispielsweise einen teuren iPod zum Geburtstag wünscht, fällt es seinen Eltern schwer, nein zu sagen und hart zu bleiben, auch wenn sie glauben, ein solch teures Geschenk sei für einen kleinen Jungen eigentlich nicht geeignet. Wenn Jonah schreit und brüllt, machen sie sich Sorgen, dass er ein negatives Selbstbild entwickeln könnte, falls er keinen bekommt, weil »alle seine Freunde iPods haben«. Helikopter-Eltern wollen nicht, dass Jonah sich unwohl fühlt oder zu viel negative Emotionen aushalten muss. Statt ihrem Sohn beizeiten die wertvolle Lektion zu vermitteln, dass sie seiner Fähigkeit vertrauen, mit Enttäuschungen und Grenzen fertigzuwerden, umgehen sie den Konflikt und vermeiden die damit einhergehenden unangenehmen Gefühle. Ohne es zu wollen, berauben sie Jonah der kleinen normalen Schwierig-

keiten, die ihn gegen späteren Stress im Leben gefeit
machen. Seit er auf der Welt ist, versuchen sie, ihm alle
Stürme zu ersparen. Tief im Innern fühlen sich Helikopter-Eltern vielleicht ängstlich oder schuldig, weil
sie die elterliche Autorität nicht ausüben und Freunde
ihrer Kinder sein wollen, aber sie glauben, Strenge
könnte die Seele des Kindes zerbrechen.

Allerdings soll Jonah ehrgeizig sein und das bestmögliche College besuchen, damit er jede erdenkliche
Erfolgschance hat. Statt ihm zu helfen, mit der Realität
umzugehen, reden sie jedoch seine problematischen
Verhaltensweisen schön und sind außer sich, wenn er
in der Schule zu hart für ein »kleineres« Vergehen wie
Abschreiben bestraft wird. Sie geben ihr schwer ver-
dientes Geld dafür aus, ihm alle Chancen des Selbstausdrucks und der Leistung zu eröffnen. Sie loben seine
Bemühungen über Gebühr und tendieren dazu, seine
Begabungen und Fähigkeiten zu überschätzen, indem
sie ihn oft auf eine Stufe mit sich, seinen Eltern, stellen. Helikopter-Eltern tendieren auch dazu, Lehrer oder
Berater anzurufen und sich über eine schlechte Note zu
beschweren, die Jonah »nicht verdient, weil er sich so
viel Mühe mit dem Aufsatz gegeben hat«. In ihrem
nützlichen Buch über das Muttersein in der heutigen
Zeit, *Perfect Madness*, beschreibt Judith Warner die
Helikopter-Erziehung: »Wir achten darauf, dass die Bedürfnisse unserer Kinder befriedigt werden, wo immer
sie sind; sie müssen unverändert *ihr* Essen, *ihre* Gewohnheiten haben. Wir bringen ihnen bei, dass ihre
Interessen immer bedient werden müssen. Und zwar
zuerst.«[9] Die Helikopter-Erziehung führt dazu, dass das
Kind nicht in Einklang mit der gesellschaftlichen
Hierarchie und der Interdependenz ist und Schwierig-

keiten mit den Grenzen hat, die akzeptiert werden müssen, um ein gutes Selbstwertgefühl zu entwickeln.

Dieser Erziehungsstil produziert die Vorschulkinder, die man jeden Tag auf dem Spielplatz beobachten kann: Sie schreien und treten manchmal nach ihren Müttern, weil diese nicht die Rinde von ihrem Brot abgeschnitten oder weil sie zwar den richtigen Saft, aber von der falschen Marke gekauft haben. Helikopter-Eltern züchten unabsichtlich kleine Tyrannen heran, die in der Jugend und danach intensive Versagensängste entwickeln oder sogar depressiv werden, wenn es ihnen nicht gelingt, berühmt, reich oder mächtig zu sein.

Die Rollentausch-Erziehung

Die letzte Version der »Ich bin okay, du bist okay«-Erziehung ist das, was ich den Rollentausch-Stil genannt habe. Er ist noch mehr auf Gegenseitigkeit bedacht, noch nachgiebiger und kindorientierter als der Helikopter-Stil. Er ist der vollständige Ausdruck der Vorstellung, dass Kinder Blumen sind: Wenn man Kindern nur die richtige Nahrung, uneingeschränkte Zuwendung und viel Freiheit gewährt und ihren inneren Genius fördert, werden sie gedeihen.

Die extremste Variante der Rollentausch-Erziehung ist die New-Age-Theorie von den sogenannten Indigo-Kindern, die in dem populären Buch *Die Indigo Kinder* von Lee Carroll und Jan Tober dargestellt wird.[10] Das Buch ist eine Sammlung von Aufsätzen, denen zufolge in den letzten Jahrzehnten eine neue Art Kinder zur Welt gekommen ist. Diese Kinder verfügen nicht nur über eine außergewöhnliche Intelligenz und andere kreative Gaben; sie haben auch eine übernatürliche Intuition und Einsicht. Wenn sie oft aufsässig und schwierig im Umgang sind, dann nur, weil sie weiter als die anderen sind, auch als ihre Eltern und andere Erzieher. Sie sind spirituell begabt und imstande, die Emotionen anderer intuitiv zu erspüren. Sie haben nur die altruistischsten Dinge im Sinn, werden aber aufgehalten von ganz gewöhnlichen Regeln und der Unfähigkeit der Erwachsenen in ihrer Umgebung, zu begreifen, was in ihnen steckt. Eltern und Lehrer, die diese Theorie vertreten, glauben, Indigo-Kinder sollten die Erwachsenen führen, nicht umgekehrt. Die »Indigo-Evolution«, wie diese Bewegung genannt wird, ist die Rollenumkehrung jener Eltern-Kind-Beziehung, die vorherrschte, als die Babyboomer Kinder waren.[11] Während diese den emotionalen Bedürfnissen ihrer Eltern zu dienen hatten, müssen die Eltern von Indigos ihren Kindern dienen und deren zahlreiche emotionale Bedürfnisse nach Anregung, Chancen und Macht befriedigen.

Andere Beispiele der Rollentausch-Erziehung sind weniger extrem, folgen aber auch dem Leitgedanken, dass Kinder die Führungsrolle haben sollten. In einem Gespräch über die Auswirkungen dieser Erziehung auf eine Schule in einer Kleinstadt von Vermont sprach ich mit Dr. Andy Pomerantz, mittlerweile Chefpsychiater in einem Veteranenhospital. Bevor er sich zum Psychiater fortbildete, war Andy praktischer Arzt und Hausarzt in seiner Gemeinde Chelsea. Sein ergrauender Bart, sein schlanker Körperbau und seine freundlichen Manieren sind typisch für einen Babyboomer mittleren Alters, der es sich zur Aufgabe gemacht hat, anderen zu helfen und ein aktives Mitglied seines Gemeinwesens zu sein.

Vor etwa zehn Jahren brachte die Rollentausch-Erziehung grundlegende Veränderungen in die K-12-Schule von Chelsea, die alle drei Kinder von Andy Pomerantz besuchten. Sie wurde in eine total kindzentrierte Schule umgestaltet, ein Umfeld, in dem die Einmischung Erwachsener verpönt war. »Es gab dafür ein von der Schulleitung benutztes Wort«, erinnert sich Andy. »Es lautete ›Adultismus‹. Adultismus* war in der Schule verboten. Junge Menschen sollten nicht in der Freiheit beschränkt werden, ihre Kreativität zu erforschen und zu entwickeln. Das war das Ideal, dem sich die Schule verschrieben hatte, denn man glaubte, das sei zum Gedeihen der Kreativität notwendig. Unter anderem kamen die Kinder so gekleidet zur Schule, wie es ihnen einfiel, bei warmem Wetter halbnackt. Es gab niemanden, der Einhalt gebot, wenn jemand die Grenzen überschritt, falls es überhaupt Grenzen gab. In der Turnhalle kam es zu einer Festnahme, weil eine Schülerin behauptete, von einem Mitschüler vergewaltigt worden zu sein. Es stellte sich heraus, dass die Kinder während der Schulzeit in der Turnhalle sexuelle Abenteuer haben konnten.«

Diese staatliche Schule, die von vielen Rollentausch-Eltern finanziert wurde, war von der Prägung her idealistisch, nichtmaterialistisch und nicht übermäßig erfolgsorientiert. Niemand versuchte, die Schulabgänger mit aller Macht in den elitärsten Colleges unterzubringen. Ihr Ziel bestand vielmehr darin, die Kreativität und Spontaneität der Kinder zu fördern und ihnen zu erlauben, »sie selbst zu werden«. Doch auch mit den idealistischsten Zielen produziert dieser Erziehungsstil

---

* abgeleitet von engl. *adult*, Erwachsener *(Anm. d. Übers.)*.

die gleichen Probleme wie der Laissez-faire-Stil: eine
Fehleinschätzung dessen, was uns in der Welt erwartet.

Der nächste Schritt

Den Erziehungsstilen der geburtenstarken Jahrgänge
und der Generation danach liegt der Fehler zugrunde,
Erwachsenen und Kindern Gleichheit und Gleichbe-
rechtigung einzuräumen, wobei sie manchmal sogar so
weit gehen, den Kindern die Führungsrolle zuzuspre-
chen. Die »Ich bin okay, du bist okay«-Erziehung gibt
dem individuellen Selbst der Kinder zu viel Aufmerksamkeit und Zuwendung, ohne bei den Kindern das
Bewusstsein und die Fähigkeiten auszubilden, die sie
brauchen, um sich in die Hierarchie der Welt einzufügen: autonom zu werden, aktive Mitglieder einer
Gruppe zu sein und sich in Gemeinsinn zu üben. Para-
doxer- und traurigerweise beraubt die »Ich bin okay,
du bist okay«-Erziehung heranwachsende Kinder vieler wesentlicher Vorteile, die die Babyboomer von
ihren Eltern empfingen. Und doch wird jeder Versuch,
zur Vergangenheit zurückzukehren und auf traditionelle Erziehungsstile zurückzugreifen, die Situation,
mit der wir jetzt konfrontiert sind, nicht korrigieren.
Frühere Erziehungsstile erkannten nicht die zentrale
Bedeutung der *Beziehung* in der menschlichen Entwicklung, insbesondere der Art von Beziehung, durch
die Kinder lernen, emotionale Intelligenz und Einfühlungsvermögen für andere zu entwickeln. Und früher
besaß man auch nicht die heutigen wissenschaftlichen
Erkenntnisse über die Entwicklung des Gehirns und
die Herausforderungen, die Kinder in jedem neuen Ent-

wicklungsstadium meistern müssen. Während die traditionelle Erziehung Kinder auf die Autonomie vorbereitete, indem man sie zu verschiedenen Aufgaben und Pflichten heranzog und darauf bestand, dass sie sich mit ihren Fehlern und Misserfolgen auseinandersetzten, fehlte dieser Erziehung eine kritische Erkenntnis dessen, was man für die Autonomie braucht und wie sie sich im Laufe des Lebens weiterentwickelt.

Der von mir befürwortete Erziehungsstil – der auf Interdependenz und Autonomie fußt – beruht auf einer »Wir«- statt einer »Ich«- oder »Sie«-Philosophie, bewegt sich jedoch von der Gleichheit zwischen Eltern und Kindern wieder zu einem Verhältnis hin, in dem Eltern die Führungsrolle haben. Mein Ansatz betont auch die Bedeutung von Schwierigkeiten, die Notwendigkeit von Gewissen und Anstand, die Feinheiten der Selbstbestimmung und den Wert der Normalität. Ebenso werde ich die Rolle behandeln, die Religion und Spiritualität in unserem Leben und dem unserer Kinder spielen, und die Frage, wie wir zu einer tiefen und echten Liebe gelangen, die Familienbande und Freundschaften ein Leben lang aufrechterhalten kann. Ganz zum Schluss werden wir das Glück untersuchen – was es ist und was es nicht ist, und wie es durch eine neue Art von Selbstvertrauen kultiviert werden kann.

Jenen Lesern, die zurzeit Jugendliche und junge Erwachsene sind und nicht die Chance hatten, diese Art Selbstvertrauen von Grund auf zu entwickeln (obwohl sie bei der Schilderung einer Babyboomer-Kindheit vielleicht glasige Augen bekommen haben), werde ich den Weg zum Wiedereinstieg in die eigene Entwicklung weisen, bei dem sie die vergessenen Stärken der Vergangenheit integrieren können.

KAPITEL 3

Die Bedeutung von Schwierigkeiten

Selbstvertrauen ist ein wesentlicher Bestandteil eines verantwortungsvollen und befriedigenden Lebens und hilft uns, die Selbstwertfalle zu umgehen. Es bedeutet, dass wir an uns glauben und uns zutrauen, mit allem fertig zu werden, was auf uns zukommt, und angesichts einer Herausforderung adäquat zu reagieren. Diese Art von Selbstvertrauen wächst primär dadurch, dass wir Schwierigkeiten überwinden, womit ich Umstände oder Ereignisse meine, die nicht unseren Vorstellungen, Wünschen oder Idealen entsprechen – Dinge, die uns widerfahren, oder Probleme, mit denen wir konfrontiert werden. Selbstvertrauen wächst durch die Erfahrung, bei der wir unsere Stärken und Schwächen tatsächlich kennenlernen. Obwohl realistisches Lob und Ermutigung vonseiten unserer Eltern und von Menschen, die älter sind als wir, helfen können, unser Vertrauen zu stärken, können sie uns keines liefern.

Wie im letzten Kapitel deutlich wurde, gewann ich selbst enormes Selbstvertrauen durch die Feststellung, dass ich imstande war, Geld zu verdienen, soziale Kontakte zu pflegen und meine eigenen Ziele zu erreichen, während ich noch zur Schule ging und als Jugendliche bei meinen Eltern wohnte. Das frühe Vertrauen zu mir selbst entwickelte sich dadurch, dass ich die vielen an mich gestellten Anforderungen erfüllte. Vielleicht hatten Sie beim Lesen meiner Kindheitsschilderungen den Eindruck, dass meine Eltern zu streng waren, dass ich von ihren konstanten Streitigkeiten traumatisiert gewesen sein musste, durch meine Herkunft aus der Arbeiterschicht benachteiligt war und vermutlich unter Stress litt, weil ich als Jugendliche zu viele Verpflichtungen hatte. Ihre Beobachtungen wären zutreffend. Doch auch wenn die Schwierigkeiten, mit denen ich in meiner Jugend konfrontiert war, einige psychische Narben hinterließen, bereiteten sie mich gut auf ein erfülltes Dasein als Erwachsene vor. Mithilfe einer Psychotherapie und einer Reihe großzügiger Mentoren habe ich meine wichtigsten Träume umgesetzt: eine umfassende höhere Bildung, einen Broterwerb, den ich liebe, enge Familienbande, eine solide Verankerung in der gebildeten Mittelschicht für meine Familie und mich und ein reiches, lohnendes spirituelles Leben. Ich bin inzwischen sogar dankbar für die Schwierigkeiten meiner Kindheit, weil sie zu einem Prozess des Entdeckens führten und mir frühzeitig zeigten, dass ich auf meine eigenen Stärken zählen konnte.

Das Überwinden von Schwierigkeiten

Um Selbstvertrauen zu haben, müssen wir uns mit Schwierigkeiten konfrontieren und sie überwinden. Auf diese Weise lernen wir, an uns selbst zu arbeiten und mit anderen zu kooperieren sowie Einfühlungsvermögen und Mitgefühl für das menschliche Leiden zu entwickeln – eine unschätzbare Einsicht.

Als ich Jeannie Norris, die Leiterin der Miss-Hall's-Mädchenschule in Pittsfield, Massachusetts, telefonisch interviewte, waren wir sofort einer Meinung, dass Problemlösen den Reifungsprozess bei jungen Menschen unterstützt.[1] Die Schule hat 190 Schülerinnen im Alter von 13 bis 18 Jahren, die aus sehr unterschiedlichen wirtschaftlichen und kulturellen Milieus stammen. Die meisten Mädchen leben im Internat, aber einige sind auch Externe.»Nachdem ich zwei Töchter großgezogen habe und seit 1977 an Mädchenschulen arbeite, kann mich bei jungen Mädchen nicht mehr sehr viel aus der Fassung bringen«, scherzte Frau Norris. Sie hat über den Zusammenhang von Glück und Selbständigkeit bei Teenagern geschrieben.»Alle suchen nach einem Rezept, um unsere Kinder glücklich zu machen, aber Eltern haben noch nicht recht begriffen, dass Glück und Selbständigkeit Hand in Hand gehen«, sagte Norris zu Anfang unseres Gesprächs.»Wir fungieren über Gebühr als Problemlöser für unsere Kinder. Wir eilen herbei, räumen die Stolpersteine auf dem Lebensweg weg und nehmen unseren Kindern die Möglichkeit, sich durch Schwierigkeiten hindurchzuarbeiten und auf der anderen Seite mit der Erfahrung herauszukommen, dass sie ein Problem gelöst haben und es wieder tun können.«

Bei meinen Gesprächen mit Pädagogen und Beratungslehrern höre ich hauptsächlich die Klage, dass Eltern immer »Ausreden für ihre Kinder parat haben«, wie es der Schulpolizist Tim Guibault formulierte. Dieses Phänomen, dass Eltern beim Problemlösen eingreifen, ist eine Hauptkomponente der Helikopter-Erziehung, wie ich im letzten Kapitel dargestellt habe. Helikopter-Eltern sind dafür bekannt, ihre Kinder mehrmals am Tag auf dem Handy anzurufen, selbst wenn diese schon aufs College gehen oder noch älter sind. In allen Einzelheiten nehmen sie Stellung zu den Herausforderungen und Problemen ihrer Kinder. Auch wenn Eltern (und Kinder) vielleicht glauben, es sei eine Tugend, sich für ein Kind einzusetzen, übertreiben Helikopter-Eltern ihr Engagement doch in schädlicher Weise, indem sie heranwachsenden Kindern die Chance rauben, aus Schwierigkeiten zu lernen.

Ein College-Professor berichtete mir, was ein erfahrener und geachteter stellvertretender Dekan erlebt hatte, der seine Studenten regelmäßig bei der Auswahl ihrer Kurse beriet. Als dieser Mann mit einem Studenten im letzten Studienjahr über einige seiner Kurse sprach, holte dieser sein Mobiltelefon heraus und sagte: »Papa, der Typ hier meint, ich solle diesen Kurs belegen. Was hältst *du* davon?« Derselbe Professor berichtete mir auch von Eltern, die an den Berufsberatungsterminen der College-Studenten teilnehmen wollten.

Natürlich sind Helikopter-Eltern fürsorglich und voller guter Absichten. Sie gehen davon aus, dass ihre Einmischung ihre Kinder schützt und junge Erwachsene hervorbringt, die besser gebildet und besser darauf vorbereitet sind, sich den Anforderungen eines verantwortungsvollen Lebens zu stellen. Doch dem ist nicht so. Wenn Eltern übermäßig Probleme lösen, hindern sie ihre Kinder in Wirklichkeit an der Erfahrung, Entscheidungen zu treffen, zu scheitern und das, was sie angerichtet haben, wieder in Ordnung zu bringen.[2] Ihnen wird eine wichtige Grundlage des Selbstvertrauens und der Selbstachtung entzogen: mit Schwierigkeiten umzugehen und die gewöhnlichen Probleme des Lebens zu lösen. Die Kinder von Helikopter-Eltern fühlen sich so verloren und ängstlich wie Adrienne, besonders wenn sie sich von ihren Eltern trennen und versuchen, mithilfe ihrer eigenen Entscheidungen zurechtzukommen.

Erik Thompson, Präsident des *Vermont Center for Family Studies*, Psychologe und Erziehungsberater, hat viel Erfahrung mit heutigen Eltern, die ständig Ausreden für das Verhalten ihrer Kinder haben. Er nennt es »die Steine aus dem Weg räumen«. »Wenn wir unsere Kinder durch die Brille der Besorgnis betrachten, machen wir unsere größten Fehler in dem Versuch, das zu korrigieren, was in unserer eigenen Kindheit falsch gelaufen ist. Das geht völlig an der tatsächlichen Situation vorbei; es ist die Übertragung eines Problems. Wenn ich mein Kind als schwach betrachte, kommt mir der Gedanke, dass ich es stärken muss, aber ganz gleich, was ich dafür zu tun beschließe, ich treffe diese Entscheidungen aus meiner eigenen Besorgnis und dem Gefühl heraus, dass mein Kind schwach ist.«

Wenn wir Kindern hingegen erlauben, ihre eigenen Probleme anzupacken, vermeiden wir diese Übertragung von Besorgnis. Es ist verblüffend, dass Eltern ihren Kindern nicht zutrauen, ihre eigenen Probleme zu lösen, und dennoch wollen, dass sie Selbstvertrauen entwickeln. Als Analogie zieht Thompson die Beinmuskulatur heran, die wir stärken, wenn wir uns bewegen. Wenn Eltern sich zu sehr einmischen, indem sie Probleme für ihre Kinder lösen, während die Kinder es sich bequem machen und nichts tun, werden die Eltern stärker; die Kinder hingegen werden schwächer und stürzen, sobald sie versuchen, selbständig zu laufen.

Im Jahre 2000 stellte ich bei einer Tagung in Dublin mein Buch *Frauen und Verlangen* vor. Ich sprach vor einem Publikum von etwa hundert Fachleuten aus dem therapeutischen Bereich und ganz normalen Müt-

tern – Menschen, die wissen wollten, was bei Auseinandersetzungen zwischen Müttern und Kindern
hilft und was nicht.

Eine lebhafte Diskussion war im Gange, als eine etwa
50-jährige Frau aufstand und sagte: »Warum sollten
wir einer Amerikanerin zutrauen, uns Ratschläge über
Kindererziehung zu geben? In Amerika verlangt man
nichts von den Kindern, nicht mal von den Jugendlichen, und dann erwartet man, dass sie plötzlich erwachsen sind, wenn sie aus dem Haus gehen. Hier
in Irland fordern wir viel mehr von unseren Kindern
als drüben. Wir erwarten, dass sie schon als Jugendliche ernst zu nehmende Pflichten übernehmen.« Ich
stimmte ihr zu und dankte ihr für ihren Beitrag.

Ich wusste schon damals, dass wir amerikanischen
Eltern einen bedenklichen blinden Fleck haben und
dafür zahlen, indem unsere Kinder verspätet erwachsen werden.[3] Aber ich konnte das, was falsch lief,
noch nicht in einen größeren Zusammenhang einordnen. Thompsons Bemerkung, dass wir unsere Kinder
schwächen, indem wir ihnen die Steine aus dem Weg
räumen und immer versuchen, sie vor den Schwierigkeiten des Lebens und ihren eigenen Verletzlichkeiten
oder Begrenzungen zu schützen, brachte das Problem
für mich auf den Punkt.

Ironischerweise ist Erik Thompson selbst ein Beispiel für jemanden, der spät erwachsen wurde. Er ist
ein jugendlicher Enddreißiger mit strahlenden blauen
Augen und lächelte wehmütig, als ich ihn fragte, ob er
selbst Kinder habe. »Ich habe kleine Kinder, wie die
meisten meiner Freunde. Wir sind alle Ende 30. Ich finde, es hinterlässt einen armseligen Eindruck von uns
als Gesellschaft, dass viele gebildete Erwachsene erst

im allerletzten Augenblick Eltern werden. Wir bringen keine gebildeten jungen Menschen hervor, die bereit sind, mit 25 Eltern zu werden, das Alter, in dem mein Vater Kinder hatte. Ich kannte vor meinem 35. Lebensjahr keine Verantwortung in dem Ausmaß, wie mein Vater sie mit 25 hatte. In meinen Zwanzigern wollte ich mein Selbstwertgefühl entwickeln, aber jetzt begreife ich, dass man nur Selbstwert entwickeln kann, wenn man Probleme löst.« Ich glaube, dass viele junge Erwachsene wie Adrienne und Jason sagen würden, dass sie sich noch nicht bereit fühlen, richtig erwachsen zu sein. Es macht sie unsicher, auf eigenen Beinen zu stehen.

Jeannie Norris pflichtet Erik Thompson voll und ganz bei und zieht noch eine weitere Analogie heran, die das Problem des übermäßigen elterlichen Eingreifens deutlich macht. »Stellen Sie sich vor, Ihr Kind steht rechts von Ihnen, und das Problem, das es lösen muss, befindet sich zu Ihrer Linken. Wenn Sie zwischen dem Kind und dem Problem stehen, *werden Sie zum Problem*. Das Kind kann nicht an Ihnen vorbeischauen und die Lösung sehen. Gehen Sie aus dem Weg.«

Viele fürsorgliche Eltern fragen sich, warum ihre Kinder so häufig mit ihnen in Streit geraten über Probleme, die eigentlich nur die Kinder selbst betreffen. Wiederholt haben mir Eltern von Jugendlichen gesagt: »Wenn ich versuche, mit meinem Kind über die Auseinandersetzungen zu reden, die es mit seinen Freunden hat, fängt es mit *mir* einen Streit an und verteidigt sich. Ich möchte dann einfach sagen: ›Halt mal, wie bin ich denn hier zum Problem geworden?‹«

Kinder entwickeln eine Abwehrhaltung gegen Eltern,

wenn ihre Eltern sich zwischen das Kind und ein Problem, wie Misserfolg, Ärger mit Autoritäten oder Schwierigkeiten mit Freunden, stellen. Wenn diese Kinder später erwachsen sind, haben sie kein Vertrauen, dass sie mit den an sie gestellten Anforderungen umgehen können, und landen leicht in der Selbstwertfalle. Als junge Erwachsene, die noch lebensunerfahren sind, tendieren sie dazu, eine Mischung aus Idealismus – der Überzeugung, die Welt sollte ihren Forderungen und Werten entsprechen – und Zynismus zu empfinden – dem Gefühl, dass sie »ohnehin schon alles kennen«. Diese widersinnige Mischung rührt daher, dass sie überbehütet und zu viel gelobt wurden und zu sehr der »virtuellen Realität« der Medien ausgesetzt waren, die nur scheinbar die Lebenserfahrung ersetzen kann. Helikopter-Eltern werden allzu oft zur falschen Zielscheibe der Angst und Wut des heranwachsenden Kindes, was die Aufmerksamkeit des Kindes von den eigentlichen Wirkungen seiner Handlungen ablenkt und zu einer nebulösen Unsicherheit und Unwirklichkeit im Umgang mit den Problemen führt.

Ich stelle bei heutigen Eltern oft eine Weigerung fest, den Dingen ihren Lauf zu lassen, wenn ihre Kinder in Schwierigkeiten geraten. Nehmen wir das Problem von Alkohol oder Drogen am Steuer.[4] Wenn ich in der Therapie erfahre, dass ein Jugendlicher beim Fahren unter Alkohol- oder Drogeneinfluss erwischt wurde, haben meine Klienten (die Eltern) meistens schon einen Rechtsanwalt eingeschaltet, um herauszufinden, was man tun kann, um das Verfahren abzuwenden, besonders wenn es hart oder ungerecht erscheint. Ich habe die Erfahrung gemacht, dass das Kind den Fehler wiederholt, wenn das Verfahren durch das Eingreifen der

Eltern gemildert oder fallen gelassen wurde. Obwohl ich Mitgefühl mit den Eltern haben möchte, sage ich in Gedanken auch: »Selber schuld!« Das Kind hat die Folgen seiner Handlungen nicht konkret erfahren. Was hat es also gelernt? Dass seine Eltern ihm aus der Patsche helfen können, das ist alles. Selbst wenn ein Jugendlicher reumütig sagt: »Es tut mir leid« oder »Ich weiß, ich habe einen Fehler begangen«, wird er nicht aus den von ihm verursachten Schwierigkeiten lernen, wenn er nicht die Erfahrung macht, angezeigt zu werden und ein Bußgeld (von seinen eigenen Ersparnissen) zu zahlen oder die Strafe abzubüßen.

Als Mutter weiß ich, was für eine Versuchung es ist, Entschuldigungen für Jugendliche zu suchen: »Aber die Anzeige war ungerecht« oder »Seine Lehrerin hat etwas gegen Jungs. Sie begreift gar nicht, wie sehr er sich langweilt und dass sein schlechtes Benehmen nur ein Ausdruck davon ist.« Was man bei diesen Entschuldigungen übersieht, ist, dass eine negative Rückmeldung eine Chance ist, sehr viel zu lernen. Erstens ist es eine Chance beispielsweise für ein Grundschulkind, auf eine Autorität zu reagieren, selbst wenn die Autorität sich irrt. Später im Leben wird das Kind mit Sicherheit mit vielen anderen Autoritäten konfrontiert werden, die noch viel fehlerhafter und problematischer als die jetzigen sind. Wenn es zu einer Auseinandersetzung mit einer Autorität (anders als mit einem nachgiebigen Elternteil) kommt, weiß jeder verantwortungsbewusste Erwachsene, dass sorgfältig abzuwägen gilt, wie weit man sich darauf einlassen will, weil man sehr viel Energie auf einen Streit über triviale Angelegenheiten verschwenden kann. Wie finden wir heraus, was trivial ist und was nicht? Indem wir eine Reihe von

Auseinandersetzungen hinter uns bringen und erleben, was dabei herauskommt. Vielleicht will ein Kind schon im Kindergarten oder der Grundschule beginnen, die Autorität zu bekämpfen, und wenn dem so ist, sollten die Eltern es kämpfen lassen. Es wird daraus lernen. Wie gesagt: Wenn Eltern einspringen und versuchen, ihm Ärger zu ersparen, werden sie selbst zum Problem. Selbst Vorschulkinder lernen aus schwierigen Erfahrungen – bei denen das Leben nicht den Idealen und Wünschen entspricht – etwas über ihre eigenen Stärken und Grenzen. Solche Erfahrungen vereiteln unrealistische Vorstellungen, dass man die vollkommene Kontrolle darüber haben kann, was das Leben uns bringt. Die heutigen Kinder und jungen Erwachsenen lernen diese Lektionen nicht, weil ihre »Ich bin okay, du bist okay«-Eltern es nicht zulassen.

Einige junge Erwachsene, wie beispielsweise Jason, glauben, sie seien in der Kindheit außergewöhnlich gut und klug gewesen und hätten nie jemandem wirkliche Probleme bereitet. In der Rückschau sehen sie sich unausweichlich als so etwas wie »perfekt« oder »annähernd perfekt«. Wenn ich sie frage, wie sie diszipliniert wurden oder was ihre Eltern wütend machte, sagen sie: »Sie hatten über nichts zu klagen. Ich habe alles getan, was von mir erwartet wurde, und mehr. Ich bin nie in Schwierigkeiten geraten und habe nur minimale Fehler gemacht.«

Diesen Eindruck hat auch Erin von sich als Kind. Sie ist mittlerweile 25 – eine attraktive, etwas scheue, schlanke, blonde Frau mit sehr sympathischen Manieren. Obwohl sie sehr zufrieden war, zum Magisterstudiengang zugelassen zu werden und sich auf das Studium freute, ist sie nicht glücklich. Sie kommt nicht mit ihrer Mentorin zurecht und weiß nicht, ob sie weitermachen soll, was sie stattdessen tun könnte und ob sie überhaupt an der Ostküste wohnen will. Erin ist an der Westküste aufgewachsen und bezeichnet ihre Kindheit als ideal. »Ich bin einfach groß geworden, und alles lief sehr, sehr glatt in der Highschool. Ich hatte niemals jugendliche Lebensangst oder etwas dergleichen. Es war eigentlich eine traumhafte Entwicklung.« Nachdem sie das College abgeschlossen hatte, änderten sich die Dinge. Erin war bereit zu einem Interview mit mir, weil sie den Eindruck hatte, dass das richtige Leben nach dem Abschluss »erdrückend und entmutigend war«, und weil sie nicht verstehen konnte, warum es ihr an Selbstvertrauen fehlte, was die Zukunft anging. »Ich glaube, ich habe nach dem Modell funktioniert, dass man alles schon können sollte. In meiner Kindheit und Jugend war alles sehr strukturiert und klar. Man konnte einfach Leistungen bringen und die Aufgaben ausführen, die Menschen einem auftrugen. Plötzlich muss man selbst Entscheidungen treffen, und man hat eine gewisse unterschwellige Erwartung, dass man bereits alles können sollte.«

Einer ihrer ersten Jobs nach dem College-Abschluss war, sechs Monate auf einem Segelboot auszuhelfen. Die Art und Weise, wie man dort mit ihr umging, gefiel ihr nicht. »Ich hatte eine andere Vorstellung davon, worin meine Rolle bestand. Ich dachte, der Lernprozess würde viel schneller oder mehr wie in der Schule vonstatten gehen: Man geht hin, bekommt klare Vorgaben und erwirbt die Fertigkeiten, die man braucht, um die Aufgaben zu bewältigen. Stattdessen war alles mehrdeutig bei dem, was mit den Leuten und der Ausrüstung an Bord lief. Ich hatte nichts zu sagen und war

darauf angewiesen, von anderen Leuten richtig angeleitet zu werden.« Erin hatte einen leichten emotionalen Zusammenbruch und geriet in die Selbstwertfalle.
»Meine übliche Strategie, Fragen zu stellen und schnell
kompetent sein zu wollen, funktionierte nicht, und die
Diskrepanz zwischen dem, was ich mir dachte oder
vorstellte, und was der Realität entsprach, war unge-
heuer. Es ließ mich sogar zögern, etwas Neues auszu-
probieren.«

Als sie mit ihrem Magisterstudium an der Universität begann, glaubte Erin, es würde anders sein und
ihre Erwartungen würden erfüllt. Aber sie stellte fest,
dass ihre Mentorin nicht ständig oder so hilfreich war,
wie es eine Mentorin ihrer Meinung nach sein sollte.
Schließlich trennte sie sich von ihrer Mentorin und
versuchte, sich jemand anderen aus einer anderen Ab-
teilung innerhalb des Fachbereichs zu suchen. Sie
fand niemanden, der ihren Wünschen zu entsprechen
schien, und ist jetzt sehr unglücklich und frustriert.

Noch nicht einmal ganz in der rauen Wirklichkeit
angekommen – schließlich sind ein Aushilfsjob und
das Magisterstudium immer noch eine mehr oder min-
der geschützte Umgebung –, ist Erin bereits verwirrt
und unsicher, was ihre Einstellungen und Normen
betrifft. Juristisch eine Erwachsene, fühlt sie sich emotional oft mehr wie ein Kind, unfähig, effektiv mit den
kleinen Stößen des Lebens umzugehen, wobei sie noch
nicht den starken und heftigen Erschütterungen begegnet ist, die das Leben uns allen schließlich liefert,
wenn wir erwachsen sind.

Erin hatte Laissez-faire-Eltern: sehr unterstützend
und physisch präsent, aber nicht als Autoritäten. »Mama und Papa waren zu Hause wirklich unterstützend,

sodass mein Bruder und ich viel Zeit und Energie auf anderen Gebieten investieren konnten. Für meine persönlichen Bedürfnisse war weitestgehend gesorgt, und so war ich in der Lage, mich in anderen Bereichen hervorzutun.«

Erins Eltern lobten beide Kinder nicht über Gebühr. »Wir hatten bereits so hohe Maßstäbe, dass sie den Druck auf uns nicht noch vergrößern wollten. Wir redeten jedoch nicht über realistische Lebenswege. Ich weiß gar nicht, ob wir je über das Gründen einer Familie, Heiraten oder Kinderkriegen gesprochen haben. Wir hatten ein gutes Zuhause, aber wir haben uns nie darüber unterhalten, wie es im Leben weitergeht oder wie man Entscheidungen trifft.«

Erin behauptet, sie sei in der Kindheit nie durch schlechtes Benehmen oder schlechte schulische Leistungen aufgefallen. Wie ich weiter vorn bereits erwähnte, muss das eine idealisierte Erinnerung sein, denn wir alle geraten in Schwierigkeiten. Im wirklichen Leben gibt es tagtäglich Frustrationen, Konflikte und Enttäuschungen. Wenn man sich an *nichts* Derartiges in der Kindheit erinnert, dann wurde man wahrscheinlich von jemandem davor geschützt.

Lernen, in der rauen Wirklichkeit zurechtzukommen

Das Leben stellt uns alle tagtäglich vor Herausforderungen und Konflikte. Fürsorgliche Eltern schwächen unabsichtlich die Fähigkeit ihrer Kinder, sich mit dem notwendigen Leiden im Leben auseinanderzusetzen, wenn sie ihnen über Gebühr die Steine aus dem Weg räumen. Das heißt nicht, dass Eltern ihre Kinder den Wölfen zum Fraß vorwerfen sollten, doch sollten sie darauf achten, dass ihre Kinder lernen, selbst gegen die Wölfe zu kämpfen, bevor sie aus dem Haus gehen.

Jeannie Norris hat mir einiges von dem Material zukommen lassen, das sie an die Eltern ihrer Schülerinnen verteilt. Ich finde, dass diese Hinweise kluge Ratschläge für Eltern von Kindern in der Grundschule, der Mittelstufe und darüber hinaus enthalten – selbst für Eltern von jungen Erwachsenen. Ich habe sie zusammengefasst und für meine Zwecke etwas abgeändert.

Eltern sollten ihren Kindern und deren Fähigkeit vertrauen, mit der Welt umzugehen, die sich ihnen präsentiert. Das Leben besteht aus einer Reihe von wiederholten Anpassungen an den Wandel. Kinder profitieren davon, zu wissen, dass ihre Eltern ihnen zutrauen, die erforderlichen Anpassungen vorzunehmen, die sich aus den Lebensumständen des Kindes ergeben.

Kindern sollte nicht erlaubt werden, ihre negativen Emotionen einfach auf ihre Eltern zu übertragen. Ist ein Kind wütend, frustriert, einsam oder traurig, ist es weder für die Eltern noch das Kind hilfreich, wenn das Kind seine Emotionen einfach bei seinen Eltern ablädt. Wenn dies geschieht, geht das Kind ohne Sorgen und Frustrationen daraus hervor, während sich die Eltern schlecht fühlen. Die Eltern können ein aufgeregtes Kind selbstverständlich trösten, ohne dabei das Gefühl selbst wegzureden. Sie können zum Beispiel sagen:»Ich weiß, dass es dir jetzt schlecht geht, aber ich bin sicher, du schaffst es.«

*Eltern müssen Kindern in der Mittelstufe und darü-
ber hinaus grundlegende lebenspraktische Fertigkeiten vermitteln, etwa auf sich selbst zu achten, sich zu
organisieren, mit Geld und Zeit umzugehen und alles
sonst, was lebensklugem Verhalten entspricht, während sie sich davor hüten sollten, die konkreten Probleme zu lösen, mit denen das Kind konfrontiert ist.*
Anstatt dem Kind zu sagen, was es in einer Problem-
situation tun sollte, sollten sie zum Beispiel sagen:
»Ich kann verstehen, dass du aufgeregt bist. Was ist
deiner Meinung nach in diesem Fall ein erster guter
Schritt?« Es ist höchst effektiv, einem Kind nicht die
Lektionen abzunehmen, die das Problemlösen lehrt,
und daher sollten Eltern das Vermitteln von lebensklugem Verhalten davon trennen, Probleme für ein
Kind zu lösen.

*Eltern sollten immer daran denken, nur von der Zu-
schauertribüne Zuspruch zu spenden, statt Besitz-
ansprüche auf den Erfolg ihres Kindes zu erheben.*
Wenn ein Kind eine Schwierigkeit erfolgreich meis-
tert oder ein von ihm gewünschtes Ziel erreicht,
sollten Eltern wie Zuschauer Beifall spenden und
das unabhängige Problemlösen noch weiter stärken.
Eltern haben Kindern jahrelange Erfahrung voraus.
Wenn sie als Partner beim Problemlösen auftreten
und sich den Erfolg anrechnen, können sie dem Kind
sehr leicht das Gefühl des Triumphs rauben.

Wie Jeannie Norris sagt, sind junge Menschen heutzutage »reich an Informationen, aber arm an Erfahrungen«. Das gilt für junge Erwachsene wie Erin, die
eine Fülle von Informationen zur ständigen Verfügung

haben, aber keine lebenspraktische Erfahrung besitzen, die ihr Stehvermögen testet. Frau Norris stellt einen Vergleich zwischen der heutigen Jugend und der Baby-boom-Generation an: »Wir hatten viele Erfahrungen und wenig Informationen. Wir sind in die Schule gegangen, um herauszufinden, was die Erwachsenen wussten, aber inzwischen ist das nicht mehr so. Jeder hat durch das Internet Zugang zu allen möglichen Informationen, und die heutigen Jugendlichen sind in einer Zeit aufgewachsen, in der die Lebenserfahrung auf einem Tiefstand ist. Sie haben weniger Zeit im echten als im virtuellen Leben verbracht. Sie glauben, sie wüssten über Dinge Bescheid, weil sie in den Medien etwas darüber gesehen oder gehört haben, aber ihnen fehlt es an wirklicher Erfahrung.«

Adrienne und Erin stecken in der Selbstwertfalle. Trotz ihrer guten Bildung fürchten sie, zu versagen, Schwierigkeiten nicht meistern zu können und den Stürmen des Schicksals nicht gewachsen zu sein. Zu ihren Erfahrungen im Magisterstudium bemerkt Erin: »Es war hart. Ich dachte, ich würde viel Beratung und Hilfestellung bekommen, um zu lernen, wie man forscht und Professor wird, aber das war nicht die Art und Weise, wie meine Mentorin es sah. Ich habe versucht, andere Mentoren zu finden. Ich dachte, ich könnte um Hilfe bitten und sie problemlos bekommen, aber das ist nicht der Fall, und jetzt weiß ich nicht, was ich tun soll.« Konfrontiert mit ernsthaften Zukunftsfragen, empfindet Erin sehr viel inneren Druck, die »richtige Entscheidung« zu treffen. Sie hatte nicht die Segnungen der Art von Erziehung, die Frau Norris empfiehlt, und muss unvorbereitet als Erwachsene Probleme lösen, im Wissen, dass es kein Sicherheitsnetz mehr gibt.

Erin muss etwas ausprobieren, bei dem sie das Risiko des Scheiterns eingeht, damit sie lernt, dass sie damit fertig wird, ganz gleich, welche Entscheidung sie trifft. Wenn junge Menschen wie Erin zu mir in die Therapie kommen, sage ich ihnen, dass es keine »richtigen Entscheidungen« gibt, sondern nur faktische Entscheidungen und den Mut, sich darauf einzulassen. Wenn wir Probleme im echten Leben lösen, haben wir nie die Garantie, das »Richtige« getan zu haben. Solange wir uns nicht darauf einlassen, können wir nicht wissen, ob wir den richtigen Partner oder den richtigen Beruf gewählt haben – und manchmal werden wir es überhaupt nie wissen. Ganz gleich, ob wir scheitern, Erfolg haben oder ein Mittelding zwischen beidem, wir müssen in einem bestimmten Augenblick unser bestmögliches Urteil treffen und uns dann auf die Entscheidung einlassen. Wie das Ergebnis auch aussehen mag: Wir werden etwas über unsere Stärken und Schwächen erfahren und wie sie uns beim Problemlösen in Beziehung zu Gleichaltrigen oder Älteren bringen. Korrekturen sind möglich, solange wir imstande sind, mit unseren negativen Gefühlen von Scham, Blamage und Enttäuschung umzugehen – ohne sie gegen uns selbst zu wenden.

Vielleicht kennen Sie aus der griechischen Mythologie die Sage von einem Knaben namens Ikarus, dem Sohn des berühmten Baumeisters Daedalus. Ikarus half seinem Vater, Flügel aus Wachs und Federn herzustellen, um einem Labyrinth zu entfliehen, in dem sie gefangen gehalten wurden.

Sein Vater, ein begnadeter Künstler und Erfinder, schärfte dem jungen Ikarus ein, weder zu niedrig zu fliegen, damit seine Flügel nicht durch den Nebel über dem Meer beschwert würden, noch zu hoch, wo die

Sonne sie zum Schmelzen bringen könnte. Als sie losflogen, blieb Ikarus zunächst in der Nähe seines Vaters, aber bald fand er Geschmack am Fliegen und schwang sich hoch hinauf zur Sonne. Seine Flügel schmolzen, er fiel ins Meer und ertrank.

Vielleicht wenden Sie jetzt ein: »Das hätte nicht passieren dürfen! Sein Vater hätte ihn Huckepack nehmen sollen, um das zu verhindern.« Ich habe eine andere Lösung, die ich meinem Freund Dan Jacobs verdanke, einem Freud'schen Psychoanalytiker und Psychiater. Bei einer Tagung über Mythen und Bilder hörte ich einen Vortrag, den Jacobs über diese Geschichte hielt. Er äußerte die originelle Ansicht, dass das hohe Fliegen eine Metapher für übersteigerten Selbstwert sei: »Ikarus' Problem war nicht, dass er zu hoch flog, sondern dass er nicht schwimmen konnte!« So ist es. Wenn wir hoch fliegen, sollten wir darauf achten, dass wir im Falle eines Absturzes in der Lage sind, die dunklen Gewässer – Blamage, Enttäuschung, Ärger und Depression – zu durchqueren.

Wenn Menschen glauben, sie seien besonders oder sollten es sein, neigen sie dazu, sich zurückzuhalten, sobald sie auf Herausforderungen stoßen, die sie auf den Boden holen könnten. Wenn sie glauben oder gehört haben, sie seien die Besten, Klügsten, Schnellsten oder Witzigsten, werden sie eine panische Versagensangst haben. Da immer die Möglichkeit des Scheiterns bei etwas besteht, was man noch nicht getan hat, werden sie neues oder schwieriges Terrain meiden. In der Annahme, dass sie nur sich selbst trauen können, versuchen sie, alle potenziellen Probleme zu durchdenken, bevor sie handeln. Das ist wieder nur eine virtuelle Realität. Es hilft nicht.

Ich habe sehr früh im Leben gelernt, dass ich Schwierigkeiten standhalten konnte. Das war das Geschenk einer benachteiligten Kindheit. Aber selbst wenn wir als Kinder oder Erwachsene ein privilegiertes Leben haben, ist es uns möglich, unser Selbstvertrauen zu stärken, indem wir einfach Entscheidungen treffen und uns darauf einlassen, Probleme zu lösen, anstatt darauf zu warten, dass wir das Beste, Größte und Sicherste finden.

Zusätzlich dazu, sich zurückzuhalten, wenn das Kind mit einem normalen Problem konfrontiert ist, können Eltern auch einmal in der Woche eine Familienkonferenz einberufen, um mit ihren Kindern familiäre und persönliche Probleme zu besprechen.[5] Selbst Vorschulkinder sollten mit einbezogen werden. Nach einer Eingangsphase, in der jeder das Neueste aus der vergangenen Woche erzählt, sollten die Beteiligten aufgefordert werden, Schwierigkeiten auf den Tisch zu bringen. Eltern sollten sich an die von Jeannie Norris skizzierten Regeln halten und einfach Fragen zu den Gedanken des Kindes stellen, anstatt seine Probleme zu lösen. Aber bei schwerwiegenden Familienproblemen – wie etwa, dass das Geld für eine notwendige Anschaffung fehlt, ein Haustier krank ist oder man sich Sorgen über erkrankte Großeltern oder Nachbarn macht –, sollte jedes Mitglied aufgefordert werden, in einer Art Brainstorming Vorschläge dazu zu äußern, was man als Gemeinschaft tun könnte. Bei diesem Prozess lässt sich viel über Idealismus, Fehler und Problemlösungen lernen. Darüber hinaus können Familienkonferenzen Kindern die einmalige Chance bieten, etwas von den normalen Schwierigkeiten des Lebens zu hören.

Normale Unzufriedenheit
und notwendiges Leiden

Im ersten Kapitel habe ich den Gedanken eingeführt, dass das menschliche Leben immer auch Unzufriedenheit und Schwierigkeiten beinhaltet. Der ursprüngliche, von Buddha verwendete Begriff dafür heißt auf Sanskrit *duhkha*. Ich erwähne ihn hier, weil es im Englischen keine Entsprechung dazu gibt, obwohl *duhkha* gewöhnlich mit »Leiden« übersetzt wird. Tatsächlich meint *duhkha* eine Erfahrungsqualität, die wir alle kennen. Es ist das Gefühl, aus der Bahn geworfen zu werden, wie ein Rad, das aus dem Gleis springt oder ein Knochen, der aus dem Gelenk rutscht. Menschen können sich leicht aus der Bahn geworfen fühlen, und dann erscheint alles als irgendwie verkehrt. Wir sind aufgewühlt und reizbar, es sei denn, wir wissen, wie wir uns selbst zur Ruhe bringen. Diese Art Erfahrung tritt ständig auf. Heute fuhr ich beispielsweise in die Stadt, ohne mein Portemonnaie einzustecken, sodass ich keine Besorgungen machen konnte; unser Heißwassergerät ging kaputt und rostiges Wasser kam heraus; im Kühlschrank gab es nichts mehr zu essen; und ich war von dem Gespräch mit einem Freund enttäuscht. Auf einer noch etwas weniger bedeutsamen Ebene hatte ich verschiedene kleine Beschwerden, Schmerzen und ein leichtes Magendrücken. Und das war ein guter Tag! Das sind die normalen Verstimmungen, die damit einhergehen, am Leben zu sein.

Bemerkenswerter sind die großen Verluste und Enttäuschungen: wenn uns ein geliebter Mensch hintergeht, wenn der Arzt eine schwere Erkrankung bei uns feststellt, wenn uns die Möglichkeit genommen

wird, ein Ziel zu verfolgen, auf das wir lange hinge-
arbeitet haben, wenn jemand, den wir lieben, stirbt
oder eine Tragödie erlebt, und dergleichen mehr. Einiges davon haben Sie und auch ich erlebt. Das geläufige
und grundlegende Aus-der-Bahn-geworfen-Werden von
duhkha kann von normalen körperlichen Schmerzen
und psychischen Schwierigkeiten bis hin zu der Frustration reichen, die wir empfinden, wenn Dinge und
Menschen nicht unseren Idealen entsprechen, dem
schrecklichen Kummer oder der Todesangst im Zusammenhang mit Missbrauch oder Tragödien und der
existenziellen Angst, die bei dem Gedanken aufkommt,
dass wir mit dem Tod alles verlieren. Alle diese Formen von *duhkha* sind Bestandteil der menschlichen
Existenz.[6] Jeder leidet darunter; niemand ist davon ver-
schont.

Wenn Eltern ihre Kinder immer wieder vor den vorhersehbaren Wechselfällen des Lebens schützen und
wollen, dass sie stets glücklich sind, werden Kinder
das Auftauchen normaler Schwierigkeiten für etwas
Außergewöhnliches halten. Hat ein kleines Kind niemals Misserfolge gehabt, nicht einmal beim Spielen
oder Wetteifern mit Freunden, erlebt es den Fehlwurf
bei seinem ersten Baseballspiel in der Kindermann-
schaft als Selbstwertfalle und Katastrophe. Wenn man
uns beibringt zu glauben, wir sollten meistens glücklich sein und vom Leben das erhalten, was wir uns
wünschen, werden wir uns selbst oder jemand anderem die Schuld geben, sobald das nicht geschieht,
obwohl es vermutlich einfach nur die Art und Weise
ist, wie das Leben spielt. Kein noch so großes Maß an
materiellem Besitz oder Erfolg kann uns vor den in der
Realität angelegten Begrenzungen bewahren: dass wir

krank werden und sterben, dass Dinge sich wandeln und dass wir sehr wenig Kontrolle darüber haben, wie Menschen uns wahrnehmen und was mit uns geschieht. Viele junge Erwachsene landen in der Selbstwertfalle, wenn sie den Schutz des Elternhauses verlassen, weil sie kein Vertrauen zu ihrem eigenen Problemlösungsvermögen oder ihrer Fähigkeit haben, aus Schwierigkeiten zu lernen und sie zu meistern.

Erik Thompson hat junge Menschen untersucht, die dabei sind, am Ende der Pubertät das Elternhaus zu verlassen, oder eine andere Art sozialer Trennung durchmachen. Wir sind beide einhellig der Meinung, dass Autonomie – die Fähigkeit, ein selbstbestimmtes Leben zu führen – etwas ist, was von frühester Kindheit an bis zur Emanzipation (dem Verlassen des Elternhauses, um auf eigenen Beinen zu stehen) eingeübt werden muss, damit ein junger Mensch zuversichtlich von zu Hause weggehen kann. Ein kleines Kind braucht selbstverständlich den größten Schutz, das heranwachsende Kind sollte hingegen immer häufiger Entscheidungen treffen – auf sich selbst und sein Äußeres achten und mit Geld, Hausarbeiten, Noten und College-Bewerbungen umgehen –, um sich darauf vorzubereiten, von zu Hause auszuziehen.

Thompsons Forschung kreist um das Thema des selbstverletzenden Verhaltens, das bei Kindern inzwischen epidemische Ausmaße angenommen hat. Er definiert Selbstverletzungen als Sichschneiden, Selbstverstümmelung und parasuizidales Verhalten, bei dem jemand häufig über Selbstmord nachdenkt oder spricht und eine nichttödliche Überdosis einnimmt. »Es ist ziemlich weit verbreitet. Mir begegnet es überall«, sagt Thompson.[7]

Wie er annimmt, sind diese Verhaltensweisen ein unbewusster Ausdruck des Protests gegen die Trennung, ein ungesundes Zeichen dafür, dass diese jungen Menschen sich emotional unvorbereitet fühlen, auf eigenen Beinen zu stehen, weil, so seine These, ihre Eltern ihnen immer wieder die Steine aus dem Weg geräumt haben. »Es ist wie der Wutanfall eines Kleinkinds. Jane Goodall beschreibt etwas Ähnliches bei Schimpansen in freier Wildbahn. Wenn eine Mutter nicht stark genug ist, die Angriffe auszuhalten, die ein junger Schimpanse als Protest gegen das Entwöhntwerden gegen sich selbst richtet, und ihm wieder die Brust gibt, schwächt sie ihn, sodass er vielleicht nie imstande ist, sich unter Gleichaltrigen zu behaupten.[8] Bei vielen meiner ersten Interviews mit Familien gab es einen Elternteil, oft den Vater, der zu viel Aufhebens von den Hausaufgaben des Kindes machte.« Er erinnerte sich an einen Vater, der schamerfüllt gestand, dass er für seine Tochter die Hausaufgaben in der Highschool gemacht hatte, weil er ihr Misserfolge ersparen wollte. Sie war tatsächlich eine sehr gute Schülerin. Der Vater hatte begonnen, die Hausaufgaben für die Tochter zu erledigen, als sie in die Oberstufe kam. Als sie 19 war und auszog, um aufs College zu gehen, fing sie an, sich zu schneiden, eine Überdosis Medikamente zu nehmen und schließlich mit Selbstmord zu drohen. Wie Thompson sagt, lautete die unbewusste Botschaft: »Ich kann nicht auf eigenen Beinen stehen. Bitte rette mich.« Und in der Tat nahm sich der Vater eine Wohnung in der Nähe des College, um für sie da zu sein, was alles jedoch nur noch schlimmer machte.

In seiner klinischen Arbeit mit Eltern warnt Thompson sie vor den katastrophalen Folgen, die eintreten können, wenn sie die Fähigkeit der Kinder untergraben, ihre Probleme selbst zu lösen.»Diese Projektion der elterlichen Angst auf Kinder – indem sie sie für zu schwach halten, um mit den Folgen ihrer eigenen Handlungen fertig zu werden – entzieht sich unseren Blicken. Sie entgeht dem Radar, aber es ist ein Faktor, der die Entwicklung eines Kindes effektiv behindern kann.«

Wenn ich Eltern von Schülern in der mittleren oder höheren Stufe der Highschool therapiere, betone ich, dass Kinder in diesem Alter ebenso sehr lernen, autonom zu sein, wie sie irgendein Schulfach lernen. Wie ich bereits erwähnt habe, bedeutet Autonomie die Fähigkeit, sich selbst zu steuern – Entscheidungen zu treffen und die eigenen Handlungen selbst zu bestimmen. Je eher wir von unseren Kindern erwarten, Verantwortung für ihre Handlungen zu übernehmen, ganz gleich, wie alt sie sind, desto besser. In jedem Alter gibt es entwicklungsspezifische Herausforderungen und neue Verantwortlichkeiten, die mit neuen Rechten und Freiheiten für das heranwachsende Kind verknüpft sind. Neue Freiheiten – beispielsweise zu wählen, was man anzieht oder mit wem man befreundet ist – bedeuten neue Verantwortung, was die Folgen der eigenen Entscheidungen angeht. Wenn ein Kind zu spät zur Schule kommt, weil es beim Auswählen und Anziehen seiner Kleidung getrödelt hat, sollte es die Folgen seiner Verspätung erleben, worin auch immer sie bestehen. Wenn die Eltern eingreifen (indem sie mit ihm zur Schule rasen oder seinem Lehrer eine Entschuldigung schreiben), hat das Kind die Gelegenheit versäumt, einen Schritt in Richtung einer Autonomie zu machen, in der es mit seinen eigenen Entscheidungen fertig werden muss.

Was Schwierigkeiten lehren

Widrigkeiten zu überwinden und aus Schwierigkeiten zu lernen lehrt uns etwas über das Leiden, sowohl über unser eigenes als auch das anderer. Es minimiert auch das besondere Selbst, indem es uns zeigt, dass wir oft keine Kontrolle über unsere Umstände, sondern nur (und nur unvollkommen) über unser eigenes Verhalten haben. Wenn es uns gelingt, die Selbstvorwürfe zu reduzieren und das Vertrauen zu uns selbst aufrechtzuerhalten, sobald sich alles gegen unsere Wünsche oder Sehnsüchte zu verschwören scheint, können wir uns aus der Selbstwertfalle befreien und größeres Einfühlungsvermögen und Mitgefühl mit uns selbst und anderen entwickeln. Den Unterschied zwischen Selbstvorwürfen und Verantwortung zu lernen weckt in uns Bescheidenheit und schärft unser Gefühl dafür, normal zu sein.[9] Wir beginnen durch unsere eigene Erfahrung zu verstehen, dass Menschen immer und überall mit den Anforderungen ringen, denen sie begegnen, und dabei häufig aus der Bahn geworfen werden.

Wenn diese Einsicht in uns an Boden gewinnt, öffnet sich unser Herz. Wir begreifen im tiefsten Innern, dass niemand gegen Wandel, Furcht, negative Gefühle, Verlust, Fehler, Krankheit und Tod gefeit ist. Es fällt uns leichter, Vertrauen zu unseren eigenen Handlungen zu entwickeln und in Kontakt mit der Wirklichkeit zu bleiben. Es fällt uns auch leichter, mit anderen in Beziehung zu treten, weil wir weniger Angst vor Konflikt haben und weniger dazu tendieren, unsere Fehler und Eigenheiten negativ zu bewerten. Mitgefühl oder »Mitleid« mit anderen zu haben, bedeutet wörtlich mit ihnen leiden; anderen helfen zu können entsteht daraus, dass wir selbst leiden. Solange wir nicht wirklich wissen, was Leiden ist, können wir nicht helfen.

Wir (und unsere Kinder) lernen nicht nur daraus, dass wir Schwierigkeiten begegnen und sie überwinden, sondern wir lernen auch daraus, dass wir das Leiden im Leben anderer miterleben. Wohlmeinende Eltern schirmen ihre Kinder heutzutage allzu oft vor Armut, schwerer Krankheit und dem Tod anderer Menschen ab. Damit nehmen sie dem heranwachsenden Kind die Chance, Schwierigkeiten zu verstehen und in Kontakt mit seinen natürlichen spirituellen Bestrebungen zu kommen. Das Leiden anderer ruft in uns Fragen nach dem Sinn des Lebens und des Todes wach und weckt schließlich unseren Wunsch zu helfen.

Einige Eltern widersetzen sich dem Zeitgeist und beschließen, ihre Kinder mit menschlichem Elend in Kontakt zu bringen, manchmal aus spirituellen Gründen und manchmal aufgrund von Lebensumständen. Der Arzt Dr. David Hilfiker und seine Frau, die Pädagogin Marja Hilfiker, trafen in der Mitte des Lebens die Entscheidung, unter Obdachlosen zu leben und sich ihrer anzunehmen. 1983 zogen sie von einer sicheren Mittelschichtexistenz auf dem Land in Minnesota in das Adams-Morgan-Viertel von Washington, D.C., mitsamt ihren drei Kindern: Laurel, zwölf, Karin, fast neun, und Kai, vier. Sie schlossen sich der *Church of the Savior* an, einer kleinen christlichen Gemeinschaft, die sich um Arme kümmert, Gottesdienste in kleinen Gruppen (zwischen zehn und dreißig Teilnehmern) abhält, von ihren Mitgliedern mindestens zehn Prozent ihres Jahreseinkommens als Spende verlangt und eine tägliche Kontemplations- und Meditationspraxis empfiehlt. Dr. Hilfiker hat bewegend über seine Erfahrun-

gen mit einer »Medizin der Armen« und seine spirituelle Entwicklung geschrieben, die daraus resultierte,
dass er unter den Armen und Obdachlosen gelebt und
mit ihnen gearbeitet hat.[10]

Ich hörte das erste Mal von David Hilfiker im National Public Radio, als er in einer Sendung interviewt
wurde, die *Speaking of Faith (»Gespräche über den
Glauben«)* heißt.[11] Nach der Flutkatastrophe in New
Orleans konzentrierte sich die Sendung auf die Armen
in der Stadt und die spirituellen Fragen, die sie für uns
alle aufwerfen. Dr. Hilfiker sprach so offen und ver-
ständig von seiner Arbeit im Christ House, einer medizinischen Übergangseinrichtung, wo er als Arzt für Obdachlose arbeitete, und im Joseph House, einem Heim
für Obdachlose mit Aids, dessen medizinischer Direk-
tor er war, dass ich völlig gebannt war. Ebenso faszinie-
rend waren die Erfahrungen, die er und seine Frau damit machten, ihre drei Kinder in den beiden Häusern
großzuziehen. Im Christ House hatte die Familie eine
separate Unterkunft, in der die Kinder von den Bewohnern getrennt gehalten werden konnten, aber im Joseph
House teilten die Kinder die wichtigsten Lebensbe-
reiche mit den Bewohnern.

Ich kontaktierte Dr. Hilfiker und sprach mit ihm und
seiner Frau in ihrer jetzigen Wohnung in Washington
und interviewte per E-Mail auch ihre mittlere Tochter
Karin, die über ihre Jugend unter den Armen und Kranken geschrieben hat. Als Karin 14 war und sie ins
Joseph House zogen, stellte sie sich Fragen wie: Würde
ihre beste Freundin sie noch besuchen kommen?
Würde ihr Freund sich dort wohl fühlen? Würde sie
sich je mit einem der Männer dort anfreunden? Aber
schon bald stand Karin mit ihren neuen Gefährten auf

freundschaftlichem Fuß.»Es dauerte nicht allzu lange, bis wir ein Gefühl der Zusammengehörigkeit entwickelten. Ein oder zwei Wochen nach unserem Einzug kamen alle Männer zusammen mit meiner Familie zu einer Ballettvorführung, in der ich tanzte.« Sie lebte in einem Haus, in dem, wie sie mit 17 schrieb,»der Tod oft zu Besuch kommt«, einem Ort, an dem es zwar nicht möglich war, »jeden Augenblick glücklich zu sein, aber jeden Augenblick zu *spüren,* und das ist es«, so schrieb sie,»was es heißt, ganz und gar lebendig zu sein.« Karin gewann ein großes Maß an Empathie, Mitgefühl und Einsicht aus ihrem Leben im Joseph House. Als sie wegging, um am Macalester College in Minnesota zu studieren, schrieb sie:

> *Wie kann ich fröhlich sein, wenn ich inmitten von so viel Leiden und Tod lebe? Weil ich gelernt habe, dass Leiden sehr viel besser ist als Gleichgültigkeit. Man trauert, wenn man Freude empfunden hat. Wenn man jemandes Tod betrauert, dann, weil man jemanden geliebt hat. Wenn man den Verlust der Gesundheit betrauert, dann, weil man gesund gewesen ist. Immer wenn man trauert, hat man eine Zeitlang etwas Kostbares gehabt, und das ist etwas, was es wert ist, es zu feiern.*[12]

Karin ist mittlerweile Anfang 30, und als ich sie interviewte, wollte ich wissen, wie sie es empfunden hatte, mit dem religiösen Engagement ihrer Eltern aufzuwachsen. Sie antwortete, dass »eines der größten Geschenke des Lebens in Christ House und Joseph House darin bestand, dass ich es sowohl bei den Mitarbeitern als auch den Bewohnern mit Menschen zu tun hatte, die aus anderen Rassen, Kulturen und Schichten kamen als ich. Ich war gezwungen, mich mit Menschen auseinanderzusetzen, die dreimal so alt waren wie ich und kaum lesen konnten, mit Drogen dealten, Leute ausraubten, um zu leben, oder ihre unmittelbare Umgebung noch nie verlassen hatten. Ich war oft die einzige Weiße. Ich musste meine Sprache, Manieren und Erwartungen anpassen, um mich zu integrieren. Für Farbige ist diese Außenseitererfahrung etwas ganz Normales. Die privilegierten Weißen sind daran gewöhnt, dass andere Menschen sich an sie anpassen. In jungen Jahren einen Einblick in die Art und Weise zu erhalten, wie Farbige und Menschen mit geringem Einkommen mit dem Leben und dem System umgehen, hat mir total die Augen geöffnet. Mir ist klar geworden, wie stark die Rassentrennung in unserer Kultur ist. Ich habe damit als Erwachsene ziemlich zu kämpfen gehabt, aber dieses Bewusstsein hat es mir auch möglich gemacht, Freundschaft mit Menschen aus verschiedenen ethnischen, kulturellen und ökonomischen Schichten zu schließen und mit ihnen in einer Gemeinschaft zu leben, etwas, was ich sehr schätze.«

Auch wenn Karin zugibt, dass sie ihr Päckchen an Problemen und Unsicherheiten als junge Erwachsene zu tragen hatte, sagt sie: »Ich bin unglaublich glücklich. Ich habe gerade einen Abschluss in Physiotherapie gemacht und arbeite in meinem ersten Jahr auf einer Vollzeitstelle. Ich lebe mit einem wunderschönen Inder zusammen, der sich wie ich mit multiethnischen Gemeinschaften identifiziert. Wir haben gemeinsam ein Haus in einem Viertel von Brooklyn gekauft, in dem hauptsächlich Menschen aus der Karibik und Afroamerikaner leben.«

Karin hat das Gefühl, für ihr eigenes Glück sorgen zu können, und traut ihrer Entscheidungsfähigkeit. Sie sieht ihre Schwierigkeiten als »vorübergehende Hindernisse«. Was auffällt, wenn sie über ihre Jugendjahre berichtet, ist, welche Sicherheit sie in Bezug auf ihre Werte, ihre Ausrichtung und ihre Entscheidungen besitzt, ganz im Gegensatz zu Adrienne, Erin und Jason. Die Opfer, die ihr durch die Entscheidung ihrer Eltern abgefordert wurden, den Armen zu dienen, gaben ihr die Chance, sich selbst auf authentische Weise zu finden.

Auch wenn Karins Beispiel extrem erscheinen mag, zeigt es den Zusammenhang zwischen Schwierigkeiten, innerer Stabilität und Weisheit auf. Menschliches Leiden – sowohl das alltägliche wie auch das tragische – ruft spirituelle und existenzielle Fragen wach und hilft uns, die Begrenzungen zu erkennen, mit denen wir alle konfrontiert sind. Als Eltern müssen wir lernen, dem Drang zu widerstehen, unsere Kinder vor Leiden und Misserfolgen zu schützen und abzuschirmen, denn sie bieten ihnen wichtige Chancen, um zu selbstsicheren und klugen Erwachsenen heranzuwachsen.

Im Alltag gibt es zahllose Möglichkeiten, einen Augenblick mit einem Bettler auf der Straße zu verbringen, einen kranken Freund oder Verwandten zu besuchen oder ein krankes oder sterbendes Haustier zu pflegen. Kinder sollten schon im Alter von drei oder vier Jahren bei diesen Tätigkeiten zuschauen oder helfen. Und natürlich eröffnen solche Anlässe Fragen und Gespräche über die Nöte, die Fehler und das Elend, unter denen letztlich wir alle leiden.

Helfen Sie Ihren Kindern, Armut und eine Privilegienverteilung wahrzunehmen, die unmenschlich und ungerecht erscheint. Tun Sie dies auf eine Weise, die nicht Schuld- oder Schamgefühle über das hervorruft, was Sie als Familie besitzen, sondern die den Kindern vielmehr hilft, ihre Verantwortung zu begreifen, mit anderen zu teilen und an sie zu denken. David Hilfiker erinnerte sich an einen Vorfall, als sein Sohn Kai, damals etwa sieben Jahre alt, etwas über wirkliche Armut begriff. »Kai hatte einen neuen Freund in unserem Viertel gefunden, als er gerade lernte, Fahrrad zu fahren, jemanden, den er zu uns ins Christ House einlud. Als sein Freund ging, stahl er Kais Rad. Kai war gar nicht so unglücklich, weil er davon ausging, dass er vermutlich ein neues Fahrrad bekommen würde, aber es beeindruckte ihn, wie arm sein neuer Freund war. Kai sagte: ›Er kann wirklich nicht viel haben, weil ihm ein Fahrrad wichtiger als eine Freundschaft ist.‹ In diesem Augenblick begriff er eine Menge über Armut!«

Die Konfrontation mit Armut, Voreingenommenheit und Vorurteilen kann für Kinder oder Erwachsene eine Chance sein, ihren eigenen Horizont zu erweitern und einen Einblick in andere Lebensweisen zu gewinnen. Auch wenn man von einem Kind verlangt, häusliche Pflichten zu übernehmen, sollte es dabei die Chance haben, über seine gewöhnlichen Interessen hinauszuschauen. Häusliche Pflichten haben den Sinn, Ihrem Kind zu helfen, Verantwortung für sein Wohlergehen und das anderer zu übernehmen. Wählen Sie Aufgaben aus, die wirklich wichtig und altersangemessen sind (beispielsweise ein Haustier oder eine Pflanze zu versorgen). Zeigen Sie Ihrem Kind konkret und detailliert, wie es die Aufgabe ausführen soll, beobachten Sie es eine Weile, und dann überlassen Sie die Aufgabe Ihrem

Kind. Bleiben Sie natürlich als Retter in der Not im Hintergrund (lassen Sie die Katze nicht verhungern, wenn Ihr Sohn sie nicht füttert), aber übernehmen Sie auch nicht die Verantwortung. Ihr Kind sollte die negativen Folgen spüren, wenn es eine Aufgabe nicht ausführt oder nur schlampig erledigt. Es gibt nichts, was die innere Stabilität Ihrer Kinder mehr stärkt als das Wissen, dass sie imstande sind, einen wichtigen Beitrag zu leisten, und dass man sich auf sie verlassen kann.

Selbst kleine Kinder können lernen, dass Schwierigkeiten, die uns aus der Bahn werfen, auch unser Mitgefühl wecken, indem sie uns helfen, auf unsere eigenen Nöte und jene anderer in geeigneter Weise zu reagieren. Dadurch wird nicht nur eine solide Grundlage für einen guten Charakter und ein gut funktionierendes Gewissen gelegt, sondern auch die Anspruchshaltung gesenkt, die aus den unverdienten Privilegien einer bevorzugten Kindheit entstehen kann. Das ist es, was Schwierigkeiten lehren.

KAPITEL 4

Die Notwendigkeit von Gewissen und inneren Stärken

Unlängst klaute die 14-jährige Tochter meiner Freundin ein Baumwoll-T-Shirt in einem großen Laden am Ort. Als sie sich damit in einer E-Mail brüstete, die sie auf dem Computer der Familie geschrieben hatte, wurde sie von ihren Eltern ertappt. Sie fragten mich, wie sie meiner Ansicht nach darauf reagieren sollten, und ich sagte, was ich für offensichtlich hielt: Das Mädchen solle das T-Shirt in den Laden zurückbringen und fragen, was sie tun könne, um den Diebstahl wieder in Ordnung zu bringen. Die Eltern waren über meinen Vorschlag entsetzt. Das sei zu demütigend. Schließlich habe sie niemanden geschädigt. Die großen Läden hätten doch Versicherungen, die für kleine Diebstähle aufkämen. Und sie würde es auch nie wieder tun. Ich schwieg.

Einem Kind zu helfen, ein gut funktionierendes Gewissen zu entwickeln, ist eine ernstzunehmende Angelegenheit, die viel Nachdenken und Engagement vonseiten der Eltern erfordert. Wenn unsere Kinder in die Pubertät kommen – eine Zeit intensiver und natürlicher Selbstbezogenheit –, haben sie bereits eine Identität entwickelt, der zufolge sie entweder glauben, besonders und überlegen oder ein normaler Mensch zu sein, der sich an die Regeln halten muss. Ein überzogenes Gefühl der eigenen Wichtigkeit und eine Anspruchshaltung machen es einem Teenager oder jungen Erwachsenen besonders schwer, sich vorzustellen, dass Ladendiebstahl, Lügen oder Abschreiben die sozialen Strukturen zerreißen, von denen wir alle abhängen, ganz gleich, ob man geschnappt wird oder nicht.

Die Entwicklung eines gut funktionierenden Gewissens ist ein Prozess, der vor dem sechsten Lebensjahr beginnt und zu seiner vollen Reife Jahre braucht. Er beginnt mit Regeln und strengen Richtlinien, die eine Sensibilität und ein Verständnis für die Tatsache wecken, dass wir alle voneinander abhängig sind, selbst in unseren ureigensten Wünschen und Schwächen. Ein gut funktionierendes Gewissen ist wie ein Kompass, der uns in schwierigen Situationen den Weg weist, wenn wir nicht klar sehen.

Die Entwicklung des Gewissens

Das Gewissen ist ebenso die Fähigkeit, zwischen Richtig und Falsch zu unterscheiden, wie auch das Bestreben oder die Motivation, das Richtige zu tun. Das Wort »Gewissen« klingt ein wenig altmodisch, als wäre es auf unser postmodernes, hektisches Leben nicht mehr anwendbar. Doch eine Umfrage unter jungen Berufsanfängern aus dem Jahre 2005 hat ergeben, dass die überwältigende Mehrheit glaubt, richtiges Handeln sei wichtiger, als im Beruf voranzukommen.[1]

Man könnte denken, das sei eine gute Nachricht. Doch trotz der Aussage, das Richtige tun zu *wollen*, gibt eine beachtliche Anzahl von jungen Erwachsenen zu Protokoll, dass sie, wenn sie vor einem moralischen Dilemma stünden, *nicht* das Richtige tun würden. Beispielsweise sagen 43 Prozent, dass ihnen Loyalität gegenüber Freunden wichtiger als Ehrlichkeit ist. Der Skandal der Gefangenenmisshandlungen in Abu Ghraib ist ein bekanntes Beispiel dafür, dass junge Amerikaner ihre Werte aus Loyalität gegenüber einem Freund oder Kollegen über Bord warfen. Ein gut funktionierendes Gewissen erweist sich dadurch, dass man den Charakter und den Mut aufbringt, das Richtige zu tun, *selbst wenn es mehr kostet, als man bezahlen will.* Tatsächlich ist das Gewissen nicht völlig real, solange es nicht die Bewährungsprobe bestanden hat. Bis dahin ist es eine Ansammlung von Idealen oder, schlimmer noch, ein Lippenbekenntnis, das man nur ablegt, um den Schein zu wahren.

Eine andere kürzlich (vom Josephson Institute of Ethics im Jahre 2004) durchgeführte allgemeine Umfrage unter fast 25 000 Schülern an Highschools ergab, dass beinahe zwei Drittel bei Tests schummelten und 40 Prozent zugaben, »manchmal zu lügen, um Geld zu sparen«, während mehr als ein Viertel in den vergangenen zwölf Monaten Ladendiebstähle begangen hatte. Und doch sagte ebenso wie bei den Berufsanfängern die überwiegende Mehrheit dieser Schüler, dass ihnen Ehrlichkeit, Moral und ein guter Charakter sehr wichtig seien. Tatsächlich glaubten 90 Prozent, es sei wichtiger, »ein guter Mensch als reich zu sein«, und es lag ihnen fern, zynisch über die Notwendigkeit zu reden, sich an die Regeln zu halten.[2] Diese Diskrepanz zwischen dem Ideal eines guten Charakters und der Realität ethischen Handelns erregte meine Neugier, und so beschloss ich, eine eigene informelle Umfrage unter jungen Leuten zu starten.

In drei Colleges (eins in Massachusetts und zwei in

Vermont) bat ich Studenten, einen einfachen Fragebogen auszufüllen, in dem sie auf einer Punkteskala ihre Meinung zu Lügen, Schummeln, Klauen und Berühmt- oder Durchschnittlichsein abgeben sollten. Meine Ergebnisse deckten sich mit den nationalen Umfragen: Die große Mehrheit der Befragten vertrat die Ansicht, man solle sich an die Regeln halten, aber ein beträchtlicher Prozentsatz hatte Probleme damit, es auch tatsächlich zu tun. Beispielsweise sagte mehr als ein Drittel der Studenten, sie würden in großen Läden klauen, wenn sie wüssten, dass sie nicht erwischt werden. Erschreckende 63 Prozent gaben an, dass viele ihrer Freunde Eltern und Lehrer anlogen, während etwas weniger als ein Viertel zugab, auch selbst zu lügen. Und natürlich war es keine Überraschung, dass mehr als zwei Drittel sagten, es sei besser, sich besonders zu fühlen, als normal zu sein. 30 Prozent fanden es schwierig, ehrlich zu sein, weil so viele Menschen logen. Und es war, wie gesagt, nicht verwunderlich, dass fast die Hälfte der Studenten befürchteten, die hohe Messlatte, die sie an die Zukunft angelegt hatten, nicht erreichen zu können. Junge Frauen unterlagen stärker der Versuchung zu klauen und empfanden einen größeren Druck, besonders zu sein, als junge Männer.

Wie können junge Erwachsene und Schüler an der Highschool so offensichtlich an die Wichtigkeit eines guten Charakters und der Moral glauben und dennoch so oft der Versuchung unterliegen, zu schummeln, zu lügen und zu klauen? Das besondere Selbst spielt dabei eine Rolle. Einerseits empfinden einige junge Menschen den Druck, außergewöhnlichen Erfolg zu haben, und legen die Messlatte zu hoch. Sie rechtfertigen das Lügen, Schummeln und Klauen dann vielleicht mit der

Überzeugung, dass Leute dies im »wirklichen Leben« ohnehin die ganze Zeit tun und erfolgreiche Menschen schummeln müssen, um voranzukommen.[3]

Andererseits blähen sie ihr Selbstbild im Vergleich zu ihrem Charakter auf. In der Umfrage unter fast 25 000 Schülern zogen die Wissenschaftler den Schluss, dass die Selbsteinschätzung der Befragten fehlerhaft war: »Obwohl sie zugeben, dass sie in hohem Maße lügen, schummeln und stehlen, haben Highschool-Schüler ein hohe Meinung von ihrem Charakter und ihrer Moral, sowohl relativ als auch absolut gesehen.«[4]

Wenn Kinder von wohlmeinenden »Ich bin okay, du bist okay«-Eltern über ihre tatsächlichen Leistungen hinaus gelobt und davor geschützt werden, das notwendige Zwicken ihrer jungen Egos zu erleben, entwickeln sie möglicherweise die lästige Gewohnheit des Anspruchsdenkens.

Anspruchsdenken: der Feind eines gut funktionierenden Gewissens

Wenn Menschen, gleich welchen Alters, so handeln, als hätten sie Rechte und Privilegien, ohne sie sich verdient zu haben, nennen andere sie anspruchsvoll und nehmen sie als selbstsüchtig, gefühllos oder anstößig wahr. Amerikanische Kinder gelten weithin als anspruchsvoll und respektlos gegenüber Erwachsenen. Bei einer Umfrage von Public Agenda, einem unparteiischen und gemeinnützigen Meinungsforschungsinstitut, im Jahre 2002 sagten nur 9 Prozent der befragten amerikanischen Erwachsenen, dass die Kinder, die ihnen in der Öffentlichkeit begegneten, »respektvoll gegenüber Erwachsenen« seien.[5] Das ist ein sehr negatives Feedback, was unsere Kinder angeht.

Klein- und Vorschulkinder hegen ihr Anspruchsdenken vielleicht noch ganz unschuldig. Sie kennen die Grenzen dessen, was sie dürfen, noch nicht. Sie lernen aus der Rückmeldung, die sie bei jeder neuen Gelegenheit erhalten. Wenn wir davon ausgehen, dass wir ihren Forderungen nachgeben sollten, »weil sie ohnmächtig und verletzlich sind«, wie manche Eltern sagen, bringen wir ihnen bei, dass ihre impulsiven Aggressionen und Forderungen akzeptabel und möglicherweise das sind, was man von ihnen erwartet, um sich durchsetzen. Wenn »Ich bin okay, du bist okay«-Eltern eingreifen, um ein Kind vor dem konstruktiven Feedback eines Fremden zu schützen, werden diese Eltern zum Problem, wie Jeannie Norris sagt. Irgendwann wird sich das respektlose Benehmen, das andere verärgert hat, gegen die Eltern kehren, oft wenn das Kind in die Pubertät kommt.

Es ist entscheidend, diese Gelegenheiten der unschuldigen Anspruchsäußerung zu nutzen, um den Kindern die Hauptregeln eines gut funktionierenden Gewissens und der Fürsorge für andere zu vermitteln. Bringen Sie Ihrem Kind einen grundlegenden Moralkodex und Höflichkeit bei, und fordern Sie es auf, beides anzuwenden, um reibungslose Beziehungen zu ermöglichen, wann immer Menschen zusammen sind. Wenn Sie selbst keine guten Manieren gelernt haben, kaufen Sie sich ein Buch, und halten Sie es griffbereit. Eines Tages können Sie das Buch zusammen mit dem Kind lesen und den Sinn guter Manieren und deren Rolle dabei erörtern, für einen reibungslosen Ablauf in der Welt zu sorgen.

Machen Sie auch Ihren kleinen Kindern klar, dass ihre Bedürfnisse und Wünsche nicht immer im Mittelpunkt stehen. Die Bedürfnisse Älterer und Kranker haben meistens Vorrang vor denen eines Kleinkindes, und selbst sehr kleine Kinder können lernen, Menschen zu respektieren, die gebrechlich oder verletzlich sind. Den größten Teil unseres Lebens als Erwachsene bringen wir in Hierarchien oder sozialen Gruppen zu, in denen wir herausfinden müssen, wie wir intelligent auf die Bedürfnisse anderer und unsere eigenen reagieren.

Diese Art Früherziehung findet in vielen Kulturen statt. Ich bin beispielsweise in den letzten zehn Jahren öfter in Japan gewesen und bin immer wieder überrascht, dass Kinder, selbst sehr kleine Kinder, in der Öffentlichkeit Rücksicht auf meine Bequemlichkeit nehmen. Unlängst brach sich eine meiner Freundinnen (eine Frau in den Sechzigern) auf der Reise den Arm. Wenn sie und ich uns einen Weg durch die Menge bahnten, um öffentliche Verkehrsmittel zu besteigen oder durch den Flughafen zu gehen – sie mit dem Arm in einer improvisierten Schlinge, die sie im Krankenhaus von Kyoto bekommen hatte –, wurden wir mit Respekt behandelt, selbst von kleinen Kindern, die ihre Verletzung und ihr Alter sofort zum Anlass nahmen, ihr Platz zu machen oder ruhig zu sein. Uns erwartete ein riesiger Gegensatz, als wir auf dem Flughafen von Chicago landeten und meine Freundin von amerikanischen Highschool-Schülern angerempelt wurde, die an ihr vorbeieilten, während sie eifrig miteinander schwatzten.

Anspruchsdenken, unverdiente Privilegien und übertriebene elterliche Einmischung untergraben heutzutage die Motivationen, die das Gewissen junger Menschen in der Vergangenheit geschärft haben. Da ich mehr über die heutigen College-Studenten wissen wollte, führte ich ein langes Gespräch mit Dr. David Landers, Psychologieprofessor am Saint Michael's College in Colchester, Vermont. Saint Michael's ist ein katholisches College für Geisteswissenschaften, und ich begann mit der Frage, ob ein religiöses Umfeld sich positiv auf Probleme auswirke, die mit dem besonderen Selbst einhergehen. Landers antwortete: »Nein, ich glaube nicht. Katholische Studenten sind nicht anders als alle anderen.«

23 Jahre lang war Sanders der Leiter des studentischen Beratungszentrums auf dem Campus, aber inzwischen hat er seinen Posten aufgegeben und ist Gastprofessor für Psychologie geworden. Landers, ein heiterer, korpulenter, sportlich wirkender Mann Anfang 60, hat eine herzliche, schwungvolle Art. Als wir uns kennenlernten, gab er sofort eine seiner Lieblingsszenen aus einer Folge der *Bill Cosby Show* zum Besten: »In der Show sagt Bill Cosbys Sohn zu seinen Eltern: ›Wir sind reich!‹, und Cosby antwortet: ›Nein, du bist nicht reich. Deine Mutter und ich sind reich. Du hast gar nichts.‹«

Landers wünscht sich, die heutigen Eltern könnten so brutal ehrlich mit ihren Kindern sein. »Das Anspruchsdenken – nicht nur bei Schülern, sondern auch bei Eltern – nimmt überhand. Eltern verlangen, dass wir für ihre Kinder bessere Unterkünfte besorgen als ein Zimmer im Wohnheim. Eine Freundin, deren Tochter demnächst das Saint Michael's College besucht, erzählte mir, dass sie zufällig mit angehört hatte, wie eine Studentin im ersten Semester im Bad des Studentenwohnheims sagte: ›Ein Bad teilen? Das kann nicht gut gehen.‹ Meine Freundin brach in Lachen aus. Ich erzählte ihr, dass ich meine neuen Erstsemester gefragt habe, wie viele von ihnen sich je ein Zimmer mit anderen geteilt hätten. Die meisten kannten das gar nicht. Das ist eine Veränderung, die ich in den letzten zehn bis zwölf Jahren beobachtet habe.« Wenn privilegierte Kinder aufs College kommen, erleben sie womöglich einen Schock, weil sie zum ersten Mal in ihrem Leben ein Zimmer und andere Lebensnotwendigkeiten mit anderen teilen müssen.[6] Wenn Eltern sich nicht einmischen, können die jungen Menschen etwas über Freundlichkeit und gegenseitige Abhängigkeit lernen, aber allzu oft räumen Helikopter-Eltern ihren Sprösslingen die Steine aus dem Weg.

Junge Leute wie Erin, Adrienne und Jason, ebenso wie die vielen tausend jungen Menschen, die in den erwähnten Umfragen zu Wort kamen, wissen nicht, wie sie anhand der ihnen beigebrachten Werte ihr Leben führen sollen, denn ihre Erwartungen sind nicht realistisch. War Erins akademische Mentorin beispielsweise wirklich ungeeignet, oder hatte sie bloß mit ihrer eigenen Forschung zu tun und war zu Recht nicht ständig für sie da? Erin war sich nicht sicher. Als Erin während des Sommers für die Mannschaft auf dem Segelschiff arbeitete, verstand sie weder, sich emotional zu schützen, noch konnte sie einschätzen, was ungerecht war (und Gegenstand einer Beschwerde sein sollte). Als sie auf ihr Verhalten in der Kindheit zurückblickte, sagte sie: »Ich war eigentlich ein Prachtkind, außer dass ich Widerreden gab und frech war.« Sie hielt das nicht wirklich für schlechtes Benehmen. Ihrer Ansicht nach hatte sie sich die Identität des Prachtkinds *verdient*, weil sie »erfolgreich war, positives Feedback und viel Anerkennung durch Zensuren und Lehrer bekam.«

Tatsächlich wurde ihr diese Identität eines »Prachtkindes« von Menschen vermittelt, die älter waren als sie, und anderen, die ihr das Gefühl gaben, dass sie fast immer gut und richtig lag, selbst wenn sie Fehler machte oder sich daneben benahm. Ich hatte als junges Mädchen hervorragende Noten und benahm mich sehr höflich, aber ich hielt mich nie für ein »Prachtkind«. Ich war eben ein *Kind* und wusste, dass ich nicht perfekt sein konnte, weil es noch so viel zu lernen gab. Ich konnte nicht perfekt gärtnern, Hemden bügeln oder den Fußboden wischen, es sei denn mit viel Anleitung und Übung. Mir war von klein auf klar, dass alles, was ich tun oder werden wollte, mit einem *Prozess der Meisterung* verbunden war. Die heutigen Kinder haben jedoch andere und hochfliegendere Erwartungen. Manchmal haben diese Erwartungen tragische Folgen.

Ein schwarzes Loch des Größenwahns

An einem Samstag im Januar 2001 klopften zwei Schüler an die Haustür von Half und Susanne Zantop, Professoren an der Dartmouth University, in Etna, New Hampshire. Als Half Zantop den Jungen die Tür öffnete, erklärten sie, sie würden eine Umfrage zum Umweltschutz durchführen, und fragten, ob die Zantops ihnen helfen könnten. Half bat sie herein, bot ihnen jede erdenkliche Hilfe an und führte sie in sein Arbeitszimmer. Dort töteten die Jungen Half und Susanne in einem Akt blutiger Raserei, indem sie mit ihren Jagdmessern tief und wiederholt auf ihre Opfer einstachen.

Dann entwendeten sie eine kleine Geldsumme, die sie in Halfs Brieftasche fanden, und verließen das Haus, wobei sie sich keine Mühe gaben, die Spuren zu verwischen, die zu ihrer Verhaftung und schließlichen Verurteilung führten.

Ich hörte zum ersten Mal von den »Darthmouth-Morden« am Morgen nach der Tat, als mir im örtlichen Laden, in dem mein Mann und ich gewöhnlich für Cranberrymuffins und einen Morgenkaffee anhalten, die Schlagzeile unserer Lokalzeitung ins Auge fiel. Morde sind in unserer Gegend so selten, dass Menschen mehr als 10 oder 20 Jahre zurückdenken müssen, um sich an den letzten zu erinnern. Dieser traf uns aus heiterem Himmel, im buchstäblichen wie im übertragenen Sinn. Die Zantops wohnten etwa 45 Minuten von uns entfernt. Obwohl ich sie nicht persönlich kannte, identifizierte ich mich sehr mit dem, was ich über das ermordete Paar las: zwei gebildete, liebevolle, engagierte Menschen, die ihr Leben dem Ziel verschrieben hatten, jungen Menschen zu helfen, und zwei eigene Töchter großgezogen hatten. Verzweifelt versuchte ich, in den Nachrichten und dem Tratsch im Laden irgendein Wort darüber zu erhaschen, wer dieses brutale Verbrechen begangen hatte. Meine Nachbarn und Therapieklienten gerieten in Angst und ergingen sich in wilden Spekulationen darüber, dass vielleicht irgendwelche Mitglieder einer auswärtigen Bande bei uns ihr Unwesen trieben. Als bekannt wurde, dass man zwei »Jungen aus guter Familie« in Chelsea, Vermont, verdächtigte, waren wir alle äußerst skeptisch. Niemand konnte sich das Motiv oder die Umstände ihrer Tat vorstellen.

Allmählich sickerten die Einzelheiten durch. Als die

Jungen, Robert Tulloch und James Parker, den Ort der schrecklichen Morde verließen, ließen sie achtlos die Messerscheiden und einen blutigen Fußabdruck zurück. James stellte sich schließlich als Kronzeuge gegen Robert zur Verfügung, und Robert bekannte sich ohne Verhandlung schuldig. Bei der Anhörung standen die beiden jungen erwachsenen Töchter der Zantops den Schülern gegenüber und beschrieben das Engagement, die Großzügigkeit und die Leistungen ihrer geliebten Eltern. James senkte den Kopf und fing an zu weinen, während Robert unbewegt und augenscheinlich emotionslos blieb. Nur James schluchzte: »Es tut mir leid.« Da James Parker mit der Staatsanwaltschaft kooperierte und nicht der »führende Kopf« bei dem Verbrechen war, fiel seine Strafe milder aus. Er wird wahrscheinlich 2016 aus der Haft entlassen. Robert Tulloch hat lebenslänglich bekommen.

Als ich schließlich begriff, was wirklich geschehen war, wurde mein schmerzliches Mitgefühl wach – natürlich für die Opfer und ihre Angehörigen, aber auch für die Eltern der beiden Jungen. Ich malte mir aus, was es bedeutete, liebevolle und engagierte Eltern (was diese Eltern waren) von Kindern zu sein, die solch ein brutales, sinnloses Verbrechen begangen hatten. Ich erfuhr, dass die Kindheit der Jungen aus Chelsea sich nicht wesentlich von der Kindheit meiner Kinder oder der Kinder meiner Freunde unterschied. Robert, groß, schlank und begabt, besuchte die letzte Klasse der Highschool von Chelsea, in der er für seine mathematische Begabung und seine eigenständige, weit über den Lehrplan hinausgehende Lektüre von Philosophen, wie Friedrich Nietzsche und Henry David Thoreau, bekannt war. James, mit einem breiten, netten Lächeln, war der sympathische Klassenclown und ein talentierter Schauspielschüler. Sie waren gut in der Schule und hatten weder Alkohol- noch Drogenprobleme. Nach den äußeren Anzeichen zu urteilen, wuchsen sie beide zu den jungen Menschen heran, die sich ihre Eltern und Lehrer wünschten. Wie konnten diese gut behandelten, vielversprechenden und beliebten Jugendlichen ein solches Blutbad anrichten?

Als Teil meiner Recherchen für dieses Buch las ich ein Buch über den Mord aus der Feder zweier Journalisten des *Boston Globe*.[7] Mithilfe ihres Berichtes und weiterer Recherchen bin ich zu der Überzeugung gelangt, dass die Triebfeder beider Jungen in naiven, größenwahnsinnigen Erwartungen und Versagensangst lag. James Parker schien naiver und unterwürfiger, aber er schloss sich Roberts Plan an, wonach sie stehlen oder sogar töten wollten, um ihre Überlegenheit zu beweisen. In Ermangelung eines funktionierenden Gewissens brauten diese ansonsten vielversprechenden Jungen einen tödlichen Cocktail aus Intelligenz, Zynismus, fehlender schulischer Aufsicht und einer schonungslosen Selbstaufblähung.

Ihr Selbstbild war so verzerrt, dass die Jungen Hitler ganz naiv für eine Art Rollenmodell hielten. Er »war ein ziemlich schlauer Kerl und wirklich gut darin, Menschen zu manipulieren«, bemerkte James in einem Interview und fügte hinzu: »Deswegen hatten wir eine gewisse Achtung vor ihm. Aber wir hatten nichts gegen Juden.«[8] An dem Tag, als sie die Zantops töteten, waren Robert und James in die Gegend von Hanover, New Hampshire, gefahren (wo auch die Stadt Etna liegt), weil sie sich für die beschämende Niederlage des Debattierteams der Chelsea-Schule gegen das Team von

Hanover rächen wollten, in einem Wettbewerb, in dem Robert zu Recht einen Verweis für Grobheit bekommen hatte.

Robert und James glaubten, dass die Welt weitestgehend nach dem Machtschema von »Einer frisst den anderen« funktionierte und dass Güte, Barmherzigkeit oder Liebe keine Rolle darin spielten. Im Nachhinein sagte James: »Wir waren schlauer als alle anderen … Die Leute sahen die Dinge nicht so wie wir. Wir hielten das, was man üblicherweise tat, für lächerlich: etwa zur Schule zu gehen und das halbe Leben auf eine Bildung zu verschwenden, die man nicht einmal brauchen kann.«[9] Robert bewunderte Thomas Jefferson und sagte einmal zu einem Lehrer, dass er Jefferson für ein Genie hielt, aber Jeffersons Intelligenz mit seiner (Roberts) nicht mithalten könnte. Der Lehrer amüsierte sich über Roberts Hybris.

Der extreme Druck, berühmt und anderen überlegen zu sein, zusammen mit einem fehlenden Gewissen, untergrub die humanistischen Werte und Grundsätze, die den Jungen von den Eltern und anderen Erwachsenen zweifellos vermittelt worden waren. Insbesondere Robert stand konstant unter dem Druck, seine intellektuelle Überlegenheit und Unabhängigkeit beweisen zu müssen, während James das Bedürfnis hatte, sich an jemanden zu hängen, der besonders klug war und vielleicht berühmt werden würde. Auch wenn der Plan für das schreckliche Verbrechen nicht von James stammte, stimmte er ihm zu, weil er seinen Freund für eine Art *Superman* hielt, ein Individuum, das alle anderen überragte. Niemand in Chelsea hatte dieses Bild von Robert fundamental angezweifelt, zumindest nicht offen vor Robert oder James.

Tatsächlich glaubt der bereits erwähnte Andy Pomerantz – früher einmal praktischer Arzt in Chelsea und
jetzt Chefpsychiater an einem Veteranenhospital in
Vermont –, dass die Stadt, die Lehrer und die Gemeinschaft der Erwachsenen bei diesen beiden jungen Männern versagt haben. Kein Erwachsener reagierte auf
ihre Arroganz mit den entsprechenden disziplinieren-
den und einschränkenden Maßnahmen. Die Schule,
in der – wie im zweiten Kapitel geschildert – die Einmischung von Erwachsenen als »Adultismus« verpönt
war, verlangte keine Rechenschaft von den Schülern.
»Disziplin existierte damals in der Schule von Chelsea
nicht. Es gab keine Führung durch Erwachsene. Sobald
man seinen Unterricht hinter sich hatte, konnte man
tun und lassen, was man wollte«, sagte Dr. Pomerantz.
Robert und James hatten ihre Pflichtkurse erledigt und
waren deshalb frei, in der Gegend herumzufahren und
sich ihre intellektuelle Überlegenheit zu beweisen.

Wenn wir uns ihr sinnloses Verbrechen im Nachhinein anschauen, würden wir gern glauben, dass diese
beiden Jugendlichen emotional krank oder anderweitig
gestört waren. Als ich wissen wollte, was Dr. Pomerantz von der Behauptung der Reporter vom *Boston
Globe* hielt, dass Robert ein »Psychopath« gewesen
sei, sagte er: »Das ist lächerlich. Erstens war er 17. Viele
17-Jährige klingen vielleicht wie Psychopathen, doch
sie sind keine. Robert war sehr klug und hatte schon
viel gelernt, aber er konnte seinem eigenen Leben keine
Richtung geben.«

Ein Psychopath ist definitionsgemäß ein Mensch mit
einer emotionalen Störung, die durch extreme antisoziale Aggression motiviert ist. Nichtvorhandene Reue
und ein fehlendes Gewissen werden oft als diagnos-

tisch entscheidend angesehen.[10] Ich glaube nicht, dass
Robert oder James Psychopathen im klinischen (im
Gegensatz zum alltäglichen) Sinn des Wortes waren.
Sie zeigten keine Anzeichen einer solchen schweren
Störung, *bevor* sie das schreckliche Verbrechen begingen. Sie konnten arrogant und unverschämt, grob und
selbstherrlich sein, aber damit hatte es sich auch schon.
Die Verbrechen, die sie sich ausdachten, waren nichts
weiter als private Gespräche mit teilweise brutalem Inhalt, aber auch angeberisch und naiv. Die Gespräche
fanden inmitten eines gesellschaftlichen und familiären
Lebens statt, in dem die Jungen Sympathien und Zuneigung füreinander, für andere Menschen und Haustiere zeigten. Auch wenn ihr Beispiel eindeutig extrem
ist, ist es dennoch lehrreich: Die Triebfedern für Roberts
und James' Taten waren Selbstaufblähung und Versagensangst, nichts Psychopathologisches.

Was die Eltern von Robert und James angeht, habe
ich keinen Hinweis darauf gefunden, dass sie mit ihrer
Verantwortung, sich um ihre Kinder und deren Ver-
bleib zu kümmern, grob fahrlässig umgegangen wären.
Ich kann mich in sie hineinversetzen und mir vorstellen, dass auch ich die Jungen für besonders talentiert,
wenn auch zu wichtigtuerisch gehalten hätte – so wie
sie von anderen im Großen und Ganzen eingeschätzt
wurden. Ich hätte die Entscheidung der Schule, sie
vom Unterricht zu entbinden, nachdem sie die notwendigen Leistungspunkte erreicht hatten, nicht infrage
gestellt. Ich gehe davon aus, dass die Tullochs und Par-
kers »Ich bin okay, du bist okay«-Eltern waren, wie es
die meisten gebildeten Eltern heutzutage sind. Ich
weiß, dass sie ihre Söhne sehr liebten und sich viel
Mühe gaben, sie gut aufzuziehen. Man mag diese Eltern

für schuldig halten, weil sie einige fundamentale Fehler begangen haben. Ich bin nicht dieser Ansicht. Ich glaube, dass sie, wie all die gewissenhaften Eltern, die ich in der Therapie erlebe, ihr Möglichstes taten, um gute Eltern zu sein. Die Tragik für alle Beteiligten war, dass sie ihre Kinder in einem sozialen Klima aufzogen, das individuelle Leistung und Intelligenz als primäre Erfolgskennzeichen betrachtet. Dieses Klima ermutigt Schüler auch zu glauben, sie hätten Anspruch auf Privilegien und Macht, weil sie besonders sind. Natürlich mündet ein solches Anspruchsdenken fast nie in die furchtbaren Taten, die die Jungen in Chelsea begingen. Und doch kann es oft die Symptome der Selbstwertfalle – zwanghafte Selbstbezogenheit, rastlose Unzufriedenheit und den Druck, außergewöhnlich zu sein – hervorrufen, von denen Robert Tulloch und James Parker gekennzeichnet waren. Diese Folgen stehen im krassen Gegensatz zu den Tugenden und Fähigkeiten, die sich engagierte Eltern und Lehrer als Ziel einer gesunden Entwicklung wünschen.

Tugenden und der Erwerb von Fähigkeiten

Tugend, ein weiteres altmodisches Wort, ist der Baustein eines guten, moralischen Charakters; das Wörterbuch definiert sie als »hervorragende moralische Qualität und Rechtschaffenheit«.[11] Jede Liste von Tugenden oder inneren Stärken – ganz gleich, ob sie aus der jüdisch-christlichen, buddhistischen, islamischen oder hinduistischen Tradition stammt – beinhaltet Aufrichtigkeit, Beharrlichkeit, Güte, Geduld, Mut, Dankbarkeit, Großzügigkeit und Weisheit.[12] Die Förderung dieser inneren Stärken in unseren Kindern und uns selbst erfordert eine sanfte, sachliche Aufmerksamkeit und Hingabe. Wenn wir die Entwicklung von inneren Stärken vernachlässigen und die eigene Wichtigkeit überbetonen, werden wir wahrscheinlich, ohne es zu wollen, die Selbstwertfalle kultivieren. Menschen kultivieren *immer* etwas in ihrem Denken – Ängstlichkeit, Ärger, Rücksichtslosigkeit, Selbstschutz, Verwirrung. Wenn Sie bewusst versuchen, eine innere Stärke zu kultivieren, ersetzen Sie Ihre Ängstlichkeit oder Verwirrung nicht nur durch etwas Positives, Sie fühlen sich auch zwangsläufig besser, weil Ihr Denken mit etwas anderem beschäftigt ist als seinen eigenen Sorgen.

Meine Mutter sagte häufig: »Tugend ist ihr eigener Lohn«, wenn ich mich darüber beklagte, dass jemand eine Freundlichkeit von mir nicht erwidert hatte. In diesen Augenblicken erhielt ich von ihr etwas, was für mich wie ein rechthaberischer Kurzvortrag über Tugend und deren Folgen klang. Sie pflegte zu sagen: »Wenn du etwas Freundliches tust, kommt diese Freundlichkeit immer zu dir zurück.« Als Buddhistin in der Lebensmitte kommen mir diese früher lästigen Kurzvorträge wie meine ersten Lehren über das Karma vor – was einfach »die Folgen von absichtlichen Handlungen« bedeutet. Buddha lehrte, dass wir immer die Folgen unserer eigenen Handlungen ernten, insbesondere jener Handlungen, die wir mit einem bestimmten Motiv oder einer Absicht tun.[13] In der christlichen Tradition wird über unsere Motivationen dasselbe gelehrt. Wenn es beispielsweise unsere Absicht ist, jemandem zu helfen, und der andere nicht dankbar zu sein scheint, werden wir dennoch von der eigenen Absicht belohnt. Aus einer guten Absicht entsteht etwas Gutes. Wenn wir andererseits so tun, als würden wir jemandem helfen, weil wir auf Lob oder Belohnung aus sind, werden wir, selbst wenn der andere es nicht zu merken scheint, die Folgen der eigenen Unehrlichkeit ernten. Ich halte die Worte meiner Mutter inzwischen für weise, auch wenn ich sie, besonders als junges Mädchen, mit gemischten Gefühlen aufnahm.

Meine Mutter erinnerte mich auch oft daran, dass »Geduld die größte Tugend ist«, wenn ich harte Arbeit und Übung vermeiden und rasch bei etwas die Beste sein wollte. Sie bestand auf dem Wert der Beharrlichkeit, wie ich es heutzutage nennen würde. Ich habe als Erwachsene festgestellt, dass meine Gewohnheit, beharrlich zu sein, reich belohnt wurde. Mit meiner Entscheidung, Psychotherapeutin und Autorin zu werden, habe ich mich auf zwei lebenslange Tätigkeiten eingelassen, die von mir die innere Offenheit und Bereitwilligkeit verlangen, aus meinen Fehlern zu lernen. Mich immer wieder einer Beziehung oder Aufgabe zu stellen und daran zu arbeiten, nachdem ich Kritik geerntet hatte, war eine der besten Quellen von Weisheit, die ich gefunden habe.

In ihrem Buch über Tugenden und innere Stärken erinnern uns die Psychologen Christopher Peterson und Martin Seligman an die Bedeutung von Fleiß, Geduld und Beharrlichkeit bei der Entwicklung wahrer Kreativität – ein Ziel, das die meisten engagierten Eltern für ihre Kinder haben.

Damit die Kreativität über ihre alltäglichen Formen hinausgehen kann …, muss der Betreffende beträchtliche Fähigkeiten auf dem von ihm gewählten Gebiet der kreativen Tätigkeit erwerben. Dieser notwendige Erwerb von Fähigkeiten drückt sich oft als die Zehn-Jahres-Regel aus ... Dieser Regel zufolge kann niemand kreative Beiträge auf einem bestimmten Gebiet leisten, ohne zuerst ein volles Jahrzehnt der Beherrschung der notwendigen Kenntnisse und Fertigkeiten zu widmen.[14]

Beharrlichkeit, Geduld und der Respekt vor Menschen, die älter waren als ich, halfen mir herauszufinden, dass der Erwerb von Fähigkeiten Zeit braucht. Ich begann, meine Enttäuschungen über mich fallen zu lassen und mein Augenmerk auf das zu richten, was ich lernte.

Junge Erwachsene von heute, die nicht begreifen, dass innere Stärken den Erwerb von Fähigkeiten unterstützen und für die Kreativität notwendig sind, geben viele Chancen vorzeitig auf, weil sie glauben, sie selber wüssten es besser. Wenn sie sich nicht den Bedürfnissen anderer anpassen und lernen mussten, häusliche Pflichten zu erledigen, die Genauigkeit erfordern, oder wenn sie sich zu Hause bei den Eltern nicht mit den Folgen ihrer eigenen Fehler und Probleme auseinandersetzen mussten, glauben sie vielleicht, dass sie sich Älteren, die andere Ansichten von der Ausführung einer Aufgabe haben, widersetzen oder sie berichtigen sollten.

Bei einer interkulturellen Untersuchung von amerikanischen und japanischen Schülern wurden die Unterschiede in den Assoziationen der Schüler zu einem Bild erforscht, das gewöhnlich bei einem psychologischen Test zum Erfassen emotionaler Probleme und Motivationen bei Kindern verwendet wird.[15] Auf dem Bild sieht man einen Jungen, der eine Geige betrachtet, die vor ihm auf dem Tisch liegt. Die Testperson wird gebeten, ihre Fantasie spielen zu lassen und mithilfe einer Geschichte zu erläutern, was auf dem Bild geschieht. Eine Untersuchung von 17- und 18-jährigen Schülern an öffentlichen Schulen in Japan und an den zehn besten öffentlichen Highschools in Kalifornien förderte beträchtliche Gegensätze zutage. Beim Vergleich von 85 Geschichten aus jedem Land standen bei den japanischen Geschichten Leistung und Kreativität im Vordergrund, während es bei den Geschichten der amerikanischen Jugendlichen überwiegend um elterlichen Druck und Widerstand ging.

Es folgt die typische Geschichte eines Amerikaners:

> *»Ich hasse die Schule. Sie ist so langweilig«, dachte der Junge. »Schon wieder eine Musikstunde. Warum will Mama, dass ich Geigenstunden nehme? Ich kann nicht so gut spielen, wie der Lehrer es sich von mir wünscht.« ... Er konnte die langen, kalten Schulflure nicht ausstehen. Die unfreundlichen Lehrer schimpften ihn immer wegen allem Möglichen aus.*[16]

Die japanischen Geschichten waren das Gegenteil der amerikanischen. Sie tendierten dazu, nicht die negativen Seiten der harten Arbeit, sondern ihren Sinn oder die Motivation dahinter und den möglichen Erfolg in den Vordergrund zu stellen. Meist kombinierten die Geschichten den eigenen Leistungswillen des Kindes mit einem Gefühl der Wertschätzung für die Familie. Ein junger Mann schrieb beispielsweise:

> *Er betrachtet die Geige, die ein Andenken an seinen Großvater ist. Er denkt an seinen Großvater und*

*spricht mit seinem Geist. Er wird üben und als Geiger
großen Erfolg haben.*

Und ein japanisches Mädchen schrieb:

*Der Junge gilt als musikalisches Wunderkind. Er hat
lange geübt, und der Kopf tut ihm weh. Er massiert
sich die Schläfen. Seine Kopfschmerzen gehen nicht
weg. Da er an den Rat seiner Mutter denkt, nicht zu
hart zu arbeiten, wird er eine Tablette nehmen und
schlafen gehen.*[17]

In den Geschichten, die die amerikanischen Schüler
schrieben, drückten sich negative Gefühle gegenüber
Eltern und Lehrern aus, die von dem Jungen Leistungen forderten oder ihn sogar manipulierten, während
in den Geschichten der japanischen Schüler der Junge
selbst die Geige beherrschen wollte. Er achtete seine
Lehrer und Eltern dafür, dass sie ihm halfen, doch die
treibende Kraft bildeten seine eigene Beharrlichkeit
und sein Fleiß.

Nicht oft bringen wir Tugenden und innere Stärken
mit Kreativität und Selbstbestimmung in Verbindung,
aber wie sich herausstellt, sind sie notwendig, damit
diese beiden anderen Fähigkeiten sich entfalten können. Und das liegt nicht nur daran, dass wir durch den
Erwerb von inneren Stärken besser wissen, was wir
wählen sollten, sondern auch, dass wir die Entwicklungsprozesse meistern können, die für unseren Erfolg
wichtig sind. Peterson und Seligman führen die Geschichte eines berühmten Jugendlichen an, die von
Fleiß und Geduld handelt: des 16-jährigen John D.
Rockefeller, der im Sommer 1855 auf Arbeitssuche war.

Nachdem er einen dreimonatigen Buchhaltungskurs absolviert hatte, stellte der ehrgeizige junge Rockefeller, ein armer Jugendlicher aus der Arbeiterschicht in Cleveland, eine Liste der Firmen zusammen, die seine Dienste gebrauchen könnten. Es gab viele Firmen, die zur Auswahl standen, und im heißen Sommer wanderte Rockefeller in Anzug und Krawatte wochenlang zu Fuß von einer Firma zur anderen. Er wurde überall abgewiesen. Statt sich jedoch von der Niederlage entmutigen zu lassen, fing er wieder von vorn an, wurde noch einmal bei jeder Firma vorstellig, die ihn abgelehnt hatte, und bat um ein erneutes Gespräch. Schließlich erhielt er eine Anstellung bei einer Versandfirma. Rockefellers Beharrlichkeit zahlte sich in seinem ganzen Leben aus; er wurde einer der reichsten und mächtigsten Geschäftsmänner der Welt.[18] Viele der heutigen jungen Erwachsenen hätten gern einen solchen Erfolg und behaupten vielleicht auch, dass sie sich die inneren Stärken und den guten Charakter wünschen, die dazu notwendig sind. Und doch empfindet die heutige Jugend einen Druck, Abkürzungen durch Schummeln und Lügen zu nehmen, ohne zu erkennen, dass die Abkürzungen sie in Wirklichkeit an dem Erwerb der inneren Stärken sowie der notwendigen Kenntnisse und Fertigkeiten hindern.

Wie Anspruchsdenken mit Schummeln und Lügen einhergeht

Selbst junge Erwachsene beschweren sich über das Anspruchsdenken ihrer Generation, oft über diejenigen, die nur ein paar Jahre jünger sind als sie selbst. Ich sprach mit dem 31-jährigen Kyle, der in Seattle in der Software-Industrie arbeitet, über seine Ansichten von seiner Generation. »Viele Kinder wurden von ihren Eltern so maßlos verwöhnt, dass ihre Erwartungen an die Welt sich in keiner Weise mit dem decken, was wirklich möglich ist«, sagte er und drückte damit seine Enttäuschung über seine eigene und die jüngere Generation aus. »Das wird durch die Medien, das Fernsehen, das Kino und selbst durch unser pädagogisches und psychologisches System noch verstärkt. Es scheint keinen Raum für negative Erfahrungen zu geben, nicht einmal für Schmerz. Meine Altersgenossen fürchten sich vor einer Depression wie vor der Pest, weil man ihnen beigebracht hat, dass irgendetwas nicht stimmt, wenn sie nicht brillante Leistungen bringen und völlig selbstsicher sind.«

Als ich Kyle fragte, welche Rolle moralische oder ethische Werte bei diesem Problem spielen, sagte er: »Leute in meinem Alter begrenzen Ethik meist auf Identität oder Selbstbestimmung. Wir fordern beispielsweise Fairness im Umgang mit Leuten anderer sexueller Orientierung oder anderer Rassenzugehörigkeit. Das ist in Ordnung, aber man braucht mehr, um ein moralischer Mensch zu sein. Wir sollten anderen nicht schaden, in welcher Weise auch immer. Das scheint in Vergessenheit geraten zu sein. Die Goldene Regel und die Zehn Gebote scheinen für viele Schnee von gestern zu sein. An ihre Stelle ist das Interesse an allerlei mythischen oder stereotypen Figuren getreten [aus Filmen, Rollenspielen und Videospielen], die nicht sehr viel ethische Bedeutung besitzen.« Kyle war auch der Meinung, dass seine Altersgenossen in Beziehungen und bei Tests vermutlich mehr schummeln als die

Generationen davor. Seiner Ansicht nach geht dieses Schummeln Hand in Hand mit Ladendiebstahl und Lügen, weil »junge Menschen heutzutage denken, dass man ihnen etwas *schuldet*, selbst wenn sie es sich nicht verdient haben. Lügen ist so verbreitet, dass es mir schwerfällt, zu sagen, was wahr und was unwahr ist, wenn meine Freunde von ihren Leistungen reden.«

Kleine Kinder glauben in aller Unschuld und Selbstverständlichkeit, dass sie anderen keinen Schaden zufügen, wenn sie mit ihren Leistungen übertreiben oder versuchen, ihre Fehler zuzudecken. Erst nach einer langen Phase des Reifens sind Kinder imstande, das eigentliche Problem beim Lügen zu erkennen: dass es die sozialen Strukturen zerstört und unser gegenseitiges Vertrauen untergräbt. Wie der berühmte Entwicklungspsychologe Jean Piaget herausfand, haben Kinder Schwierigkeiten damit, die Tragweite des Lügens zu erkennen. Im Alter von drei oder vier Jahren versteht ein Kind unter einer Lüge ein »böses Wort« und verwechselt Lügen mit anderen »bösen Wörtern«, wie zum Beispiel Schimpfwörtern, für die es von Erwachsenen möglicherweise bestraft oder getadelt wird. Piaget schreibt in seinem Buch *Das moralische Urteil beim Kinde* aus dem Jahre 1965:

Das Kind, das von Natur dazu neigt, mehr für sich als für die anderen zu denken, sieht die wahre Tragweite des Betrugs nicht. Es lügt, wie es fabuliert. Die ihm durch den Zwang des Erwachsenen auferlegte Verpflichtung, nicht zu lügen, erscheint ihm daher von ihrer äußerlichsten Seite [als] ... unabhängig von den Absichten des Subjekts.[19]

Eine fortgeschrittenere Definition der Lüge entwickelt sich ungefähr zwischen dem sechsten und zehnten Lebensjahr: Eine Lüge besteht darin, etwas zu sagen, was nicht der Wahrheit entspricht. Diese Definition scheint einen Aspekt der Absichtlichkeit zu beinhalten; wir sagen etwas, wovon wir wissen, dass es nicht stimmt. Doch auch wenn diese Definition eine erwachsene Sicht auszudrücken scheint, weist Piaget eindringlich darauf hin, dass die meisten Kinder weiterhin Lügen und Fehler verwechseln. Selbst wenn Kinder vielleicht den Unterschied zwischen Fehlern und eigentlichen Lügen erkennen, verschmelzen in der Denkweise des Kindes Fehler oft mit Lügen. Ein siebenjähriges Kind könnte beispielsweise sagen, dass eine unwahre Aussage »eine Lüge und ein Fehler« ist. Die Verwechslung von Lüge und Fehler beginnt um das achte Lebensjahr herum zu verschwinden; dennoch ist Kindern die soziale Bedeutung des Lügens weiterhin unklar, bis sie etwa elf sind. Dann sind sie alt genug, um zu verstehen, dass eine Lüge eine Absicht beinhaltet und das Vertrauen eines anderen in unsere Worte zerstört.

Erst beim Übergang in das Erwachsenenalter (ungefähr im Alter von 19 oder 20 Jahren) verfügt ein Mensch jedoch über die volle intellektuelle und emotionale Reife, um zu begreifen, wie und warum Ehrlichkeit und Vertrauenswürdigkeit zu Wohlbefinden und Kompetenz im Leben beitragen.[20] Diese Reife stellt sich nicht von selbst oder durch biologische Prozesse ein. Sie muss ausgebildet werden. Piaget betont die Bedeutung der Kooperation mit anderen bei der Entwicklung eines reifen Gewissens. Wenn wir teilen und zusammenarbeiten, beginnen wir zu lernen, dass es auch unserem Ich zugute kommt, anderen zu helfen und ehrlich zu sein. Manchmal haben junge Menschen der Generation Ich diese Lektionen noch nicht gelernt, wenn sie aufs College kommen. Das Gefühl ihrer eigenen Wichtigkeit und die Selbstwertfalle können ein für ihr Alter unreifes moralisches Verhalten zur Folge haben.

Der Wert der Authentizität

Mehrere College-Professoren äußerten sich über die Generation Ich ähnlich wie Kyle. Studenten stellen Erfolgsansprüche und wollen greifbare Resultate, ganz gleich, wie sie zustande kommen. »Meine Studenten haben unglaublich ausgeprägte Konsumentenansprüche«, sagt Gigi Marks, eine Professorin, die hauptsächlich kreatives Schreiben am Ithaca College in Upstate New York lehrt.[21] Da sie Studenten oft bittet, über sich selbst zu schreiben, hat sie einen einzigartigen Einblick in deren persönliche Welt.

»In den letzten fünf Jahren habe ich eine Veränderung in der Art festgestellt, wie Studenten, besonders Studentinnen, gute Noten dafür fordern, dass sie ihre Studiengebühren bezahlen und ihre Hausaufgaben machen. Früher wäre es zu peinlich gewesen, bei einem Professor vor der Tür zu stehen und eine bessere Note zu verlangen, aber das hat sich geändert. Es gibt kein Empfinden mehr dafür, dass man sich eine Note verdienen muss. Wenn man bezahlt und die Arbeit erledigt hat, erwartet man eine gute Note.« Professor Marks hat den Eindruck, dass hinter der Forderung nach guten Noten noch etwas anderes als nur der Wunsch nach Erfolg steht. »Viele meiner Studenten leben in einer Welt, die auf ihre Weise postzynisch ist. Sie lesen und schreiben, weil sie es tun müssen, um ihre Note zu bekommen. Sie halten die Aufgaben nicht unbedingt für sinnvoll an sich. Weniger Studenten als früher scheinen zu erkennen, dass der Prozess wichtiger als das Ergebnis ist.« Wenn sie sie bittet, über Themen zu schreiben, mit denen sie sich nicht auskennen, oder eine Aufgabe zu machen, die aus dem Rahmen fällt, sind sie verwirrt. Warum sollen sie das tun? Sie wollen die Note, nicht den Lernprozess.

Professor Marks glaubt, dass eigene Wichtigkeit und Anspruchsdenken die Fähigkeit der Studenten, den Wert von Authentizität zu würdigen, getrübt haben. Wie Ehrlichkeit ist auch Authentizität eine Stärke, die man anfangs von außen her schwer verstehen kann. Wenn man auf äußeren Erfolg, die Manipulation anderer oder Status erpicht ist, ist es sehr schwierig, den Wert von Authentizität zu sehen: der Fähigkeit, durchschaubar und offen, aufrichtig und ehrlich zu sein. Jeder gute Antiquitätenhändler weiß: Wenn etwas authentisch ist, ist es echt, vertrauenswürdig und auf Wahrheit oder Tatsachen gegründet.

Professor Marks glaubt ebenso wie Kyle, dass die Kinder von »Ich bin okay, du bist okay«-Eltern in Beziehungen und bei Tests vielleicht deshalb mehr schummeln, weil sie nicht verstehen, welchen Wert es hat, aus negativem Feedback zu lernen und die Verantwortung für Fehler und Misserfolge zu übernehmen. Diese Angehörigen der Generation Ich sind mit dem primären Augenmerk auf Erfolg aufgewachsen: Ich will meine Noten haben, meine Spiele gewinnen, meine Freunde besuchen. Ihre kindliche Egozentrik setzt sich unter Umständen bis in die späte Adoleszenz und die

Anfänge des Erwachsenenalters fort, weil sie unbeabsichtigt davon verstärkt wurde, zu viel Gewicht auf individuelle Chancen und Erfolge zu legen.

Professor Marks berichtete mir von einem Aufsatzthema, das ihre Studenten gewählt hatten: das Belügen der Eltern. »In einer Klasse von zwanzig Studenten hatte natürlich jeder seine Eltern belogen, und die meisten Studenten gingen davon aus, dass es so sein müsste. Sie hielten es nicht für ungewöhnlich zu lügen, bis auf einen Studenten, einen jungen Mann, der in Amerika als Sohn vietnamesischer Eltern zur Welt gekommen war. Er schilderte eine Gelegenheit, als er seine Eltern belogen hatte, und die damit verbundenen Gewissensbisse. Auch wenn er nicht unbedingt die Lüge selber zurücknahm, spürte er, dass etwas zutiefst falsch am Lügen war.« In seinem Aufsatz schilderte dieser junge Mann seine Gewissensbisse, weil er sich gegen seine eigenen Werte vergangen hatte. Professor Marks bat den Studenten, seinen Aufsatz vor der Klasse laut vorzulesen. »Erst weigerte er sich, aber als er es schließlich tat, waren der Aufsatz und das Vorlesen wunderbar. Die anderen Studenten waren echt schockiert. Das war nichts, was ihnen in den Sinn gekommen wäre.«

Wie schon deutlich wurde, besteht das grundlegende Problem des Lügens darin, dass es die moralischen Strukturen zerstört und Authentizität und Vertrauen zwischen uns verhindert. Wenn wir uns gegenseitig keinen Glauben schenken können, wenn es keine wirkliche Transparenz gibt, können wir uns auf das, was wir miteinander besprechen, nicht verlassen. Sobald wir die Rettungsleine der offenen Kommunikation aufgegeben haben, treiben wir ab und können uns nicht mit der vitalen Kraft verbinden, die in der Interdependenz steckt. Noch einmal Gigi Marks: »Neulich las ich einen Aufsatz von einem meiner besseren Studenten, der sich recht gut auszudrücken versteht. Er schrieb, dass er sich selbst primär als Lügner betrachtet. Er fand die Gewohnheit des Lügens zutiefst problematisch, weil es ihm nicht gelang, herauszufinden, wer er wirklich war. Aber er schrieb auch, dass er sich mit Lügen höchst erfolgreich durch die Welt lavierte, in der das Lügen verbreitet ist. Das fand ich sehr traurig, denn er ist begabt.«

Nach Gigi Marks geht diese Unehrlichkeit Hand in Hand mit einem weiteren Problem der Authentizität: dem Betrügen in Liebes- oder sexuellen Beziehungen.[22] »Allem Anschein nach ist immer Nervosität da, wenn man betrügt, sich Sorgen um das Betrügen macht oder daran denkt, den Partner, die Freundin oder den Freund zu betrügen – und ihnen den Fehltritt dann nicht zu gestehen. Es ist so viel mehr davon da, als ich erwartet hätte. Ich habe eine sehr intelligente Studentin aus einem gut situierten Elternhaus. Sie schilderte, dass sie ihren Freund betrog, auf eine Weise, die deutlich machte, dass das Betrügen für sie oder ihn wenig Bedeutung hatte. Dabei handelte es sich um wirkliche Übertretungen. Ihr Vokabular war fürsorglich, sie kannte die Worte, aber sie hat einige sehr fundamentale Grundsätze, was authentisches Verhalten und Ehrlichkeit angeht, nicht verstanden.«

Das Gewissen als Grundlage

Damit Kinder mit einer passablen Chance aufwachsen, authentische, moralisch reife Erwachsene zu werden, brauchen sie das Gewissen als Grundlage. Mit einem gut funktionierenden Gewissen, das sich auf innere Stärken oder Tugenden gründet, erkennt man immer besser die zentrale Rolle, die Vertrauen bei Glück und Wohlbefinden spielt. Wie wir gesehen haben, beinhaltet das Gewissen sowohl die Erkenntnis von Richtig und Falsch wie auch das Bestreben, das zu tun, was richtig ist.

Die Erkenntnis von Richtig und Falsch muss zunächst in Form von Einschränkungen gelernt werden, als Begrenzung der normalen Egozentrik in der Kindheit. Traditionell wurde das durch die Religion besorgt. In späteren Kapiteln werden wir uns dem Thema Religion, Achtung und Mitgefühl zuwenden, um zu verstehen, welchen Beitrag sie zu einem gut funktionierenden Gewissen und inneren Stärken in der heutigen Welt leisten können.

Kinder müssen nicht nur die Regeln von Richtig und Falsch kennenlernen, sie müssen auch die Lektion des Gemeinsinns lernen, die ihnen helfen wird, sich an den Geist, statt an die Buchstaben dieser Regeln zu halten, die für Transparenz und Offenheit in menschlichen Beziehungen sorgen. Halten Sie nach Gelegenheiten Ausschau, das Bewusstsein der Interdependenz – all der Weisen, wie wir von anderen abhängen – und der Dankbarkeit für das zu fördern, was andere für uns tun. Bei Tisch sollten Sie dem Kind häufig und eingehend vor Augen führen, was alles notwendig war, um das Essen auf den Tisch zu bringen. Beginnen Sie mit den Insekten und dem Boden und zeigen Sie die vielen Verwandlungen auf, die die Nahrung (mithilfe von Menschen und anderen Geschöpfen) durchläuft, bevor das Essen auf dem Tisch steht. Das gibt Ihrem Kind ein nachvollziehbares Beispiel dafür, wie wir mit anderen – Menschen wie anderen Lebewesen – verbunden sind, die für uns vielleicht unsichtbar bleiben, aber für unser Leben dennoch unerlässlich sind. Wenn Sie immer wieder bei den Mahlzeiten sowie bei Besuchen auf Bauernhöfen und bei Lebensmittelproduzenten auf unsere wechselseitige Abhängigkeit und Verbundenheit hinweisen, entwickelt Ihr Kind ein Gefühl für die Arbeit und Mühe, die in jeder Mahlzeit stecken. Dann wird es ganz von selbst denen dankbar sein, deren Arbeit so nutzbringend ist, und eine große Traurigkeit dabei empfinden, Essen zu verschwenden, weil damit die Arbeit sehr vieler Menschen verschwendet wird. Wir benutzen tagtäglich Dutzende von Dingen, die uns mit anderen verbinden, die unsichtbar bleiben und dennoch unerlässlich sind. Führen Sie das Ihrem Kind in Form von Geschichten vor Augen.

Dankbarkeit für das, was wir bekommen haben, erlaubt uns, großzügig zu sein, und umgekehrt. Wenn wir anderen etwas aus unserer Großzügigkeit heraus geben, stärken wir damit unsere Dankbarkeit für das, was uns gegeben wurde. Helfen Sie Ihrem Kind in Ihrem persönlichen Umgang mit ihm, Wege zu finden, seine Großzügigkeit auszudrücken, indem es sich kleine Geschenke oder Briefe für andere ausdenkt, die ihm geholfen haben – über den Freundeskreis hinaus, mit dem es normalerweise Kontakt hat.

Die schreckliche Geschichte der Morde von Dartmouth macht deutlich, wie übermächtig die Aufblä-

hung des Selbst werden kann, wenn dessen Bestrebungen durch unrealistische Wünsche genährt und nicht
durch moralische Einschränkungen in Schach gehalten
werden. Wie im nächsten Kapitel deutlich wird, gibt es
in der Pubertät einen Augenblick, in dem unsere wach-
sende Autonomie und selbstreflektorischen Fähigkeiten sich mit der Identität verbinden, die sich in den
ersten zehn oder elf Lebensjahren herausgebildet hat.
Wird einem Kind wiederholt gesagt oder der Eindruck
vermittelt, dass es besser, klüger oder begabter als andere ist, wird sich dieses Kind höchstwahrscheinlich
mit der Überzeugung identifizieren, besonders zu sein
und Anspruch auf bestimmte Privilegien und Dinge zu
haben. Wurde seine moralische Entwicklung jedoch in
Verbindung mit Freundlichkeit und Respekt für andere
kultiviert, ist die Wahrscheinlichkeit größer, dass das
reifende Gewissen das Kind lenken kann, wenn sich in
der Spätpubertät die mächtigen Kräfte der Ich-Bewusstheit regen.

KAPITEL 5

Autonomie und emotionale Reife

Unlängst malte sich meine Freundin Shannon, Mutter einer achtjährigen Tochter, die beängstigenden Jahre der Pubertät aus, unter denen Eltern oft leiden. Shannon hat Glück, denn sie hat viele Freunde mit Kindern unterschiedlichen Alters, darunter auch einige, deren Kinder schon fast erwachsen sind. Sie haben alle etwas zu erzählen, wenn man sie auf die Ängste der Pubertät anspricht. Insbesondere eine Frau machte eine Bemerkung im Zusammenhang damit, dass sie ihren Sohn aufs College schicken wollte, die wie ein Weckruf für Shannon war: »Ich habe ihn nicht großgezogen, um ihn bei mir zu behalten.« In diesem Augenblick wurde Shannon schlagartig bewusst, dass sie ihre achtjährige Tochter großzog, damit sie irgendwann aus dem Haus gehen würde.

Ich dachte sofort an einige meiner Klienten und Freunde, deren Kinder nach dem College-Abschluss wieder zu Hause eingezogen sind.[1] Auch diese Eltern glaubten, sie würden ihre Kinder großziehen, damit sie irgendwann aus dem Haus gehen würden, aber die Dinge haben sich nicht ganz so entwickelt. Was kann man tun, um die Reife von Kindern, Jugendlichen oder jungen Erwachsenen zu stärken, wenn sie in zerbrechlichen Gefühlen der eigenen Wichtigkeit gefangen und moralisch oder emotional unreif sind? Und was bereitet Kinder überhaupt darauf vor, auf eigenen Füßen zu stehen?

Sie werden sich erinnern, dass ich im ersten Kapitel auf die entscheidende Bedeutung der Autonomie für unsere emotionale Reife als Erwachsene hingewiesen habe: Autonomie ist, bildlich gesprochen, die Muskulatur, die uns erlaubt, auf eigenen Füßen zu stehen im Wissen um unsere Stärken und Schwächen. Autonomie, deren Entfaltung in der Kindheit beginnt und sich durch unser Leben hindurch fortsetzt, ist unsere Fähigkeit, selbstbestimmt und eigenständig zu sein. Unsere individuelle Freiheit, Entscheidungen zu treffen und sie umzusetzen, ist eine der Freuden des menschlichen Lebens. Tiere sind stärker instinktgesteuert, wir Menschen jedoch haben die einzigartige Fähigkeit, von unseren unmittelbaren Erfahrungen zurückzutreten und eine größere Sicht einzunehmen, um eine Entscheidung zu treffen, die ein Ausdruck unserer Instinkte, Impulse und Triebe sein kann oder nicht. Wir haben gesehen, dass Schwierigkeiten, ein gut funktionierendes Gewissen und innere Stärken einen wichtigen Beitrag dazu leisten, dass wir diese Freiheit weise gebrauchen. Denken Sie daran: Ein robustes Selbstvertrauen, Selbstwertgefühl und innere Stabilität gründen darauf, früh und wiederholt zu lernen, dass unser Glück davon abhängt, imstande zu sein, die Verantwortung für uns und unsere Verpflichtungen zu übernehmen.

Shannon ist noch mitten dabei, ihre kleine Tochter großzuziehen und muss viele Entscheidungen für sie treffen: »Ich muss dafür sorgen, dass ihre Kleider zusammenpassen, mich mit ihr einigen, wie viel sie vom Abendbrot isst, bevor sie den Nachtisch essen darf, Spielzeug vom Boden aufheben, darauf achten, dass sie ihre Zähne putzt. Derartig viel untersteht meiner Kontrolle: von den Freunden, die sie hat, über die Kleidung, die sie trägt, bis hin zu der Uhrzeit, zu der sie schlafen geht. Mir wurde klar, dass ich nun anfangen muss, meiner Tochter beizubringen, selbst Entscheidungen zu treffen.« Was Shannon aufging, war, dass Kinder schon mit acht Jahren beginnen sollten, ihre Autonomiemuskulatur zu trainieren. Shannons Tochter sollte bereits einige Entscheidungen selbst treffen – auswählen, was sie anzieht, und eine gewisse Freiheit haben, sich Freunde auszusuchen – und, was äußerst wichtig ist, mit den Folgen ihrer eigenen Entscheidungen konfrontiert werden.

Autonomie in Vergangenheit und Gegenwart

Uns selbst effektiv zu steuern bedeutet, dass wir imstande sind, es mit allem aufzunehmen, was das Leben uns bringt, dem Schlechten wie dem Guten, und darauf mit Worten und Taten zu reagieren. Das heißt nicht, dass wir von anderen und ihren Einflüssen unabhängig sind, sondern vielmehr, dass wir wissen, wann und wie wir unsere Verantwortung und Bedürfnisse geltend machen. Obwohl wir unsere Autonomie im Laufe unseres Erwachsenendaseins weiter ausbauen und verfeinern, werden ihre Grundlagen in der Pubertät gelegt, einer Zeit der ganz natürlichen intensiven Egozentrik und des Egoismus. Wenn sich unser Gehirn in der Pubertät zu verändern beginnt, trifft die Identität, die wir in unserer Kindheit ausgebildet haben – die Gefühle und Vorstellungen, die wir von uns selbst haben –, auf eine große Dosis von Ich-Bewusstheit.

Um das elfte Lebensjahr herum erlangt die Fähigkeit eines Kindes, Entscheidungen für sich zu treffen, mit Veränderungen in der Entwicklung des Gehirns eine neue Reifestufe.[2] Das ist für Eltern ein entscheidender Augenblick, um aufzuhören, sich in altersangemessene persönliche Entscheidungen ihrer Kinder einzumischen. Kinder sollten ihre eigenen Entscheidungen treffen und sich direkt mit den Folgen auseinandersetzen, wenn es darum geht, ihre Hausaufgaben rechtzeitig zu erledigen, für Prüfungen zu lernen oder einen Streit mit Freunden beizulegen. Auf all diesen Gebieten müssen Eltern ihren Kindern erlauben, sich vorübergehend schlecht zu fühlen und über sich nachzudenken, wenn die Dinge nicht nach ihren Wünschen verlaufen. Für die »Ich bin okay, du bist okay«-Eltern heißt das, die mitfühlende Frustration, Qual oder Angst auszuhalten, die die negativen Gefühle der Kinder in ihnen auslösen. Von einem reifen Standpunkt aus können die Eltern die Situation objektiv betrachten und erkennen, dass die Konfrontation mit Schwierigkeiten zum Aufwachsen gehört. Misserfolge und Missgeschicke lehren uns etwas über uns und die Welt: wie andere uns sehen und was wir erwarten können. Am Ende der Pubertät sollte die Autonomie eines Kindes beinhalten, dass es (ohne elterliche Einmischung) für sämtliche Folgen von schlechten schulischen Leistungen, Abschreiben und Schummeln, sozialen Schwierigkeiten, illegalem Drogen- und Alkoholkonsum und kleineren Ladendiebstählen geradesteht – die typischen Probleme, die »Ich bin okay, du bist okay«-Eltern versuchen, aus dem Weg zu räumen oder zu vertuschen. Wenn Erwachsene nicht für die Kinder einspringen, selbst wenn Probleme da sind, hat das am Ende eine positive Wirkung auf das keimende Selbstvertrauen der Heranwachsenden und ihre Fähigkeit, mit der Wirklichkeit einer unvollkommenen Welt umzugehen.

Ich habe schon darauf hingewiesen, dass wöchentliche Familienkonferenzen (an denen im Idealfall alle teilnehmen sollten, die im Haushalt leben, selbst wenn es sich nicht um biologische Verwandte handelt) einen Ort der Begegnung schaffen, an dem Kinder am Beispiel der Erwachsenen Hierarchie, Ehrlichkeit, Mitgefühl und Interdependenz erleben und von ihnen vermittelt bekommen können. Konferenzen sind ein guter Ort, um die Probleme und Misserfolge jedes Einzelnen zu besprechen, wie auch die Konflikte und Aufgaben, die alle bei der gemeinsamen Lebensführung teilen. Familienkonferenzen sollten in einer Atmosphäre stattfinden, in der allen klar ist, dass es hilfreich und nicht beschämend ist, über persönliche Grenzen und Fehler zu sprechen.

Erwachsene können mit gutem Beispiel vorangehen, indem sie ansprechen, was sie gerade beschäftigt, und andere in der Familie um eventuelle Vorschläge bitten. Auch wenn Eltern sich vor allem in das Befinden der Kinder einfühlen sollten, anstatt ihre Probleme zu lösen, können Eltern, ältere Geschwister oder andere Ältere von ihren Erfahrungen berichten, wenn ein Kind die andern konkret um Empfehlungen oder Ratschläge im Umgang mit einem Problem bittet.

Natürlich ist es ein Merkmal von Teenagern, besonders jungen, zu glauben, alles drehe sich um sie und jeder beobachte nur sie. Das wird sich nie ändern, denn es ist in unserer Biologie verankert.[3] Was sich jedoch geändert hat, ist die Reaktion Erwachsener auf diese Art von Ich-Zentriertheit. Als ich aufwuchs, sagte meine Mutter Sätze wie »Beruhige dich, du siehst *pri-*

ma aus«, wenn ich ein Kompliment hören wollte oder mir über mein Aussehen Sorgen machte. »Schönheit kommt von innen« oder »Du kannst dein Licht nicht unter den Scheffel stellen« gehörten zu den Sprüchen, die heranwachsende Babyboomer von ihren Eltern zu hören bekamen, wenn sie um ihre Intelligenz oder ihr Aussehen besorgt waren. Diese Sprüche implizieren, dass Bescheidenheit und Anstand wichtiger sind, als an der Spitze zu stehen. Viele Kinder und junge Erwachsene in der heutigen Zeit wüssten nicht, was sie mit solchen Sprüchen anfangen sollten, außer vielleicht beleidigt zu sein. Die heutige Generation begeht den Fehler zu glauben, dass Status, Selbstbezogenheit, Berühmtheit und Macht den Schlüssel zur Autonomie bilden, und sie erwarten von ihren Eltern, sie beim Erreichen dieser Ziele zu unterstützen. Bedauerlicherweise haben genau diese Ziele sie für die Selbstwertfalle anfällig gemacht, die positive Selbstgefühle sehr schnell in Versagensangst umschlagen lässt.

Als mein Mann und ich neulich in eine lokale Aufführung von Thornton Wilders Stück *Unsere kleine Stadt* gingen, erschreckte mich, wie anders ich auf die Szenen reagierte, in denen es um die Erziehung der heranwachsenden Kinder geht. Das Publikum soll das Gefühl haben, eine durchschnittliche amerikanische Familie vor sich zu sehen, und sich mit den Eltern und Kindern identifizieren. Ich habe dieses Stück, das 1938 uraufgeführt wurde, zuletzt vor etwa zwanzig Jahren gesehen. Bei früheren Aufführungen – in der Highschool, am College und als meine Kinder klein waren – empfand ich die Rolle der Eltern ohne Weiteres als natürlich und echt. Diesmal fühlte ich jedoch einen Bruch und dachte: »Niemand diszipliniert seine Kinder *so* und erwartet diesen Grad an Gehorsam.« Das Stück löste eine tiefsitzende Erinnerung daran aus, dass Eltern vor noch nicht allzu langer Zeit von ihren Kindern sehr viel mehr verlangten und viel weniger nachsichtig im Hinblick auf häusliche Pflichten und Aufgaben waren.

Das Problem von Kindern, die mit der heutigen »Ich bin okay, du bist okay«-Erziehung aufgewachsen und von Anspruchsdenken geprägt sind, besteht darin, dass sie viele Komplimente brauchen und unverdiente Privilegien erwarten.[4] Es ist ihnen oft unklar, worin ihre Pflichten gegenüber Familie und Gemeinschaft bestehen. Und wenn sie nie einen Misserfolg hatten oder ihnen nie nahegelegt wurde, sich über das, was sie taten, klar zu werden, könnte es ihnen unerträglich scheinen, eine Abfuhr zu erleben – sei es von einem College, einem Job oder einem Liebhaber. Da sie das Gefühl, im Stich gelassen zu werden, nicht erleben mussten, wissen sie nicht, wie man damit konstruktiv umgeht. Sie haben ein Idealbild von anderen und sich selbst.

»Wir von der Generation X/Y, wie ich uns gern tituliere«, bemerkt der 31-jährige Kyle aus Seattle, »halten uns für progressiv und zukunftsorientiert im Denken, aber unser vorherrschendes Thema ist die Überzeugung, idealisierten Maßstäben entsprechen zu müssen. Wenn wir nicht den Eindruck haben, dass wir im Leben brillante Leistungen bringen, haben wir das Gefühl zu versagen.« Das ist einer der Gründe dafür, dass die fähigen jungen Menschen von heute, die auf das Erwachsenendasein gut vorbereitet zu sein scheinen, sich oft davor scheuen, früh Geld zu verdienen, sich an einen Partner zu binden und eine Familie zu gründen.

Das Gefühl, einem Idealbild entsprechen zu müssen, rührt, wie deutlich wurde, teilweise von den Bemühungen der Eltern und anderer Erwachsener her, Kindern die Erfahrung ihrer eigenen Misserfolge und Fehler zu ersparen. Wenn wir unsere Kinder über Gebühr loben und ihnen die Steine aus dem Weg räumen, schwächen wir ihre Fähigkeit, auf eigenen Füßen zu stehen, sobald sie von zu Hause ausziehen. Gefangen in der Selbstwertfalle, haben junge Erwachsene zwei widersprüchliche Identitäten: Sie fühlen sich besonders und sind gleichzeitig unvollkommen. Einerseits glauben sie, sie sollten anderen überlegen sein oder seien es sogar, andererseits können sie nicht die leiseste Kritik oder den leisesten Misserfolg vertragen, ohne sich blamiert oder frustriert zu fühlen. Sie fürchten, nicht das zu besitzen, was man braucht, um im Leben zu bestehen.

Ichgefühle und Versagensangst

Der 32-jährige Andrew begann eine Psychotherapie, als er 28 war.[5] Hinter seiner Geschichte steckt dasselbe Muster wie bei Adrienne und Erin. Groß, blond und sportlich, hatte Andrew die Art von fabelhaftem Aussehen, die ein gewisses Selbstbewusstsein zu verheißen schien, das er jedoch nicht besaß. In seiner Kleidung, meistens schwarz und lässig, drückte sich ein künstlerischer Zug aus, der überraschend gut zu seinem sportlichen Körper passte; er hatte auf der Highschool mit großem Eifer Tennisturniere bestritten. Dennoch vertat dieser selbstsicher wirkende junge Mann nach seinem Abschluss an einem Elite-College sechs

Jahre in einer Reihe von belanglosen Jobs und war in
der Beziehung zu Frauen oft von Unsicherheit geplagt.
Andrew, der seit sechs Jahren Prozac einnahm – und
sich sträubte, auch nur die Möglichkeit in Betracht zu
ziehen, es abzusetzen, weil er sich nur mit seiner Hilfe
funktionsfähig fühlte –, war unsicher und schwach,
was ihn selbst betraf. Was ich von Andrew weiß,
stammt hauptsächlich aus den Aufzeichnungen seines
Therapeuten, ergänzt von einem Aufsatz, den Andrew
selber schrieb.

Solange Andrew denken konnte, hatte sein Vater
ihm gepredigt, wie wichtig es sei, eine Arbeit zu haben,
die ihn wirklich interessierte; alles andere sei »Mord
an der Seele«. An oberster Stelle auf Andrews Priori-
tätenliste stand die Kunst. Er hatte als junger Erwachsener nacheinander Malerei, Film, Möbeldesign und
Baukunst studiert. Doch bei allem, was er probierte, ge-
langte er zu der Überzeugung, dass er nichts so Außergewöhnliches zustande bringen konnte, dass es sich
lohnte, dabeizubleiben. Offenbar hatte er nie von der
Zehn-Jahres-Regel von Peterson und Seligman gehört,
wonach niemand einen wirklich kreativen Beitrag auf
einem Gebiet leisten kann, ohne zuerst volle zehn Jahre
auf die Beherrschung der nötigen Kenntnisse und Fertigkeiten zu verwenden. Andrew hatte den Eindruck
zu versagen, wenn er bei einem neuen Projekt nicht
schon nach ein paar Monaten oder sogar Wochen etwas
Spektakuläres zustande brachte.

Andrew gleicht vielen der Studenten im kreativen
Schreiben, die von Professor Gigi Marks am Ithaca
College unterrichtet werden. »So viele meiner Studenten sind der Ansicht, dass ihr Leben sinnlos und leer
ist, wenn sie nicht schnell erfolgreich sind und mit

Ende 20 mindestens ein Buch veröffentlicht haben. Meiner Meinung nach muss es sehr beängstigend sein, so zu empfinden. Ich sage ihnen, dass sie, um Schriftsteller zu werden, am Ball bleiben und abwarten müssen. Dass sie ein ausgefülltes Leben führen und auf das Schreiben immer wieder zurückkommen müssen. Sie hören nicht auf mich. Stattdessen halten sie sich in sehr jungen Jahren für professionelle Schriftsteller, nicht für Schriftsteller, die noch in die Lehre gehen. Sie scheinen zu glauben, dass es wichtiger ist, außergewöhnlich zu sein, als etwas zu lernen.«

Unlängst zeigte eine Umfrage, dass erstaunliche 98 Prozent von College-Erstsemestern der Aussage zustimmten: »Ich bin sicher, dass ich eines Tages das erreichen werde, was ich im Leben erreichen will.«[6] Diese Überzeugung hat zu wahnhaftem Ehrgeiz bei jungen Leuten geführt, die regelmäßig vorhersagen, dass sie berühmt, außergewöhnlich kreativ, gut gebildet sein oder viel Geld verdienen werden. Das Gefühl, Großes erreichen zu müssen, führt zu einem hohen Niveau an Angst und Depression. Die Psychologin Jean Twenge berichtet in ihrem Buch *Generation Me*, dass »nur 1 bis 2 Prozent der Amerikaner, die vor 1915 geboren wurden, eine größere depressive Phase in ihrem Leben durchmachten, obwohl sie die Weltwirtschaftskrise und zwei Weltkriege erlebten. Heutzutage ist die Quote von schwerer Depression im Laufe eines Lebens um das Zehnfache gestiegen – und liegt zwischen 15 und 20 Prozent. Einige Studien sprechen von nahezu 50 Prozent.«[7] Im Jahr 2002 nahmen bereits 8,5 Prozent der Amerikaner ein Antidepressivum.[8] Twenge fand auch heraus, dass der Anstieg von Angst in den 1990er-Jahren so stark war, dass durchschnittliche College-

Studenten ängstlicher waren als 85 Prozent der Studenten in den 1950er-Jahren und 71 Prozent der Studenten in den 1970ern.[9]

Das Gefühl, schnell etwas leisten zu müssen, war kennzeichnend für Andrew. Er kam in die Therapie, weil er sich in einem Magisterstudiengang in Architektur eingeschrieben hatte und von der Angst gequält wurde, dass er damit seine wahre Berufung als Maler opferte. Er hoffte, dass die Therapie ihm helfen würde, entweder bei der Architektur zu bleiben oder sich klarzumachen, dass er sein »wahres Selbst«, den Maler, verriet. Auf jeden Fall erkannte er, dass sein Wunsch, das Architekturstudium an den Nagel zu hängen, nachdem er sich gerade immatrikuliert hatte, vermutlich ein persönliches Problem war und nicht primär etwas, was mit dem Studium zu tun hatte.

Das andere Problem, das Andrew beschäftigte, war die Beziehung zu einer jungen Frau, die er an seinem Elite-College kennengelernt hatte. Cathy, die ihre eigenen idealistischen Visionen von der Zukunft hatte, entschied, dass sie nach Paris gehen müsse. Andrew, der nach dem College ein paar Jahre mit ihr zusammengelebt hatte, willigte ein, mitzugehen, obwohl er wusste, dass er dort keine Aussicht auf eine Arbeit hatte. Als sich die Dinge nicht nach Cathys Vorstellungen entwickelten, verließ sie nicht mehr das Haus, lag den ganzen Tag weinend im Bett und beharrte darauf, dass ihr Leben hoffnungslos sei, wenn Andrew ihr nicht die unbedingte Treue schwor. Nachdem Cathy ihn sexuell wiederholt zurückgewiesen hatte, fand Andrew schließlich heraus, dass sie eine Affäre hatte. Er drang auf ein Ende, aber sie behauptete, dass die Affäre bedeutungslos war und sie in Wirklichkeit

Andrew liebte. Außerordentlich gedemütigt und außer
sich, dass sie die Affäre fortsetzte und nicht mehr mit
ihm schlafen wollte, blieb Andrew noch eine Weile in
Paris und versuchte sich einzureden, dass Cathys Affäre
nichts mit ihrer beider Beziehung zu tun hatte.

Trotz seiner Beschämung fühlte er sich noch mehrere Jahre an Cathy gebunden, selbst nachdem er in die
USA zurückgekehrt war und die Therapie angefangen
hatte. Als sein Therapeut seinem eigenen Ärger auf
Cathy Ausdruck gab, weil sie Andrew so schlecht behandelt hatte, war Andrew erschüttert. Er hatte seine
Wut vergessen, die sich hinter der Scham verborgen
hatte. Ziemlich lange war er völlig unfähig gewesen,
Cathys Verhalten Grenzen zu setzen, obwohl ihm voll
und ganz klar war, dass sie ihn manipulierte.

Scham ist das Empfinden oder der Glaube, dass etwas mit dem eigenen Ich nicht stimmt, etwas unvollkommen ist oder fehlt. Eindeutig verschieden von
Schuld (dem Wissen, dass wir falsch gehandelt haben
und die Dinge in Ordnung bringen können, indem wir
richtig handeln), kann Scham eine Negativspirale in
Gang setzen, die uns handlungsunfähig macht, weil
wir glauben, unser Ich sei fundamental unvollkommen – und daher seien wir nicht imstande, das zu tun,
was von uns verlangt oder erwartet wird. Diese Unfähigkeit, zu handeln, liefert den Beweis, dass *tatsächlich* etwas mit uns nicht stimmt, was oft den Wunsch
nach sich zieht, sich zu verstecken, zu verschwinden
oder zu sterben. In einem solchen Fall stellt ein
Psychiater möglicherweise die Diagnose Depression
und verschreibt ein Antidepressivum, wie es bei Andrew geschehen war.

Durch seine Therapie begann Andrew, sich autonomer zu fühlen. Er entdeckte seine Scham und Versagensangst – und seine Weigerung, seine eigene Wut zu benutzen, um sich zu schützen und im Leben voranzukommen. Er begann seiner Fähigkeit zu vertrauen, gute Entscheidungen zu treffen und zu ihnen zu stehen, selbst wenn sie sein Leben kurzfristig schwieriger machten. Es gelang ihm, mit Cathy Schluss zu machen und schließlich eine gesündere Beziehung einzugehen. Er stellte auch fest, dass hinter seinem Problem, einen Beruf zu finden, eine Verwechslung von Arbeit und Freizeit stand. Die Einsicht, dass Arbeit dem Zweck diente, Geld zu verdienen, öffnete Andrew die Augen. Er hatte als Erwachsener wiederholt finanzielle Unterstützung von seinem wohlhabenden Vater erhalten. Diese Zuwendungen verstärkten bloß seine Scham und seine Verwirrung, was seine beruflichen Wünsche und Möglichkeiten anging.

Andrew war sich viele Jahre lang unsicher gewesen, wie er eigenständig handeln und das tun sollte, was man von einem Erwachsenen erwartete. Nach vier Jahren intensiver Psychotherapie schreibt er:

Ich hatte immer das Problem, mich davor zu fürchten, dass Menschen mich kritisieren und meine Schwäche und Minderwertigkeit erkennen könnten. Ich habe Angst vor Frauen, davor, ihnen mein sexuelles Verlangen offen zu zeigen, mich zum Idioten zu machen, Risiken einzugehen, die mich in irgendeiner Weise für Kritik anfällig machen. In gewissem Maße habe ich einen Bogen um diese Ängste gemacht, statt mich mit ihnen auseinanderzusetzen. Früher bin ich mit den Ängsten so umgegangen, dass ich mich ihretwegen bemitleidet habe und davon

ausgegangen bin, dass niemand sonst sie hat. Jetzt
begreife ich, dass ich wie jeder andere auch einfach
akzeptieren muss, dass diese Ängste existieren, und
mich mit ihnen so gut wie möglich auseinanderset-
zen muss.[10]

Mithilfe seines Therapeuten gelang es Andrew, sein
Architekturstudium abzuschließen, in dem es in Grup-
penbesprechungen viel Kritik hagelte, die für das Ego
niederschmetternd war. »Das Architekturstudium verlangte von mir, Aufgaben rasch und effizient zu bewältigen, etwas, das mir immer sehr schwer gefallen war.
Ich wurde gebeutelt von Minderwertigkeitsgefühlen im
Vergleich zu anderen Studenten und in Bezug auf die
Kritik, die reichlich ausgeteilt wurde.«[11]

Vor der Therapie fehlte es Andrew an einer inneren
Stimme, die es ihm erlaubte, seine eigene Arbeit im
Hinblick auf das zu bewerten, was andere darüber sagten, und einzuschätzen, ob sie sich lohnte. Unter dem
Einfluss von negativer Selbsteinschätzung, Scham und
unrealistischen Zielen war er nicht in der Lage, eigenständig zu handeln. Wie wiederholt deutlich wurde,
können Anspruchsdenken, übermäßiges Lob und Über-
behütung einen Jugendlichen daran hindern, die Fähigkeit zu entwickeln, sich selbst von außen zu betrachten. Ich nenne diesen Blick von außen den »Blick vom
Balkon«, wie einer meiner Klienten ihn taufte.

Der Blick vom Balkon

Diese größere, selbstreflektierende Sicht ist das, was
Freud und andere das Über-Ich genannt haben.[12] Ein

realistischer Blick vom Balkon und ein gut ausgebilde-
tes Gewissen begünstigen die innere Stimme, die uns
erlaubt, unseren eigenen Weg zu gehen, unsere Stärken
und Schwächen zu kennen und konstruktiv auf die
Kritik anderer zu reagieren. Es ist die Stimme des Gewissens, der Intuition, der Weisheit und Selbsterkenntnis. Wer lernen will, sie zu hören und sich auf sie
einzustimmen, braucht kontinuierliche Übung. Abgeschnitten von dieser Stimme, sind junge Erwachsene
anfällig für Scham und Versagensängste, wo sie etwas
anderes empfinden sollten – wenigstens Neugier auf
all das, was geschieht. Wie Andrew notiert: »Meine
eigenen Fähigkeiten, meine Arbeit zu beurteilen, waren
mangelhaft. Aber als ich ins letzte Semester kam, war
ich durch meine Therapie schließlich in der Lage,
meine eigenen Entwürfe als so professionell einzustu-
fen, dass ich sie effektiv ausführen konnte.«[13]

Im Nachhinein fragt sich Andrew, was aus ihm geworden wäre, wenn er nicht eine intensive Psychotherapie (dreimal in der Woche) gemacht hätte, die ihm
half, eine neue Autonomie zu erreichen. Er sagt:

Hätte ich mein Magisterstudium aufgegeben? Wäre
ich in dieselbe Beziehung zurückgegangen, die mir
den Selbstwert, ein gesundes Sexualleben und jeden
Antrieb geraubt hatte, mir ein produktives und glück-
liches Leben aufzubauen? Würde ich zu Hause leben?
Würde ich Prozac schlucken in der Hoffnung, dass es
das ganze Unglück in meinem Leben auflöste, das
mit Liebe, Arbeit und Geld zusammenhing?[14]

Bei den Fragen, die Andrew sich stellt, geht es darum,
wie wir uns selbst im Hinblick auf die Welt und andere

sehen – auf welche Weise wir die Hoffnung nähren, erfolgreich zu sein und etwas Lohnendes zustande zu
bringen, selbst wenn wir von den Umständen frustriert
oder von anderen kritisiert werden. Die verlässliche
Fähigkeit zu entwickeln, eigenständig zu handeln und
sich von außen zu sehen, ist für Menschen ein langwie-
riger und komplexer Prozess.

Die Abhängigkeit in der Kindheit ist bei Menschen
viel ausgeprägter und ambivalenter als bei jedem anderen Tier auf Erden. Menschenkinder sind die einzigen
Geschöpfe, von denen auf lange Sicht verlangt wird,
viele Entwicklungsphasen mit sehr gegensätzlichen
Zielen zu durchlaufen. Menschliche Eltern haben bei
der Vorbereitung ihres Nachwuchses auf die Autonomie eine noch schwierigere Aufgabe zu bewältigen als
die Pinguineltern in dem Dokumentarfilm *Die Reise
der Pinguine*, die ihre Eier bei eisigen Temperaturen
vorsichtig zwischen den Füßen halten.

Das prekäre Wesen der Identität

Das menschliche Gehirn hat viele Fähigkeiten, die sich
nur im Rahmen anhaltender menschlicher Beziehungen entfalten können.[15] Diese Fähigkeiten stehen zunächst völlig unter dem Einfluss der Unterstützung
und Lenkung der Eltern und können sehr leicht davon
verzerrt werden. Die verschiedenen Entwicklungssta-
dien einer menschlichen Kindheit sollten in Autonomie gipfeln, der Fähigkeit, in Worten und Taten eigen-
verantwortlich zu sein.

Wir entwickeln unsere Autonomie auf der Grundlage
unserer Identität – der Art und Weise, wie wir uns

selbst sehen. Anhand dieser Grundlage wägen wir unsere Pflichten gegenüber anderen und unsere Verbindung zu ihnen ab. Unsere Identität wird hauptsächlich von zweierlei gestaltet: welche Vorstellung sich die für uns wichtigen Menschen von uns machen (und wie sie diese Ansicht implizit und explizit mitteilen) und was wir unmittelbar aus den Folgen unserer Handlungen in unseren Beziehungen und Projekten lernen.

Die für uns wichtigen Menschen beginnen schon vor unserer Geburt, unsere Identität zu erschaffen. Sie sprechen über uns, schmieden Pläne und machen sich Vorstellungen von uns, bevor wir auf die Welt kommen. Oft erhalten wir unseren Namen (der uns mit einem Bedeutungshintergrund verbindet) und werden von den Träumen unserer Eltern geformt, bevor wir den Mutterleib verlassen haben.[16] Zwischen der Empfängnis und ungefähr den ersten anderthalb Lebensjahren setzt die Biologie eines Kindes normale Entwicklungsprozesse in Gang, durch die sich das menschliche Gehirn mithilfe von Beziehungen (auch schon im Mutterleib) entfaltet. Wenn in dieser Frühphase keine Anomalie auftritt, können die Kräfte der Natur relativ ungehindert wirken. Doch selbst in diesem Stadium hängt das Kind auch schon in großem Umfang von Interaktionen mit anderen ab, um außer Nahrung ein Empfinden für sich selbst und seinen Wert zu bekommen.

In den ersten 18 Monaten nach der Geburt kommt, während sich das Kind innerlich entfaltet, das soziale Drama der Familie ins Spiel – darunter Geschwisterneid und Geschwisterrivalität sowie die Lebensumstände und Wünsche der Eltern. Auch wenn das jüngste Familienmitglied noch nichts davon weiß, ist ihm bereits eine Rolle zugewiesen. Das Familienleben

gleicht einem Theaterstück, in dem jedes Mitglied
seine Rolle spielt, auch der Mensch, der zum ersten
Mal die Bühne betritt. Die Vorstellungen, die andere
Familienmitglieder von uns haben, unser Platz in der
Geschwisterordnung und der geschichtliche Augenblick diktieren Aspekte unserer Identität, die uns formen, lange bevor wir selbst aktiv werden.[17] Allein die
Zeit, in die wir hineingeboren werden, hat weitaus
mehr Bedeutung, als wir glauben. Die Psychologin Jean
Twenge fand in ihrer Mehrgenerationen-Untersuchung
von 1,3 Millionen jungen Amerikanern heraus, dass
»*der Zeitpunkt* der Geburt mehr Einfluss auf unsere
Persönlichkeit hat als die Familie, in der wir groß werden. Mit den Worten eines hellsichtigen arabischen
Sprichworts: ›Menschen ähneln den Zeitläuften mehr
als ihren Vätern.‹«[18]

Etwa im Alter von drei Jahren erlangt ein kleines
Kind die definitive Erfahrung, ein Individuum zu sein,
das getrennt von anderen ist – es steckt »hier im Körper«, während die Welt und andere »da draußen« sind.
Es ist sehr wichtig, daran zu denken, dass das Gefühl,
ein Individuum zu sein, auf *Entwicklung* beruht; es ist
uns nicht angeboren.[19] Je mehr die Eltern und andere
Menschen das Getrenntsein oder die Besonderheit
eines Kindes verstärken, desto mehr wird das Kind
Gewohnheiten ausbilden, die die Überzeugung nähren
»Ich bin anders als andere«, »Ich bin besser als andere«
oder »Ich werde eines Tages berühmt sein«. In einigen
Gesellschaften, darunter vielen asiatischen, werden
Kinder stark motiviert, sich mit ihrer Familie, ihrer Gemeinschaft oder sogar ihrer Gesellschaft zu identifizieren statt nur mit ihrer individuellen Identität.[20] Es geht
nichts an Autonomie verloren, wenn die Identität sich

mit anderen verbindet, solange Kinder die notwendigen Fähigkeiten entwickeln, Entscheidungen zu treffen und eigenständig zu handeln.

Die menschliche Identität

Zwischen drei und ungefähr sechs oder sieben Jahren bilden sich bei Kindern Fähigkeiten heraus, durch die sie lernen, das zu begreifen, was wir Realität nennen: Zeit, Raum und Kausalbeziehungen (beispielsweise: Wenn du dies tust, geschieht jenes). Das Kind betritt jetzt die Welt der Erwachsenen, in der es »gestern, heute und morgen« gibt und »der Himmel oben, die Erde unten ist«. Zunächst sind diese neuen Perspektiven unsicher, aber sie reifen und werden verlässlich. Wie Jean Piaget und seine Nachfolger gezeigt haben, erlaubt es dieser neue Bezugsrahmen allen Kindern, eine »praktische Intelligenz« zu entwickeln. Nach dem sechsten oder siebten Lebensjahr können sich Kinder gewöhnlich ziemlich sicher in der Realität der Erwachsenenwelt bewegen.[21] Deshalb betrachtete man das siebte Lebensjahr ursprünglich auch als den Beginn der Vernunft und Verantwortung im Leben eines Kindes.[22]

Ein außerordentlich wichtiger Aspekt dieser frühen Entwicklung ist die Beherrschung der Sprache – die Fähigkeit, mit uns und anderen im Hinblick auf unsere Handlungen zu sprechen.[23] Die ersten Geschichten, die Kinder gern erzählen oder erzählt bekommen, handeln von ihnen selbst oder anderen Kindern. Am liebsten hören sie Geschichten von dem, was Kinder tun und wie sie Dinge verändern. Sie lieben es, das Gefühl zu erproben und auszudrücken, ein Macher und Beweger zu sein. Diese Art von Vorstellung oder Fantasiespiel bildet einen Schlüssel für die keimende Autonomie des Kindes. »Ich kann etwas bewegen«, ist ein Gedanke, der uns fortan alle hoch motiviert, während unsere Wünsche zukunftsorientierter und komplexer werden.

Kinder zu ermutigen, miteinander zu spielen und ihrer Fantasie freien Lauf zu lassen (beispielsweise indem sie einfache Haushaltsgegenstände in Boote, Züge und Schwerter verwandeln oder mit Puppen spielen), ist in dieser Lebensphase wichtiger als besondere Lektionen oder spezielles pädagogisches Spielzeug.[24] Abgesehen vom Elementarwissen in der Schule, Schwimmunterricht oder anderen Unterweisungen, die der Sicherheit dienen, ist es am besten, Kinder mit komplizierten Lektionen zu verschonen, bis sie etwa zehn oder elf Jahre alt sind, ein Alter, in dem sich eine neue Art von Identität zu entwickeln beginnt. Für kleine Kinder ist es wichtiger, ihrer Fantasie im aktiven Spiel miteinander Raum zu geben, um die grundlegenden Fertigkeiten der Autonomie und Kooperation einzuüben, als hoch spezialisierten Unterricht zu erhalten.

Die Moralerziehung bildet dabei die Ausnahme. Wie im letzten Kapitel ausgeführt wurde, beginnt unsere Fähigkeit, innere Stärken und gute Charaktereigenschaften zu entwickeln, schon in der frühen Kindheit Gestalt anzunehmen. Vor dem elften Lebensjahr kann man Kinder leicht durch Geschichten und Beispiele erziehen. Zunächst müssen sie die Regeln lernen, ein integrer Mensch zu werden – ihr Leben und das Leben anderer wertzuschätzen, die Wahrheit zu sagen und sich nur das zu nehmen, was man ihnen gibt, und nicht das, was anderen gehört. Anschließend müssen sie diese Regeln kontinuierlich einüben, indem sie mit anderen, besonders Gleichaltrigen, teilen und kooperieren. Ein Kind hat sicher eine andere Auffassung von der Einhaltung der Regeln, wenn es von einem Elternteil beobachtet wird (Eltern haben Macht), als wenn es mit einem Gleichaltrigen spielt (mit dem es ebenbürtig ist). Wenn ein heranwachsendes Kind die Anforderung meistern soll, ein integrer Mensch zu werden, braucht es Wissen und Übung mit Eltern und Gleichaltrigen, um herauszufinden, was die Regeln bedeuten und warum sie gelehrt werden.

Um uns schließlich wirklich in andere Menschen hineinversetzen zu können, müssen wir zunächst die kognitiven und affektiven (erkenntnis- und gefühlsmäßigen) Unterscheidungen zwischen den drei großen Klassen von Wesen beherrschen: Gegenständen, Tieren und Menschen.[25] Schließlich ist ein Mensch auch ein Gegenstand und ein Tier. Wenn man einen Menschen aus dem Fenster wirft, wird der Körper nach dem Gesetz der Schwerkraft ebenso fallen wie jeder andere Gegenstand. Ebenso ist es möglich, einen Menschen wie ein Tier zu behandeln. Die ursprüngliche Idee des Behaviorismus gründete beispielsweise auf der Prämisse, dass Menschen ebenso wie Tiere auf Verstärkung und Bestrafung reagieren. Und doch verfügen Menschen über Emotionen, die mit der Bewusstheit von der eigenen Person einhergehen, über abstraktes Denken und ein komplexes subjektives Leben, das sie von jedem Tier unterscheidet. Zu verstehen und zu fühlen, was es bedeutet, ein Mensch zu sein, ist entscheidend für eine ganze Reihe von menschlichen Fähigkeiten wie Einfühlungsvermögen und ein gut funktionierendes Gewissen.

Kinder, Jugendliche und junge Erwachsene bringen

manchmal Haustieren und auch anderen Tieren ein
Vertrauen und eine Achtung entgegen, die sie für Menschen, Mitglieder ihrer eigenen Spezies, nicht unbedingt empfinden. Wenn diese Empathie und Vorliebe
für Tiere im Erwachsenendasein bestehen bleiben, ist
das ein Zeichen dafür, dass die emotionale, moralische
und ethische Entwicklung zurückgeblieben ist. Selbst
Robert Tulloch und James Parker hätschelten ihre Haustiere und liebten auch andere Tiere. Ich glaube nicht,
dass sie imstande gewesen wären, einen Hund zu töten;
sie hätten zu viel Mitleid mit ihm gehabt. Um ihr
Menschsein zu verwirklichen, müssen Jugendliche und
Erwachsene sich voll damit identifizieren, ein Mensch
zu sein.

Dazu müssen sie Respekt vor der Allgegenwart
menschlichen Leidens haben, eine gewisse Kenntnis
des Spektrums menschlicher Emotionen und ein
grundlegendes Verständnis dafür, wie menschliche
Familien und Gruppen sich durch ihre Beziehungen
und ihre Interdependenz entwickeln. Wie leisteten das
frühere Generationen vor der Erfindung der Psychologie? Durch ständige Kooperation bei Arbeiten – etwa in
der Landwirtschaft, dem Familiengeschäft oder Haushalt –, bei denen alle mithalfen und von denen alle ab-
hingen. Eltern hatten die Leitung bei diesen Arbeiten
und brachten ihren Kindern bei, wie man sich verhält.
Kinder erlebten Menschen jeden Alters und Ranges,
die zusammenarbeiteten. Kooperation und Respekt vor
Älteren, die für das Überleben der Gruppe notwendig
waren, hingen von der Moralerziehung ab und wurden
durch sie gestärkt.

In der heutigen Zeit müssen wir unseren Kompass
der Moralerziehung wiederfinden, indem wir als Erstes

Regeln für humanes und ziviles Betragen lehren und dann darauf achten, dass Kinder in zahllosen Situationen Gelegenheit haben, die Umsetzung dieser Regeln im reibungslosen Funktionieren der Gruppe und ihrer Hierarchie zu erleben. Normal zu sein und sich normal zu fühlen unterstützt Kinder und Erwachsene sowohl in ihrer Moral als auch in ihrer Autonomie. Als normale Menschen sind wir in der Lage, die Enttäuschungen und Schwierigkeiten des Lebens zu akzeptieren und dankbar für das zu sein, was sie uns lehren können. Wir sind imstande, sowohl ein verantwortliches Gruppenmitglied zu sein wie auch die Leitungsfunktion zu haben, emotional intelligent mit unseren Impulsen und Bedürfnissen umzugehen und mitfühlend auf die Anforderungen zu reagieren, die das Leben an uns alle stellt.

Als Eltern sollten Sie die Beteiligung Ihres Kindes an Teams oder anderen Gruppen nutzen, um ihm Fragen zu seiner emotionalen Selbstwahrnehmung und seinem Einfühlungsvermögen für andere zu stellen. Ganz gleich, ob es bestimmte Aufgaben in der Klasse übernimmt oder sich beim Fußballspiel hervortut – all das sind Gelegenheiten, anzuerkennen, wie andere ihm den Raum und die Chance geben, eine Rolle auszufüllen, die ihren Bedürfnissen ebenso entspricht wie seinen eigenen.

Als Familienoberhaupt sollten Sie ein Beispiel für diese und ähnliche Prinzipien geben und bereit sein, Ihre Gefühle und Ihr Angewiesensein auf andere offen und auf eine Weise, die das Kind verstehen kann, zu zeigen, ohne sich jedoch mit ihm gleichzustellen. Ihr Führungsstil – Ihre Rolle als Autorität – trägt entscheidend dazu bei, Ihrem Kind zu helfen, Autonomie und gute Charaktereigenschaften zu entwickeln. Behalten Sie in seiner Gegenwart die Führung und erklären Sie ihm, wie Sie Entscheidungen treffen und was Ihnen am wichtigsten ist bei Entscheidungen, die Ihr oder das Wohlergehen anderer betreffen. Unsere Interdependenz zu akzeptieren erleichtert uns paradoxerweise die Ausübung von Selbstbestimmung und Autonomie. Normal zu sein erlaubt uns, den Reichtum unseres gemeinsamen Menschseins zu nutzen.

KAPITEL 6

Der Wert des Normalseins

Als meine Kinder vor 15 Jahren noch zur Schule gingen, galten gute Noten und »Begabung« noch nicht so sehr als Schlüssel zu Glück und Erfolg wie heutzutage.[1] Weder schrieben meine Kinder nur Einsen, noch hielt ich das für entscheidend. Daran, dass sie heutzutage beruflich erfolgreich sind, sehe ich, dass ihre Noten in der Highschool und selbst im College letztlich keine allzu große Rolle spielten.

Wenn Eltern Noten, gutes Aussehen, eine schlanke Figur, Intelligenz und Leistungen in Sport oder Musik zu sehr loben, beeinträchtigen sie damit das Gefühl des Kindes, normal zu sein, und hemmen damit die Entwicklung der Selbstbestimmung, weil sie eine Sucht nach Bewunderung und Bestätigung hervorrufen. Unsere Kinder mit ungesundem Lob zu »füttern« ist ähnlich, als würden wir ihnen ungesundes Essen vorsetzen, das ungesunde Gelüste erzeugt. Dann hat ein Mensch Mühe, aus Erfahrungen lernen, wie das Beispiel von Andrew im letzten Kapitel so eindrucksvoll gezeigt hat.

Was Eltern und andere Erwachsene wiederholt über ein kleines Kind sagen, hinterlässt bleibende Spuren. Kleine Kinder (unter zehn oder elf) glauben ihren Eltern, weil es den Kindern an einem inneren Skeptiker mangelt, der fragt: »Warum sagen sie das?« oder »Ich glaube nicht, dass ich dem gerecht werden kann.«

Einem Kind wird mit sechs oder sieben Jahren seine individuelle Identität bewusst. Diese erste Identität – »Das bin ich, ich bin ein Prachtkind« oder »Ich bin klug«, »Ich bin besonders« oder »Ich bin wichtig« – ist weitestgehend ein Produkt dessen, was Eltern, Lehrer und ältere Geschwister über das Kind direkt oder, noch wichtiger, unterschwellig sagen. Das ist die Geschichte, die Kinder sich über sich selbst erzählen. Ohne es zu wollen, können »Ich bin okay, du bist okay«-Eltern im Kind ein Gefühl eigener Wichtigkeit oder Überlegenheit einpflanzen oder wecken, das es später anfällig für die Selbstwertfalle macht und die Entwicklung seiner Autonomie, Moral und Identifikation mit der Gemeinschaft und Familie stört.

Hochbegabung

Ich besuchte Dr. Marlene Maron, die Leiterin eines kinderpsychologischen Beratungsdienstes, in ihrem Büro in Burlington, Vermont.[2] Ich wollte mit Dr. Maron sprechen, weil viele Familien der Mittel- und Arbeiterschicht, die Hilfe brauchen, durch ihre Hände gehen. Frau Maron ist eine jugendlich aussehende Frau mittleren Alters mit weichen dunklen Locken, einem warmen Lächeln und einer Nickelbrille. Sie kam unverzüglich auf die Veränderungen zu sprechen, die ihr auffallen: »Ich stelle ein größeres Gefühl eigener Wichtigkeit und mehr Arroganz bei Kindern der Mittel- und oberen Mittelschicht fest. Das macht mich neugierig – die Gründe interessieren mich. Meiner Ansicht nach könnte es daher kommen, dass wir meinen, unsere Kinder seien so besonders.« Sie verglich diese Einstellung mit dem, was sie bei weniger gebildeten Eltern beobachtete. »Eltern aus der Arbeiterschicht scheinen eher eine nüchterne Einstellung zu haben, obwohl auch sie ihre Kinder lieben. Ich fuhr einmal einen kleinen Jungen zusammen mit meiner Tochter zu einem Musikworkshop. Nach dem ersten Tag sagte der Junge weinend: ›Es ist mir zu schwer. Ich will nicht mehr hingehen.‹ Seine Mutter ließ sich gar nicht erst darauf ein. Während ich vielleicht gesagt hätte: ›Es ist wichtig, etwas, was du angefangen hast, auch zu Ende zu bringen‹ oder ›Das Lernen wird dir Spaß machen‹, sagte seine Mutter: ›Wir haben 215 Dollar bezahlt, und du wirst durchhalten. Auch wenn es schwer ist, du schaffst es schon.‹ Und er schaffte es tatsächlich. Er strengte sich an und hatte Erfolg.« Frau Maron glaubt, dass viele Eltern, die wie sie selbst aus der gebildeten Mittelschicht kommen, sich bei ihren Kindern nicht »unbeliebt« machen wollen. Sie wollen keine Autoritätspersonen sein, die Grenzen aufzeigen und Regeln durchsetzen.

Was Frau Maron jedoch speziell beschäftigte, war, wie man mit Besonderheit umgehen soll, wenn Kinder hochbegabt sind und andere schulisch, musikalisch oder sportlich überragen. Sie führte ihren achtjährigen Sohn an, einen allem Anschein nach sehr aufgeweckten Jungen, der sich seiner Intelligenz bewusst ist, ohne eingebildet zu sein. »Mein Sohn ist sehr intelligent. Er weiß das, aber ich glaube nicht, dass es ihn eingebildet macht. Er nimmt einfach realistisch wahr, dass er Dinge kann, die andere Kinder nicht können. Er ist kein Angeber, doch er sagt mir, dass er sich der Unterschiede bewusst ist. Ich weiß nicht recht, wie ich seine Leistungen anerkennen soll, ohne sie überzubewerten.«

Wie andere hochbegabte Kinder muss sich auch Frau Marons Sohn an die Zehn-Jahres-Regel von Peterson und Seligman halten: Er braucht Beharrlichkeit, um seine Sache zu beherrschen, er muss emotionale Intelligenz entwickeln, um andere zu führen, und er muss lernen, negatives Feedback konstruktiv zu verarbeiten, wenn er als Erwachsener seine Begabungen erfolgreich einsetzen will. Leider neigen viele Eltern hochbegabter Kinder dazu, die Begabungen der Kinder zu fördern, statt ihnen zu helfen, ihre Beziehungsfähigkeit und ihre inneren Stärken zu entfalten. Während viele Kinder intelligent und leistungsfähig sind, haben nur eine Handvoll so überragende Talente, dass ihnen automatisch Anerkennung und Bewunderung auf einem bestimmten Gebiet sicher sind. Um Erfolg zu haben, werden die meisten lernen müssen, fleißig zu sein, einen kooperativen Umgang mit Älteren und Gleichaltrigen zu pflegen, andere zu führen und die richtigen Entscheidungen auf ihrem Weg zu treffen.[3]

Es gibt reihenweise Untersuchungen, die belegen, dass Menschen, die gute Beziehungen haben, am glücklichsten und erfolgreichsten im Leben sind.[4] Um auf einem Gebiet führend zu sein, muss sich ein Mensch in den entsprechenden Gruppen engagieren, gute Beziehungen innerhalb dieser Gruppen unterhalten und lernen, Aufgaben zu delegieren. Kinder brauchen, wie begabt sie auch sein mögen, ein Mindestmaß an emotionaler Intelligenz, um ihre eigenen Talente zu realisieren. Emotional intelligente Führung ist definiert durch realistische Selbsteinschätzung (die eigenen Stärken und Schwächen kennen), Selbstbeherrschung (ein gekonnter Umgang mit den eigenen Emotionen in der Gruppe) und gutes Einfühlungsvermögen für andere.[5] Wenn man ein Kind mit besonderer Aufmerksamkeit und Angeboten auf eine Weise überhäuft, die signalisiert: »Du bist besser als andere«, kann das die emotionale Intelligenz beeinträchtigen, die das Kind entwickeln muss, um sich auf seinem Gebiet hervorzutun. Das Gefühl der eigenen Wichtigkeit und Anspruchsdenken können zu bedeutenden Hindernissen auf dem Weg zu Autonomie und Erfolg werden, ganz gleich, ob ein Mensch überragende Begabungen hat oder nicht.

Unlängst wurde in einer Reihe von Studien auch das Mitgefühl mit sich selbst als Bestandteil emotionaler Intelligenz aufgeführt; möglicherweise ist es für die Entwicklung von Begabungen und Fähigkeiten sogar noch wichtiger als ein gutes Selbstwertgefühl. Mitgefühl mit sich selbst besteht aus drei Komponenten: gütig und verständnisvoll, anstatt kritisch sich selbst gegenüber zu sein (Freundlichkeit mit sich selbst); die eigenen negativen Erfahrungen als natürlichen Bestandteil des Menschseins zu betrachten (was ich hier als »Normalität« bezeichnet habe) und eine achtsame Gelassenheit zu pflegen, statt sich zu sehr mit schmerzhaften Gedanken und Gefühlen zu identifizieren (achtsame Akzeptanz).[6] Mitgefühl mit sich selbst erlaubt es Menschen, Hindernisse zu bewältigen und eigene Grenzen zu akzeptieren, die sonst möglicherweise ihre dauerhafte Hinwendung zu einem Projekt oder einer Beziehung blockiert hätten. Um emotionale Intelligenz und Mitgefühl mit sich selbst bei Kindern zu fördern, müssen wir ihnen helfen, die Vielfalt der Fähigkeiten und Fertigkeiten zu würdigen, von denen die menschliche Gemeinschaft getragen wird.

Aufgrund der kindlichen Egozentrik mag es einem

intelligenten Kind so vorkommen, als »wüsste es alles«, doch haben Eltern und Lehrer viele Möglichkeiten, Kindern zu zeigen, dass sich ihre Intelligenz nur auf bestimmte Gebiete und Tätigkeiten bezieht. Ich weiß, wie verblüfft ich als Kind beispielsweise war, als ich sah, welche Intelligenz notwendig ist, um ein Auto zu reparieren – etwas, was meine Cousins auch ohne höhere Schulbildung machten. Selbst als Glatte-Einser-Schülerin begriff ich nicht, wie ein Motor funktionierte oder wie man ein Auto reparierte. Der heutige Trend scheint jedoch in die umgekehrte Richtung zu gehen: Man hält Kinder dazu an, nur das zu entwickeln, worin sie gut sind.

Wie Marlene Maron warnend sagte: »In bestimmten Kreisen drängen Pädagogen Kinder dazu, Klassen zu überspringen und sich besondere Aufmerksamkeit für ihre Begabungen zu verschaffen. Beispielsweise habe ich das Argument gehört, man solle hochbegabte Kinder mit intellektuell Gleichrangigen zusammenbringen, notfalls auch mit Älteren. Man glaubt, dass die dadurch erzielte Lernbeschleunigung positive Folgen für intellektuell begabte Kinder hat, ohne dass sie einen Preis für die Trennung von ihren Altersgenossen zahlen müssen. Dieser Trend hat für einige Kinder beängstigende Folgen; im Großen und Ganzen glaube ich nicht, dass man eine gesunde Entwicklung fördert, wenn man Kinder auffordert, ihre Altersgenossen zu überholen.«[7] Von intellektuell frühreifen Kindern zu erwarten, die emotionalen und sozialen Ansprüche Älterer zu meistern, erweist ihnen unter Umständen keinen guten Dienst, besonders nicht in der Pubertät.

Hochbegabt und gefährdet

Ich pflichte Dr. Marons Meinung bei, doch viele Eltern von intelligenten Kindern mit sehr guten schulischen Leistungen oder Erfolgen außerhalb der Schule in Musik, Sport oder Kunst wünschen sich besondere Maßnahmen, um das Talent der Kinder zu fördern. Leider ist ihnen nicht klar, welche Rolle emotionale Intelligenz und Mitgefühl mit sich selbst beim Erfolg spielen. Im Jahre 2005 stand ein ausführlicher Artikel im *New York Times Magazine* mit dem Titel »Kann man Genialität tatsächlich heranzüchten?«[8] Die Autorin Ann Hulbert schrieb nicht nur über die Fürsprecher und Förderer von hochbegabten Kindern und die teuren Programme, die sie sponsern, sondern erwähnte auch die Ergebnisse einer Reihe von Langzeitstudien, die belegen, dass kein nachweisbarer Zusammenhang zwischen Genialität im Kindesalter und besonderen Leistungen im Erwachsenenalter besteht. Tatsächlich gibt es große Erfinder, wie Thomas Edison, und Wissenschaftler, wie Albert Einstein, die als Kinder keine Frühreife zeigten. Wie im Artikel angemerkt wurde, hat der Journalist Malcolm Gladwell kürzlich davor gewarnt, Frühreife generell als Garantie für außergewöhnliche Leistungen im Erwachsenenalter anzusehen.

Meiner Ansicht nach entwickeln sich die zwischenmenschlichen und psychischen Faktoren, die wir für Selbstsicherheit, Autonomie, Mitgefühl mit uns selbst und emotionale Intelligenz brauchen, allmählich und mit der Zeit in einer Atmosphäre der Kooperation. Ohne diese Faktoren können besondere Begabungen zu einer Last werden. Sie trennen Kinder von anderen. Manchmal kann die »Besonderheit« ein Kind oder – noch häufiger – einen Jugendlichen überfordern.

Im Jahre 2006 veröffentlichte die Zeitschrift *New Yorker* die tragische Geschichte eines begabten 14-Jährigen, der sich mit einem Gewehrschuss tötete.[9] Brandenn Bremmer war bei fast allen in seiner Umgebung und in der Gegend von Nebraska, wo er aufwuchs, als Wunderkind bekannt. Er sah gut aus, war begabt, offensichtlich überaus charmant und wurde von seinen Eltern, Patti und Martin, über alle Maßen geliebt. Auf Empfehlung einer Reihe von Spezialisten wurde Brandenns IQ mehrfach getestet. Nachdem man ihn als hochbegabt eingestuft hatte, nahm er an einer Reihe von Förderprogrammen für Kinder mit hohem IQ teil. In der Schule nach vorn katapultiert (er übersprang die fünfte bis achte Klasse), besuchte Brandenn sowohl die Highschool als auch schon einige College-Kurse, bevor er sich umbrachte.

Nach seinem Tod stellte sich heraus, dass er ein paar Enttäuschungen im Fach Musik an der Colorado State University und in Biologie am Mid-Plains Community College erlebt hatte. Kurz bevor er sich erschoss, schrieb Brandenn eine E-Mail an eine ebenfalls hochbegabte Freundin, zu der er gesagt hatte: »Ich bin maßlos deprimiert.« Sie wollte wissen, was er damit meinte, denn, wie sie sagte: »Glaub mir, ich kenne das.« Brandenn antwortete:

Ich weiß nicht, warum ich so deprimiert bin, vorher hatte ich das nur hin und wieder mal, und ich war einfach nur entmutigt. Aber jetzt habe ich es konstant, und es ist wie: »Wozu lebe ich überhaupt noch?« Ich weiß nicht, vielleicht verbringe ich einfach nicht genug Zeit

*mit guten Freunden wie dir. Als ob das ginge. Nicht
hier am Ende der Welt. Zumindest gibt es hier eine
Familie in der Nähe, die nicht aus »Cowboys« oder
Vollidioten besteht, mit der ich mich treffen kann.*[10]

Unglücklicherweise hatte Brandenn das Gefühl, besser
als andere zu sein. Er suchte verzweifelt nach Kontakten, die er in seiner isolierten ländlichen Umgebung
brauchte; ihm war nicht klar, dass er zu den meisten
Menschen eine Beziehung hätte aufnehmen können.
Wenn man jedoch einige Zeit auf der Welt ist und ein
Quäntchen Einfühlungsvermögen hat, entdeckt man,
dass es keine »Vollidioten« gibt (oder dass jeder von
uns ein Vollidiot ist). Alle Menschen haben ihre Stärken und Schwächen. Was Menschen letztlich unterscheidet, sind ihr Anstand und ihre inneren Stärken,
nicht ihre speziellen Begabungen. Ein pubertierender
Jugendlicher, dessen Ichgefühl sich gerade voll entfaltet, wird oft von der Last erdrückt, »besonders« zu sein.
Wenn ihm die vermeintlichen Erwartungen der ihn
idealisierenden Menschen bewusst werden, während
er gleichzeitig ein akutes Bedürfnis nach Freundschaft
und Gemeinschaft verspürt, fühlt er sich möglicherweise isoliert oder gerät sogar in Panik.

Kinder unter zehn können die Identität, die man
ihnen zuschreibt, nicht wirklich infrage stellen. Wenn
wir, bevor wir eine eigene Sicht von uns haben, wiederholt hören oder nahegelegt bekommen: »Du bist so
besonders«, »Du bist so klug« oder »Du bist besser als
andere«, werden wir versuchen, diese Annahmen zu
erfüllen, sobald das Über-Ich in der Spätpubertät entwickelt ist. Dann meinen wir schließlich wie viele der
jungen Erwachsenen, die ich in diesem Buch vorgestellt

habe, dass wir anderen überlegen sind oder es sein sollten, und diese Überzeugung wird zu einer Blockade
und der Ursache negativer Selbsteinschätzung, wenn
wir mit den normalen Schwierigkeiten des Lebens und
unserer Versagensangst konfrontiert sind.

Erst in der Pubertät haben wir die Chance eines eigenen Standpunkts, der es uns voll und ganz möglich
macht, uns im Vergleich mit anderen wahrzunehmen
und zu spüren. Von außen betrachtet, erscheint ein kleines Kind einem Erwachsenen freier und kreativer als
ein vom Ichgefühl gesteuerter Jugendlicher. Aber von
innen betrachtet, hat ein kleines Kind keine Wahl, als
die ihm zugeschriebene Identität naiv zu übernehmen.
Die emotionale und physische Abhängigkeit und auch
die noch in der Reifung begriffene kognitive Entwicklung halten ein kleines Kind im Bann der Ideale, Schamgefühle, Fantasien und Einbildungen der Eltern. Ein
Leben lang geistert die erste Identität, die ihm zuge-
schrieben wurde, durch die Kulissen, wenn sie nicht
sogar als Darsteller die Bühne betritt. Sind Kinder letztlich allzu besonders und anders, werden sie von
zwanghafter Selbstbezogenheit und rastloser Unzufriedenheit heimgesucht, dem Druck, außergewöhnlich zu
sein, der mangelnden Bereitwilligkeit, erwachsen zu
werden, Gefühlen der Über- (oder Unter-)legenheit und
übermäßigen Versagensängsten.

Fürsorgliche Eltern sollten vorpubertären Kindern
vermitteln – besonders solchen mit außergewöhnlichen
Begabungen für Worte, Zahlen, Sport, Technik oder
Tiere –, dass der Schlüssel zum Glück darin besteht,
ein *Mitglied* der menschlichen Gemeinschaft, ein normaler Mensch, zu sein.[11] Wir müssen dem Ich eines
kleinen Kindes die Bedeutung der Interdependenz und

des Teilens vorhalten, bevor das Kind in die schmerzhaften Jugendjahre des Ichgefühls eintritt.

Man sollte alle Fähigkeiten eines Kindes in einem Rahmen fördern, in dem die Hilfe und das Können anderer ebenso anerkannt werden. Begabte Schüler sollten selbstverständlich ermutigt werden, andere zu unterstützen oder im Team gemeinsame Herausforderungen zu bewältigen, und, was noch wichtiger ist, sie sollten zu Dankbarkeit gegenüber Menschen, die mehr können als sie und von denen sie abhängen, angehalten werden. Von Kindern zu verlangen, häusliche Pflichten und wichtige tägliche Aufgaben zum Wohle der Familie zu übernehmen (wie Mahlzeiten zuzubereiten, zum Haushaltsbudget beizutragen oder Werkzeuge und Maschinen zu reparieren), weckt ihre Bescheidenheit, weil sie entdecken, dass sie in der Tat nicht alles wissen. Wenn Sie die Leistungen eines Kindes in seiner und der Gegenwart anderer Menschen erwähnen, sollten Sie unsere Interdependenz nicht außer Acht lassen. Statt mit seinen Starqualitäten zu prahlen, könnten Sie schildern, wie es mit anderen kooperiert hat, um seine Ziele zu erreichen, und die Stärken der anderen gebührend hervorkehren. Das Kind in den Mittelpunkt zu rücken, selbst wenn es nicht anwesend ist, lässt (bei Ihnen oder ihm) ein Ichgefühl entstehen, das dem Glück im Wege steht. Beim Feiern von Erfolgen und Leistungen sollten wir für die Umstände dankbar sein, die sie ermöglicht haben, darunter auch die Bemühungen des Kindes.

Ebenso könnten wir, wenn ein Jugendlicher Lob hören will, ihn an einige der alten Weisheiten erinnern, mit denen individuelle Eigenschaften und Fähigkeiten relativiert werden, zum Beispiel individuelle Schönheit (»Schönheit muss von innen kommen«), indivi-

duelle Begabung (»Du bist begabt, aber du wirst hart
arbeiten und mit vielen Menschen zusammenarbeiten
müssen, damit deine Begabung zum Tragen kommt«)
oder individuelle Intelligenz (»Es gibt viele intelligente
Leute auf der Welt, und du gehörst dazu, aber das
alleine heißt noch nicht sehr viel«). Machen Sie Ihrem
Kind vor allem klar, dass diese Fähigkeiten Geschenke
sind, die es der Gesellschaft und der Menschheit zu-
rückgeben muss, wenn sie wirklich Wert haben sollen.
Wenn Sie von Ihrem Kind beharrlich fordern, ehrlich
und klar zu sein und sich nachsichtig über die Fehler
anderer zu äußern, wird es daran denken, dass seine
Worte Macht haben und man über alle und zu allen
respektvoll und freundlich sprechen sollte.

Die Möglichkeiten, einem Kind zu einer differenzier-
teren Wahrnehmung von anderen zu verhelfen, sind
unerschöpflich und können auf seine Bedürfnisse und
Situation zugeschnitten werden. Vielleicht ist es für
das Kind am wichtigsten, durch Erfahrung – Seite an
Seite mit Älteren in gemeinsamen Projekten – zu lernen, dass Können und Erfolg sich nicht von selbst ein-
stellen, sondern mit einem langwierigen Prozess, viel
Ehrlichkeit und Einsicht und dem Zutun anderer verbunden sind. Wie ich im Folgenden ausführen werde,
müssen Eltern beim Kind in den ersten Lebensjahren
eine sichere Grundlage für Anstand und Mitgefühl (für
sich selbst und andere) legen.

Das Ichgefühl und das Über-Ich

Ganz gleich, welche Identität ein Kind aus der frühen
Kindheit mitbringt – ob es sich für besonders, unvoll-

kommen oder normal hält –, es wird diese Identität ein Leben lang rechtfertigen, mit ihr streiten, sie rationalisieren, sie fördern und auf sie reagieren, wenn es sich selbst betrachtet. Über Andrews frühe Identifikation, ein Künstler zu sein, schrieb sein Therapeut: »Er wollte ein Maler sein, der ungewöhnliche Vorstellungen von der visuellen Welt ausdrückt. Als er jedoch vermutete, dass er dazu nicht begabt genug sein könnte, warf er die Malerei verzweifelt hin. Er wandte sich etwas anderem zu, nur um seine zwanghafte Beschäftigung mit der Malerei wieder aufzunehmen, sobald die ›Unvollkommenheit‹ der neuen Arbeit unerträglich wurde.«[12] Statt sich an seinen Begabungen zu freuen und an seinen Stärken und Schwächen zu arbeiten, um eine Sache zu beherrschen, gab Andrew alle Hoffnung auf, je der Maler zu sein, der er meinte, sein zu müssen. Durch seine Therapie reagierte Andrew flexibler auf die Perfektionsansprüche, die von seinen übertriebenen Idealen stammten. Er holte sein besonderes Selbst aus dem Rampenlicht und verbannte es in die Kulissen.

Im Alter von etwa 18 Monaten kündigt sich mit dem Auftreten der sogenannten »komplexen Emotionen« – jener Emotionen, durch die wir uns mit anderen vergleichen und von ihnen getrennt fühlen – die Geburt unseres Ichs an (der Funktion, die uns erlaubt, unser Leben eigenständig zu lenken und eine kontinuierliche Identität in der Zeit aufrechtzuerhalten).[13] Sie wissen vielleicht nicht viel über die wissenschaftliche Einteilung Ihrer Emotionen, doch zweifellos wissen Sie, wie es sich anfühlt, wenn Sie von Emotionen überwältigt und von Bildern und körperlichen Empfindungen überflutet werden, die Sie aus der Bahn werfen und zum Handeln, zu einer Reaktion, motivieren.

Aus der Neurowissenschaft und der psychologischen
Emotionsforschung ist bekannt, dass der menschliche
Säugling anfangs mit »Primäremotionen« ausgestattet
ist, die von Wissenschaftlern in fünf oder sieben Arten
unterteilt werden. Ich ziehe die schlichte Fünfer-Ein-
teilung vor: Freude, Neugier, Traurigkeit, Abscheu (oder
Ekel) und Angst.[14]

Wenn Klienten in einer Therapie ihre Gefühle nicht
benennen können, gehen sie oft die populärpsycholo-
gische Liste von »wütend, traurig, froh, ängstlich oder
angeekelt« durch, ohne ihre Erfahrung einer dieser
Emotionen zuordnen zu können. Sie würden gut daran
tun, bei den komplexen Emotionen zu schauen. Viele
Menschen wissen nicht, dass diese komplexen Emotionen oder »Ichgefühle« unsere Identität und Autonomie
stark beeinflussen.

Wenn Sie daran denken, wie Sie sich bei der Vorstellung fühlen, sich mit anderen zu vergleichen, werden Ihnen vermutlich fast alle komplexen Emotionen
einfallen: Verlegenheit, Schuldgefühle, Stolz, Scham,
Eifersucht, Neid und Selbstmitleid sind die wichtigsten.[15] Der berüchtigte präfrontale Kortex, die Ausbuch-
tung des menschlichen Gehirns, die in etwa direkt hinter der Stirn liegt, stattet uns mit Motivationen und
Empfindungen aus, die ein Tier nicht hat. Auch wenn
Tiere sich auf irgendeine Art ihrer selbst bewusst sind,
ist es unwahrscheinlich, dass sie ein komplexes,
abstraktes und anhaltendes Bewusstsein ihrer selbst
haben. Wir Menschen vergleichen uns miteinander, sowohl in der Vorstellung als auch in der unmittelbaren
Gegenwart anderer. Elefanten und Ameisen tun das
nicht. Natürlich werden wir auch von den Primäremotionen motiviert, die wir mit den meisten Tieren teilen.

Im Ichgefühl steckenzubleiben birgt für uns jedoch die Gefahr, ein besonderes Selbst und weitere Identitätsprobleme zu entwickeln, die uns aus der Bahn werfen. Um die innere Stimme zu verfeinern, die uns leiten kann, müssen wir eine sanfte, achtsame Selbstakzeptanz ausbilden (versuchen, unser Ichgefühl zu überwinden), die uns erlaubt, eine realistische Sicht von uns und denen zu bekommen, die uns helfen oder mit uns konkurrieren.

Die komplexen Emotionen stören dieses seelische Gleichgewicht. Sie richten unsere Aufmerksamkeit vordringlich auf das Ich und weg von dem, was sonst noch geschieht – und natürlich geschieht immer etwas. Unsere komplexen Emotionen erfüllen uns mit Sorge um uns selbst. Was wir in einem beliebigen Augenblick in Bezug auf uns selbst fühlen – Stolz, Schuld oder Scham –, steht im Mittelpunkt und blockiert andere Erfahrungen und Wahrnehmungen.

Die Geburt des Ichgefühls kündigt die Trotzphase oder den Selbstbehauptungswillen des Kleinkindes an, durch den das menschliche Kleinkind sich schmerzlich des Gedankens bewusst wird: »Ich stecke in diesem Körper. Ich will dies, und jenes will ich nicht.«[16] Das Kleinkind legt plötzlich einen Willen, eine Getrenntheit, ein In-seinem-Körper-Sein an den Tag, die es vorher nicht kannte. Ichgefühl ist notwendig für die menschliche Entwicklung aufgrund der Komplexität des menschlichen Gehirns und seiner Interaktionen. Die komplexen Emotionen erlauben uns mit der Zeit, einen Blick vom Balkon zu tun, unsere Identität, unser Handeln und unsere Sprache zu betrachten. Im Gehirn des Erwachsenen laufen Augenblick für Augenblick verschiedenste Wahrnehmungen und Reaktionen ab.

Die komplexen Emotionen lösen ein Gewahrsein unserer selbst aus, das uns hilft, die Frage zu beantworten: »Was geht hier vor?« Diese Ichfunktion erlaubt uns, Entscheidungen zu treffen, Vorlieben zu entdecken und nicht zuletzt zurück in die Vergangenheit und nach vorn in die Zukunft zu schauen. Diese Fähigkeiten sind notwendig, um reife und autonome Entscheidungen zu fällen.

Das allererste Kennzeichen auf dem Weg zur Autonomie ist die Fähigkeit des Kleinkindes, seine Impulse und Handlungen zu steuern. Das Ichgefühl hilft dabei. »Oh, ich *kann* das. Ich kann aufhören, meinen Bruder zu hauen.« Wenn kleine Kinder ihre Impulse sicher steuern können, sind sie imstande, bereitwilliger mit anderen in Beziehung zu treten und sich in ihrer Umgebung unabhängiger zu bewegen. Zivilisiertes Benehmen setzt ungefähr im Alter von sechs oder sieben Jahren ein.

Dann taucht der nächste Meilenstein in der Entwicklung auf. Die Beherrschung des menschlichen Empfindens von Zeit, Raum und Kausalität lässt eine ganz neue Dimension des Ichgefühls entstehen. Eine persönliche Geschichte mit Vergangenheit und Zukunft beginnt sich herauszukristallisieren, zusammen mit eindeutigen Vorlieben.[17] »Ich weiß, dass ich gern Schokoladeneis esse, und wenn wir das nächste Mal ins Eiscafé gehen, wünsche ich mir Schokoladeneis.« Von da an können Kinder Regeln für die Entwicklung guter Charaktereigenschaften selbständig befolgen, denn sie kennen Scham, Schuld und Gewissensbisse und können auch die Folgen ihrer Handlungen erkennen. Natürlich brauchen Kinder lange, um richtig zu verstehen, wie ihre Absichten und Handlungen mit den

Wirkungen zusammenhängen, die ihr Verhalten auf andere hat.

Ungefähr im Alter von elf oder zwölf Jahren erleben Kinder die endgültige Revolution des Ichgefühls: die Geburt des Über-Ichs und den Beginn der selbstreflektierenden Wahrnehmung.[18] Dieser Entwicklungsschritt beruht auf bestimmten kortikalen Verbindungen und anderen neuronalen Ereignissen, die mit der Pubertät einsetzen und erst im frühen Erwachsenenalter zum Abschluss kommen. Wenn diese Fähigkeiten ausgereift sind, haben junge Erwachsene das Potenzial, wenn auch nicht die Garantie des Einfühlungsvermögens: der Fähigkeit, in die Haut anderer zu schlüpfen, um daraus zu schließen, wie diese sich vielleicht fühlen. Die volle Entfaltung der Empathie hängt, wie ich schon mehrfach betont habe, von vielen Beziehungsfähigkeiten ab, die insbesondere durch Kooperation und die Zugehörigkeit zu einer Familie oder Gruppe erworben werden, in der man sowohl mehr als auch weniger als andere Mitglieder weiß.[19]

Alle guten Eltern idealisieren ihre Kinder, zumindest in der frühen Kindheit und oft bis in die Pubertät hinein. Wir können nicht umhin, mit elterlichem Stolz auf das Können, die Schönheit und die einzigartigen Begabungen unserer Kinder zu blicken, die sie der Welt bringen. Doch wenn Eltern oder andere Erwachsene beharrlich andeuten oder aussprechen, dass ein Kind außergewöhnlich, besonders oder ein Prachtkind ist, auf eine Weise, die es von anderen abhebt, läuft das Kind Gefahr, die Symptome der Selbstwertfalle zu entwickeln.

Nicht nur durch übertriebenes Lob wird die Saat eines besonderen Selbst gesät, noch ein weiterer Weg

führt zur Selbstaufblähung: das Kompensieren von
Minderwertigkeit.[20] Wenn ein Kind annimmt oder von
Eltern, älteren Geschwistern oder andern Erwachsenen
jahrelang zu hören bekommt, dass es minderwertig
(dumm, mittelmäßig, hässlich) sei, identifiziert es sich
beim Eintritt in die Pubertät entweder mit dieser Botschaft oder lehnt sich dagegen auf. Identifiziert sich
das Kind mit der Minderwertigkeit, empfindet es häufig Scham und Neid und glaubt, dass es nicht über die
inneren Reichtümer verfügt, die andere haben. Psychotherapie oder andere Arten von Hilfe können diese
Überzeugung beim Erwachsenen korrigieren und ihm
erlauben, dieses »internalisierte Minderwertigkeitsge-
fühl« zu bekämpfen und eine realistische Wahrnehmung seiner eigenen Stärken und Schwächen zu entwickeln. Lehnt sich ein Heranwachsender oder junger
Erwachsener jedoch gegen das internalisierte Minder-
wertigkeitsgefühl auf und kompensiert es mit einem
übertriebenen Gefühl der eigenen Wichtigkeit, könnte
er wie jemand klingen, der als Kind übermäßig gelobt
wurde. Er könnte beispielsweise Dinge sagen wie: »Mit
40 gehe ich in Rente, denn ich werde nicht nur Friseur;
ich mache eine eigene Ladenkette auf und bin irgendwann Millionär.« Paradoxerweise haben also einige
Menschen, die mit ungerechten Angriffen auf ihre
Identität aufgewachsen sind, dieselbe Art von beson-
derem Selbst wie jemand, der in der Kindheit verhät-
schelt wurde.

Enthält unsere ursprüngliche Identität starke Verzerrungen (entweder positiver oder negativer Art),
nehmen wir uns selbst durch eine verzerrte Brille
wahr.[21] Der Blick vom Balkon ist blockiert oder ver-
nebelt, ohne dass wir wissen, warum. Vielleicht halten

wir unsere Begabungen für größer, als sie tatsächlich sind, wie es bei Andrew und seiner Malerei der Fall war, und fühlen uns dann tief beschämt, wenn wir feststellen, dass wir weniger außergewöhnlich sind, als wir dachten. Wir können den Trugschluss unserer Minderwertigkeit auch durch andere Überzeugungen kompensieren. Hatten unsere Eltern Angst, als Autoritäten aufzutreten, glauben wir vielleicht voreilig an den Wert unserer Urteile und übertreten womöglich Grenzen von Menschen, die erfahrener sind – nur um uns beschämt und unterlegen zu fühlen, wenn wir dafür Kritik ernten.

Professor Gigi Marks vom Ithaca College ist der Ansicht, dass viele junge Menschen sich für ihr Aussehen und ihren Körper schämen, was zu sexuellem Ausagieren führt. Sie sagt:»Der Körper und die Pornografie werden verherrlicht, sodass einerseits jeder im Internet dazu Zugang hat und andererseits der Zugang völlig fehlt. Es handelt sich um Fantasien. Der Druck und Anspruch, jung und schlank auszusehen, ist so stark, dass junge Menschen kein realistisches Bild mehr von ihrem Körper haben.« Wenn sie an ihr eigenes Perfektionsstreben zurückdenkt, sagt Gigi Marks:»Vor zehn Jahren ging ich die Beziehung zu meinem Partner ein, der sehr sportlich ist. Wir machten gemeinsam Skilanglauf, aber ich war nur eine mittelmäßige Läuferin. Ich machte damals eine Therapie, und als ich dieses Thema anschnitt, sagte mir mein Therapeut direkt: ›Es ist völlig in Ordnung, dass Sie nur mittelmäßig sind. Dafür sind Sie auf anderen Gebieten gut.‹ Dieser Satz war die eindeutige und umfassende Erlaubnis, normal zu sein. Er war befreiend.« Die Erlaubnis, normal zu sein, Misserfolge zu haben und Fehler zu machen und nicht alles im Voraus wissen zu müssen, fehlt vielen jungen Erwachsenen heutzutage.

Das beste Heilmittel für ein besonderes Ich ist Gelassenheit angesichts von Lob, Erfolg oder Macht. Für diesen nüchternen Blick vom Balkon brauchen wir eine sanfte, objektive Wahrnehmung, wenn wir uns selbst betrachten. Ganz gleich, in welcher Lebensphase wir sind, wir können unsere Gelassenheit verbessern, indem wir uns fundamental als Mensch betrachten und lernen, optimal mit den Beziehungen umzugehen, auf die wir angewiesen sind.

Das Normalsein üben

Unsere Erfahrung des menschlichen Ichs ist in konstantem Fluss. In jedem Augenblick werden wir von anderen Menschen, der Umwelt und inneren Faktoren tief beeinflusst. Wenn wir glauben, uns von anderen zu unterscheiden (entweder in Form von Überlegenheit oder Minderwertigkeit), und meinen, uns gegen ihren Einfluss schützen zu müssen, können wir keine Autonomie oder emotionale Intelligenz entwickeln. Wir treffen die falschen Entscheidungen oder fühlen uns gar nicht in der Lage, Entscheidungen zu treffen. Es spielt keine Rolle, ob wir positiv oder negativ von uns denken: Von unserem Ichgefühl abgelenkt, können wir unserer Umgebung keine genaue Aufmerksamkeit schenken; wir können Signale anderer nicht gut deuten und nicht wirklich effektiv in Führungsrollen oder als Gruppenmitglieder fungieren.[22]

Was ist in einem solchen Fall zu tun? Für einige Menschen wie Andrew ist eine Psychotherapie die

Chance, um anzufangen, ihre Selbstfixiertheit und rastlose Unzufriedenheit abzulegen. Doch ganz gleich, ob Sie eine Psychotherapie machen oder nicht, wenn Sie die sechs einfachen Regeln beherzigen, die ich im Folgenden darstelle, können Sie – und Ihre Kinder – emotionale Intelligenz, Autonomie und Mitgefühl für sich und andere auf eine Art entwickeln, bei der unser gemeinsames Menschsein und unsere Normalität im Mittelpunkt stehen.

Diese Regeln waren früher Bestandteil der Kindererziehung und des Familienlebens in unserer Gesellschaft, sie sind in unserer heutigen Epoche der Besonderheit jedoch weggefallen. Kinder und Erwachsene können sie gleichermaßen lernen und üben. Kleineren Kindern muss man diese Regeln in Form von Beispielen oder Geschichten und durch Anleitung nahebringen. Ab dem siebten Lebensjahr können Sie dem Kind helfen, sich die sechs Punkte und ihre Bedeutung einzuprägen, zusammen mit weiteren Regeln des Moralverhaltens, wie den Zehn Geboten. Sprechen Sie diese Punkte häufig an, etwa bei Tisch. Auch wenn sie sich mit einigen der im vierten Kapitel genannten Tugenden oder inneren Stärken überschneiden, sollten sie als praktische Übungen und Lebensregeln und weniger als Werte oder Einstellungen angesehen werden.

Jede religiöse Tradition gibt ihnen leicht abweichende Namen; ich ziehe die folgenden vor:

1. Großzügigkeit
2. Disziplin
3. Geduld
4. Fleiß

5. Konzentration
6. Weisheit

Als ich diese Lebensregeln vor vielen Jahren kennen-
lernte, erfuhr ich auch, dass die Reihenfolge nicht be-
liebig ist. Jeder Punkt fußt auf allen vorhergehenden.[23]

Großzügigkeit, der erste Punkt, stellt die Vorbereitung und Grundlage für alle übrigen dar. Großzügigkeit
bedeutet, an andere zu denken, sie im Sinn zu behalten
und zu beschenken. Schon Säuglinge schenken den
Menschen, die für sie sorgen, ein hohes Maß an Beachtung und Interesse. Säuglinge und Kleinkinder wünschen sich, dass ihre Bezugspersonen glücklich, sicher
und gesund sind. Unser frühester Impuls ist, mit unserer Mutter in Beziehung zu treten und sie aufzuheitern.
Wir werden mit dem Wunsch geboren, Bindungen einzugehen und aufrechtzuerhalten und die Menschen,
die für uns sorgen, glücklich zu machen. Babys haben
den natürlichen Impuls, ihre Mutter anzulächeln.

Der grundlegende Wunsch, andere zu beschenken,
kann durch Misshandlungen, Vernachlässigung oder
Traumata stark verzerrt und entstellt sein. Er kann
für die falschen Zwecke verwendet und sogar als
Schwäche ausgelegt werden, aber es ist ein fundamentaler Impuls in uns allen. Großzügigkeit entwickeln
wir am einfachsten, indem wir uns in unserer Umgebung in einem beliebigen Augenblick umschauen, um
herauszufinden, welchen Beitrag wir leisten können.
Selbst kleine Kinder kann man lehren, anderen zu helfen, zum Beispiel Dinge für sie zu tragen, still zu sein
oder Platz zu machen, wenn die anderen Aufmerksamkeit oder Respekt in dieser Form brauchen. Oft glauben
Menschen, Großzügigkeit sei an besondere Umstände,

wie ehrenamtliches Helfen, geknüpft, aber das stimmt
nicht. Tatsächlich kann man Großzügigkeit – liebevolle
Hilfe aus freien Stücken – gewöhnlich am besten in un-
vorhergesehenen Situationen üben, als eine Art »zufäl-
lige Aktion der Güte«. Auch wenn eine Tätigkeit als
freiwilliger Helfer oder Helferin die Großzügigkeit in
uns und unseren Kindern stärkt, kann sie sie auch begrenzen, denn wir sagen uns vielleicht insgeheim:
»Gut, jetzt habe ich geholfen, ich habe meinen Beitrag
geleistet und brauche nun auf die Bedürfnisse anderer
nicht mehr zu achten.« Die aufmerksame Anteilnahme
an dem, was in jedem Augenblick geschieht, um, wenn
nötig, Beistand zu leisten, ist ein langfristiges Ziel.

Für Teenager und Jugendliche in der Pubertät kann
es zur Erweiterung des Horizonts nützlich sein, sich
als freiwillige Helfer um Arme, Alte oder irgendeine
andere bedürftige Gruppe zu kümmern. Doch insbesondere für Angehörige der Generation Ich ist es wichtig zu lernen, dass andern zu helfen nicht etwas ist,
was man dann tut, wenn es gerade in den Zeitplan
passt. Kindern und Jugendlichen fällt es relativ leicht,
einem Freund beizustehen, hingegen schwer, einem
Konkurrenten (vielleicht dem Bruder, der Schwester
oder einem anderen Rivalen) zu helfen. In Familienkonferenzen können Eltern auch ihre jüngsten Kinder
motivieren, ihre Großzügigkeit zu entfalten, indem sie
sie bitten, ihren Geschwistern zu helfen, auch wenn
diese mit ihnen rivalisieren. Eltern sollten selbst mit
gutem Beispiel vorangehen und ihren eigenen Konkurrenten ebenfalls Freundlichkeit und Großzügigkeit entgegenbringen.

Als Übungspraxis weckt Großzügigkeit in uns Gefühle der Anerkennung und Dankbarkeit. Wenn wir

sehen, wie einfühlsam und mitfühlend wir werden müssen, um wirklich helfen zu können, beginnen wir auch zu erkennen, wie uns geholfen worden ist. Dann ist unser Herz automatisch von Dankbarkeit für das erfüllt, was andere uns gegeben haben.

Angehörige der Generation Ich empfinden manchmal keine große Dankbarkeit für das, was sie bekommen haben, weil sie oft selbst nicht großzügig und freundlich gegenüber Älteren und anderen Menschen sind, von denen sie als Kinder abhängig waren.

Als Erwachsene können wir im Laufe der Zeit den weisen Grundsatz verstehen, dass es keinen Unterschied zwischen Geben und Nehmen gibt. Mit jeder Gabe an einen anderen machen wir uns selbst eine Freude und gewinnen oft neue Einsichten in das, was es bedeutet, ein Mensch zu sein. Das eigene Ich durch Geben mit anderen zu verbinden ist ein weiteres langfristiges Ziel, wenn wir uns in Großzügigkeit üben.

Disziplin, der zweite Punkt auf der Liste, entsteht aus Großzügigkeit, denn in unserem Bemühen, anderen zu helfen, müssen wir verantwortlich und verlässlich werden. Disziplin bedeutet hier keine starre Vorschrift, sondern vielmehr das Üben von Anstand (durch Ehrlichkeit und Freundlichkeit) und klugem Handeln (durch Respekt und Mitgefühl mit uns selbst und anderen), sodass wir uns selbst zutrauen, gute Entscheidungen zu treffen und Verantwortung zu übernehmen. Diese Art moralischer, ethischer und sozialer Schulung setzt schon im Kleinkindalter ein, wenn man von den kleinen Kindern verlangt, ihre Impulse im Zaum zu halten, Ältere und Kranke zu achten und ihre Bedürfnisse und Gefühle in einer angemessenen Sprache (etwa ohne Schimpfworte) auszudrücken.

Ein diszipliniertes Leben beginnt mit einem geregelten Alltag in einer strukturierten Familie oder häuslichen Umgebung, zu dem bestimmte Rituale (zum Beispiel gemeinsame Mahlzeiten und Familienkonferenzen), Tätigkeiten und Pflichten gehören. Wie ich bereits sagte, sollte man Kindern und Jugendlichen häusliche Pflichten übertragen, mit denen sie spürbar zum Wohl der Familie oder des Haushalts beitragen. Wenn ein Kind beispielsweise einmal in der Woche für das Abendessen zuständig ist (es entwirft den Speiseplan und bereitet das Essen zu), sind alle anderen Familienmitglieder davon abhängig, dass es diese Aufgabe auch erfüllt.

In der wöchentlichen Familienkonferenz werden solche Aufgaben besprochen und Familienrituale geplant; später werden die Ergebnisse überprüft. Kinder müssen bei der Entwicklung einer täglichen Disziplin von Erwachsenen angeleitet und unterstützt werden, doch sobald sich die Aufgaben und Rituale eingespielt haben, können die Kinder sie selbständig durchführen. Schließlich haben Kinder und Jugendliche in früheren Generationen auf dem elterlichen Hof oder im Laden mitgearbeitet und wurden gewöhnlich schon mit sieben Jahren zum Helfen herangezogen. Eine disziplinierte Mitarbeit in der Familie fördert das Selbstvertrauen und den Selbstwert.

Auch als Erwachsene sind wir auf Rhythmus und Regelmäßigkeit im Alltag angewiesen und müssen wissen, welche Aufgaben wir morgens nach dem Aufstehen in Angriff nehmen und wann wir abends schlafen gehen werden. Jeder Tag hat Bedeutung und dient dazu, unserem Sinn und Zweck in der Welt Ausdruck zu geben.

Geduld, der dritte Punkt auf der Liste, wird durch Großzügigkeit und Disziplin gestärkt, denn Geduld meint eine achtsame Akzeptanz unseres Alltags, so wie er ist. In Anlehnung an meinen buddhistischen Lehrer Shinzen Young definiere ich Geduld als »radikale Erlaubnis, voll und ganz in unsere Gefühle hineinzufühlen«. Er bringt Geduld mit der Bereitwilligkeit in Verbindung, uneingeschränkt wahrzunehmen, was sich in unseren Sinnen und Gefühlen abspielt, *bevor wir handeln*. Auf diese Weise fühlen wir uns selbst unter Druck nicht gedrängt. Kinder kann man lehren, achtsam für ihre Gefühle zu sein und zu erkennen, in welchem Teil des Körpers sie sie wahrnehmen. Das Einüben von Geduld beginnt in der Kindheit. Bitten Sie Ihr Kind, innezuhalten und einfach in seinen Körper hineinzuspüren, was geschieht, wenn Emotionen wach werden. Geduld ist kein verkrampftes Unterdrücken, sondern vielmehr die Übung, unser Erleben uneingeschränkt zu akzeptieren, *bevor* wir sprechen oder handeln. Die ersten drei Punkte auf der Liste bilden die Grundlage für emotionale Intelligenz, die wir ebenso als Mitglied einer Gruppe wie in einer Führungsposition brauchen, denn dadurch ist es uns möglich, unsere eigenen inneren Reaktionen zu spüren und zu steuern, während wir die Wirkungen wahrnehmen, die andere auf uns haben.

Fleiß, der vierte Punkt, bedeutet starkes, gewissenhaftes Bemühen. Fleiß ist eine Art mentale Muskulatur, die wir dadurch entwickeln, dass wir unsere Sache gut und ordentlich machen. Manchmal entsteht er heutzutage beim Erlernen einer Sportart oder eines Musikinstruments, doch traditionell entwickelte er sich dadurch, dass man häusliche Pflichten auf ordentliche

Weise erfüllte. Auch die sorgfältige Erledigung von Hausaufgaben oder die Großzügigkeit und Freundlichkeit anderen gegenüber tragen zur Entwicklung von Fleiß bei. Fleiß hängt eindeutig von Geduld ab; wenn wir unseren eigenen Gefühlen nicht erlauben können, einfach da zu sein, ohne dass wir überreagieren, können wir auch keinen Fleiß kultivieren.

Konzentration, der fünfte Punkt auf der Liste, wird von Großzügigkeit, Disziplin, Geduld und Fleiß untermauert. Konzentration ist die Achtsamkeit, die wir auf alles verwenden, was wir gerade zu tun haben; sie sollte sowohl hellwach als auch entspannt sein. Wenn wir sowohl aufmerksam als auch gelassen sind, ermüden wir nicht so schnell, weil wir uns durch die sanfte Lenkung unseres Gewahrseins erfrischt und erneuert fühlen. Man fordert Kinder oft auf, sich beim Lernen zu konzentrieren, aber man lehrt sie selten, wie es geht. Jeder kann einfache Achtsamkeitsübungen erlernen – beispielsweise innehalten, um auf ganz gewöhnliche Geräusche zu lauschen: das Klingeln eines Telefons oder das Ticken einer Uhr. Wenn wir durch eine Tür gehen, können wir unsere Aufmerksamkeit dem Körper zuwenden, um bewusst zu erfahren, dass wir den Raum wechseln. Kleine Kinder haben Freude an solchen Übungen. Konzentration ist die Fähigkeit, unser Gewahrsein geduldig und sanft auf den Gegenstand unserer Konzentration zurückzulenken. Wenn die Gedanken abschweifen, lenken wir sie sanft wieder zurück. Wenn sie tausendmal abschweifen, lenken wir sie tausendundeinmal zurück.

Weisheit steht an letzter Stelle und ist die natürliche Krönung aller anderen Lebensregeln. Wenn wir die ersten fünf Regeln und Übungen in unsere Beziehungen, unsere Arbeit und unser Spiel einfließen lassen, stellen wir fest, dass uns allmählich wertvolle Einsichten aufdämmern. Weisheit ist keineswegs das automatische Ergebnis zunehmenden Alters oder größerer Erfahrung.[24] Älter zu werden bietet keine Garantie dafür, weiser zu werden. Wie ich im ersten Kapitel ausgeführt habe, belegen wissenschaftliche Untersuchungen, dass die Saat der Weisheit schon früh im Leben gelegt wird, speziell durch die Art und Weise, wie wir in der Kindheit mit den Schwierigkeiten des Lebens umgehen, sie ertragen und aus ihnen lernen. Innere Stabilität angesichts von Unzufriedenheit, Schmerz und Problemen und die Einstellung, sie als normale Begleiterscheinungen zu akzeptieren, scheinen die Wurzeln der Weisheit zu bilden. Wenn wir alle Lebensregeln auf der Liste üben und anwenden, erlangen wir dadurch eine innere Offenheit und Fähigkeit, jede Erfahrung im Leben, besonders die schmerzlichen oder schwierigen, als Chance zu sehen, das Menschsein besser zu verstehen. Wir brauchen nichts mehr zurückzuweisen, weil nichts fremd oder unvorstellbar erscheint. Mitgefühl mit uns selbst und mit anderen sind die natürlichen Früchte der Weisheit. Und die ersten drei Punkte – Großzügigkeit, Disziplin und Geduld – sind ihre wichtigsten Bausteine.

Alle sechs Lebensregeln führen neben weiterem moralischem Training dazu, dass das Kind sich damit identifiziert, ein normaler Mensch und ein Mitglied der Gemeinschaft zu sein. Wenn ein entwickeltes Gewissen in der Spätpubertät auf das Über-Ich trifft, ist in einem normalen Kind oft schon der Keim der Weisheit angelegt, noch bevor sich das Erwachsenenleben entfaltet hat. Wie wir gesehen haben, blockieren die

Symptome des besonderen Selbst die Entwicklung des Gewissens, der emotionalen Intelligenz, des Mitgefühls und der Weisheit. Im nächsten Kapitel werden wir uns mit der Rolle beschäftigen, die Religion und Spiritualität dabei spielen können, uns und unsere Kinder vor der Selbstwertfalle zu bewahren oder daraus zu befreien – indem sie uns helfen, ein mitfühlendes und gut integriertes normales Ich zu entwickeln.

KAPITEL 7

Religion und Achtung

Von alters her ist die Religion ein integraler Bestandteil des menschlichen Lebens. Sie ist die Quelle von Regeln, nach denen wir leben, die Hüterin der Moralgesetze und die letztliche Wegweiserin zu höherer Weisheit und Sinnerfüllung. Im Guten wie im Schlechten hat die Religion Antworten auf unsere drängendsten persönlichen Fragen gegeben: warum wir hier sind, worin der Sinn unseres Lebens besteht, warum wir sterben und was uns nach dem Tod erwartet. Die Religion bietet auch Leitlinien für die Kindererziehung im Rahmen der Überzeugung, dass es in unserem Leben um mehr und um Wichtigeres geht als unsere individuelle Identität.

Viele »Ich bin okay, du bist okay«-Eltern haben sich, so wie auch ich, von der Religion ihrer Kindheit abgewandt, weil sie das, wofür diese Religion stand, aus Überzeugung ablehnten oder die Grundsätze ihres Glaubens nicht mehr akzeptieren konnten. Andere Eltern der Generation nach den Babyboomern sind ohne formelle Religion aufgewachsen, weil ihre Eltern keiner Kirche oder Synagoge angehörten. Die Abkehr von der organisierten Religion hat in der Familie, der Erziehung und der Kindesentwicklung einige Lücken hinterlassen. Im vierten Kapitel habe ich auf eine dieser Lücken hingewiesen: dass wir die Bedeutung eines entwickelten Gewissens und innerer Stärken übersehen. An dieser Stelle möchte ich noch weitere Lücken behandeln: eine mangelnde Sinnhaftigkeit unseres Lebens und Todes und das Fehlen einer tiefen Achtung vor unserer Existenz.

Wenn eine Religion lebendig und intakt ist, wachsen Kinder in einem Milieu auf, das ihnen die Achtung vor der menschlichen Existenz einpflanzt. Fehlt diese Art Einfluss, gelangen sie leicht zu der Überzeugung, es gehe in ihrem Leben nur um sie selbst – dass sie sich amüsieren, vielleicht eine Familie gründen, Geld verdienen usw. Berühmt zu werden ist vielleicht das höchste Ziel für einen Angehörigen der Generation Ich. Sehr wenige junge Menschen stellen beispielsweise die Legitimität einer zeitgenössischen Ikone wie Paris Hilton infrage, die vor allem dafür berühmt ist, berühmt zu sein. Ihre Berühmtheit wäre noch vor 40 Jahren undenkbar gewesen. Damals glaubte man, man habe nicht das Recht, sein Leben zu verschwenden. Ein Paris-Hilton-Leben hätte keinen Sinn ergeben. Wenn unser Leben in der kurzen Spanne unserer menschlichen Existenz vor Gott bestehen soll – wie es früher hieß –, dann wird unsere Suche nach dem Sinn zu einer ernsten Angelegenheit. Berühmtheit um der Berühmtheit willen zählt da nicht.

Im 21. Jahrhundert fällt es weitgehend pädagogischen, kulturellen und familiären Institutionen zu, die nicht religiös geprägt sind, jungen Menschen zu helfen, einen Sinn zu finden und Achtung zu entwickeln. Es gibt viele Debatten darüber, wie man Kindern solche übergeordneten Werte beibringen und einprägen soll. Viele gebildete Menschen hoffen, dass die Wissenschaft die Debatten beenden wird. Auch wenn man die Wissenschaft in ihren vielen Formen als Religionsersatz für gebildete Menschen betrachten kann, ist es doch eine Verzerrung ihrer Ziele und Methoden, von ihr zu verlangen, die Art von Sinnstiftung und Richtschnur zu liefern, die traditionell Sache der Religion war.

Obwohl ich großen Respekt vor der Wissenschaft hege und mich in meiner Arbeit durchgängig auf sie stütze, betrachte ich sie eher als eine Forschungsmethode denn als ein sinnstiftendes Regelwerk. Ich glaube in der Tat, dass wir über die Wissenschaft hinausgehen und uns innerlich mit einem tieferen Sinn verbinden müssen − etwas, was früher das Göttliche genannt wurde −, um eine Sicht von unserem Leben zu gewinnen, die unsere separate Identität transzendiert. Deshalb möchte ich von Religion und Achtung statt von Spiritualität sprechen.

Als ich in der Einleitung zu diesem Buch schrieb, wie wichtig und schwierig es sei, den richtigen Ton zu treffen, hatte ich nicht speziell dieses Kapitel vor Augen, aber ich hätte es vor Augen haben sollen. Religion, wie auch immer wir uns ihr heutzutage nähern, ist ein äußerst heikles Thema. Bevor ich meine Ansichten zu der Rolle äußere, die sie im Hinblick darauf spielen kann, uns selbst zu verstehen und bei der Erziehung der Kinder zu helfen, bitte ich um Ihre Geduld. Ich hoffe, dass ich Sie davon überzeugen kann, die Themen, die ich anschneide, unvoreingenommen zu betrachten. Einige von Ihnen haben sich aufgrund des Schadens, den die Religion besonders in ihrer organisierten Form sowohl beim Einzelnen als auch in der Welt angerichtet hat, vielleicht schon vor langer Zeit von ihr abgewandt. Andere heißen die Religion oft aus einer Reihe von Gründen gut, die alles oder nichts mit der Sache an sich zu tun haben. Problematisch sind Religionen vor allem deshalb geworden, weil sie ihre Ideale in einer Weise hochhalten, die das Urteilen über uns selbst und andere verstärkt und unser gemeinsames Menschsein untergräbt. Wenn die Religion bewusst oder unbewusst unsere Ichbezogenheit vergrößert und Mitgefühl und Verbundenheit untergräbt, hat sie destruktive Folgen. Um solche Folgen zu vermeiden, auch wenn sie Religion an sich gutheißen, wenden sich manche Menschen der Spiritualität oder »ihrer eigenen« Religion zu, bei der sie eine Auswahl aus diversen jahrhundertealten Traditionen treffen.

Statt dem populären Trend zu folgen, über Spiritualität zu sprechen, möchte ich jedoch mein Augenmerk auf Religion und eine religiöse Haltung im Leben richten. Für mich ist Religion fundamentaler und ernsthafter als Spiritualität. Ich habe bei jungen Erwachsenen und Jugendlichen der Generation Ich Vorbehalte festgestellt, sich auf ein ernsthaftes Nachdenken über transzendente Fragen einzulassen, obwohl sie sich sehr für Mythen und alles Übernatürliche in den populären Medien begeistern. »Ich bin okay, du bist okay«-Eltern haben mich in Therapien und bei Vorträgen wiederholt gefragt, wie sie ihre Kinder an den tieferen Sinn des Lebens heranführen sollen. Dieses Kapitel ist meine Antwort.

Die Rolle der Religion damals und heute

Lassen Sie mich ein wenig ausholen. Bis ungefähr in die 1970er-Jahre erhielten die meisten Menschen eine religiöse Erziehung.[1] Wir gingen mit unseren Eltern regelmäßig zur Kirche oder in den Tempel. Stadtviertel waren oft um Kirchen oder Synagogen (statt um Einkaufszentren) herum gebaut, die auch als Stätten öffentlicher Begegnung dienten. Religion war ein natürlicher Bestandteil des Lebens.

Nehmen wir die Broll-Familie als typisches Beispiel für eine von der Religion geprägte Familie um die Mitte des 20. Jahrhunderts. Doris und John Broll lernten sich während der 1950er-Jahre in der Armee kennen, und obwohl sie aus geografisch höchst unterschiedlichen Gegenden stammten (er ein Farmjunge aus Texas und sie ein Mädchen aus einer Stadt an der Ostküste) stellten sie fest, dass sie aufgrund ihrer katholischen Erziehung viel gemeinsam hatten. Sie heirateten und setzten rasch nacheinander drei Kinder in die Welt: Stephen, Mary und David. Sie erwarben ein neues Haus in einer Bungalowsiedlung, wo sie sich niederließen, um ihre Kinder großzuziehen. Doris blieb selbstverständlich zu Hause, um für die Kinder zu sorgen.

Jeden Sonntag ging die Familie zur 7-Uhr-Messe und anschließend aus, um gemeinsam zu frühstücken. Die beiden Söhne wurden Messdiener. Alle drei Kinder erhielten Religionsunterricht und wurden im Alter von 14 Jahren gefirmt. Die Geschichte der Brolls könnte ebenso gut jüdisch wie christlich sein. Sie war die Regel und nicht die Ausnahme.

Heute sind die drei erwachsenen Kinder der Brolls verheiratet und haben selbst Kinder. Stephen, der Älteste, ist mit Mitte 20 aus der katholischen Kirche ausgetreten und interessiert sich für das Judentum. Mary trat in ihrer College-Zeit aus der Kirche aus und fühlt sich zu keiner Religion mehr hingezogen. David geht jeden Sonntag in die katholische Messe, während

seine Frau und Tochter einer Unitariergemeinde ange-
hören.

Alle drei erwachsenen Kinder der Brolls bestätigen,
dass die Religion einen großen Einfluss auf ihr Leben
hatte: Sie entwickelte ihren Sinn für die Notwendigkeit
rechten Handelns, das Gefühl, dass ihre Taten zählten,
und den Glauben, mit der gesamten Menschheit sowie
mit einer tieferen Quelle verbunden zu sein. Sie haben
auch mit den negativen Nachwirkungen der Religion
ihrer Kindheit zu kämpfen: Schuldgefühlen, Angst und
Konflikten mit den kirchlichen Lehren über Sexualität
und Sozialpolitik. Auch wenn die Kinder der Brolls
gegen ihre Religion rebellierten, sagen sie, dass sie sie
geprägt hat, ihnen viel bedeutet und ein bleibender Teil
ihrer Identität ist. Trotz der Tatsache, dass sie in den
letzten 20 Jahren nur bei der Beerdigung ihrer Mutter
gemeinsam in der katholischen Kirche waren, schätzen
sie ihre katholische Erziehung als Teil dessen, was sie
sind.

Für ihre Kinder gilt das nicht. Ihre eigenen Söhne
und Töchter, die nächste Generation, wurden als Kinder selten mit in die Kirche genommen und können
mit dem Katholizismus nichts anfangen. In einer Zeit,
in der der Name Gottes eher mit Politik, Krieg und
sexuellen Skandalen in Verbindung gebracht wird als
mit Pfarrfesten, sind sie in einem vollkommen anderen
religiösen Klima aufgewachsen. Daher kennen sie keine
der »katholischen Schuldgefühle«, die ihre Eltern immer noch plagen. Ebenso wenig kennen sie eine Tradition, die Werte wie Wahrheit, Liebe, Dienst, Glaube,
Hoffnung, Schönheit und Ritual hochhält. Das gilt für
viele der heutigen jungen Erwachsenen. Ihnen ist der
Gedanke der Religion fremd.

Ein Amerikaner, ein guter Freund von mir, der seit 37 Jahren in verschiedenen Zen-Tempeln in Japan lebt (er ist Zen-Mönch), hat neulich die USA besucht. »Ich habe festgestellt«, sagte er mir, »dass sich die Kinder meiner evangelischen Angehörigen besser entwickelt haben als die Kinder meiner Freunde aus der Gegenkultur. Ich habe mich oft gefragt, ob es an der Religion liegt.« Ja, vermutlich zumindest teilweise. Wahrscheinlich wurden die Kinder seiner Freunde aus der Gegenkultur auch im Dunstkreis der »Ich bin okay, du bist okay«-Erziehung groß und stecken in der Selbstwertfalle. Wie bereits gesagt, kann man bei Kindern auch außerhalb der Religion Anstand und ein gutes Gewissen fördern, aber vielleicht geht es unter dem Einfluss der Religion reibungsloser und leichter, vorausgesetzt, dass die Religion für die Eltern lebendig und bedeutsam ist.

Warum wir Religion brauchen

Der Wunsch, herauszufinden, was in einem tieferen Sinne wahr ist, ist der beste Grund, sich der Religion zuzuwenden. Wie auch die Wissenschaft, so beantwortet die Religion Fragen zu den Kräften, dem Sinn und den Verbindungen, die die Grundlagen unseres Lebens bilden, und konzentriert sich insbesondere auf moralische, ethische, existenzielle Probleme und Beziehungsfragen. Religiöse Praktiken haben Menschen in allen Jahrhunderten die Chance geboten, die Tiefen ihrer Spiritualität und ihres Menschseins auszuloten – zu verstehen, was es heißt zu lieben, zu dienen, die Wahrheit zu erkennen und Hoffnung zu haben inmitten der

Sorgen und Nöte des Lebens. Für mich als Kind war die Kirche der einzige Ort, an dem ich zutiefst die Wirkung von Kunst, Musik und Ritualen auf mein kleines Dasein empfand. Die feierliche Atmosphäre des Gottesdienstes – mit Weihrauch, bunten Glasfenstern und herrlichem Blumenschmuck auf dem Altar – blieb bei mir stärker haften als die Worte, die gesprochen wurden. Die Kirche war ein Ort, der sich von allen anderen Orten unterschied, an denen ich mich sonst aufhielt. Ich verfiel dort oft ins Träumen und dachte über die Geheimnisse des Lebens nach. Heutzutage haben zu wenig junge Erwachsene einen Zufluchtsort, an dem sie sich auf die Geheimnisse des Lebens einlassen können. Wohin gehen sie, um eine Zeit und einen Ort abseits der Hektik zu finden?

Anfang der 1980er-Jahre las ich zum ersten Mal die Vorlesungen über Religion und Psychologie, die der Psychoanalytiker C. G. Jung 1937 an der Yale-Universität gehalten hat. In diesen Vorlesungen zeigt Jung, warum die religiöse Suche ganz natürlich zum Menschsein gehört. Er stellt die Frage: »Was ist die ursprüngliche religiöse Erfahrung?«, und definiert sie – ausgehend von der lateinischen Wurzel *religio* – als

sorgfältige Berücksichtigung und Beobachtung gewisser dynamischer Faktoren, die aufgefasst werden als »Mächte«: Geister, Dämonen, Götter, Gesetze, Ideen, Ideale oder wie immer der Mensch solche Faktoren genannt hat, die er in seiner Welt als mächtig, gefährlich oder hilfreich genug erfahren hat, um ihnen sorgfältige Berücksichtigung angedeihen zu lassen, oder als groß, schön und sinnvoll genug, um sie andächtig anzubeten und zu lieben.[2]

Jungs Definition ist weit gefasst und bezieht jede aus Ehrfurcht hervorgehende Praxis ein, die mit Hingabe und Andacht einhergeht – alles Große und Schöne, das wir ernst nehmen.

Ich möchte klarstellen, dass ich mit dem Begriff »Religion« keine Konfession und keine Organisation meine. Vielmehr verstehe ich darunter eine durchdachte und ernsthafte Haltung zu Angelegenheiten der Transzendenz. Mit Transzendenz meine ich Gefühle und Erfahrungen, die die Grenzen unseres persönlichen Selbst und unserer persönlichen Identität sprengen und uns eine Verbundenheit mit der Quelle unseres Seins vermitteln. Religionen geben dieser Quelle verschiedene Namen: Gott, Wahrheit, Allah, Tao, wahres Selbst und Buddha-Geist sind nur einige von ihnen. Eine religiöse Haltung, untermauert von Überzeugungen und einer Übungspraxis, ruft in uns Staunen und Achtung wach, während wir zu der Einsicht gelangen, dass unser Leben und unser Tod natürlichen spirituellen Gesetzen folgen. Wenn unsere Religion authentisch ist, verbindet sie uns mit einer gemeinsamen Erfahrung der Quelle unseres Seins, die von Menschen zu allen Zeiten beschrieben und bestätigt wurde. Es gibt allerdings einige spirituelle und religiöse Praktiken, die das nicht tun; stattdessen versprechen sie dem Individuum besondere Vergünstigungen und persönlichen Gewinn.

Bestimmte Arten der New-Age-Spiritualität gaukeln Menschen beispielsweise vor, dass sie Berühmtheit, Macht oder Sicherheit erlangen können, indem sie einfach Mantras, Gebete oder Affirmationen sprechen. Natürlich ist das viel leichter, als sich um Anstand, innere Stärken und Achtung zu bemühen. Es ist auch leichter, als ein diszipliniertes Leben mit längeren Phasen der Meditation oder des Gebets zu führen. Einige Arten zeitgenössischer Spiritualität ermuntern Menschen sogar zu glauben, dass sie über einen besonderen Status oder einen »inneren Kanal« verfügen, den jeder für seine eigenen Zwecke nutzen kann.[3] Wahre spirituelle Praktiken dienen nicht dem persönlichen Gewinn, sondern erneuern unser Empfinden, miteinander und mit etwas verbunden zu sein, das über uns hinausgeht.

In diesem Zusammenhang möchte ich eine wunderbare Anekdote von Mutter Teresa anführen, die veranschaulicht, was ich über spirituelle Macht denke. Ein Freund von mir, ein katholischer Priester, verbrachte ein Sabbatjahr im Vatikan und sollte eine Audienz beim Papst haben. Ähnlich wie bei einem Behördengang zieht man vor der Papstaudienz eine Nummer. Durch einen Zufall zog er eine Nummer, die nahe bei Mutter Teresas Nummer lag. Und so saßen sie eine Zeitlang nebeneinander, und er stellte ihr viele Fragen über ihr Leben. Sie antwortete freundlich und geduldig, und als die Nummer meines Freundes aufgerufen wurde, tat sie etwas, was in der katholischen Tradition nicht unüblich ist: Sie kniete vor ihm nieder und bat um seinen Segen. Als Priester hatte er die Vollmacht, einen Segen zu erteilen, sie hingegen nicht.

Mein Freund war sprachlos, als er auf die vor ihm knieende Mutter Teresa herabschaute. »Ich dachte, wie kann ich, der neurotische und fehlbare Mensch, der ich bin, Mutter Teresa meinen Segen geben? Während ich völlig befangen war, schaute sie zu mir auf und sagte: ›Es hat nichts mit Ihnen persönlich zu tun, Pater!‹« Die Macht, zu der wir auf spirituellem Wege Zugang fin-

den, hat nichts mit uns persönlich zu tun. Vielmehr ist
es die Macht, uns mit einer Quelle zu verbinden, die
über unser begrenztes Ich hinausgeht und nicht mit
unserem Ego verwechselt werden sollte.

Der Buddhismus in meinem Leben

Als ich mich von der Religion meiner Kindheit ab-
wandte, weil ich nicht mehr an sie glauben konnte, begann ich mich ernsthaft mit den Weltreligionen zu
beschäftigen, studierte verschiedene religiöse Richtungen und besuchte deren Gruppen. Ich wollte mich
einer Gemeinschaft anschließen, in der ich Methoden
entdecken und praktizieren konnte, die mir eine tiefere
Verbindung mit meinem Inneren ermöglichten, als es
mir in einem rein weltlichen Rahmen möglich gewesen
wäre. Nach einer Reihe von Jahren des Suchens landete
ich im Rochester Zen Center in Rochester, New York.
Zen gefiel mir gut, weil es mit meinem Intellekt ver-
einbar war und im Alltag gründete; es war das, wonach
ich gesucht hatte. Ich legte 1971 die formellen Gelübde
ab und machte mich auf einen langen Weg, der seither
transformative Wirkungen und Einflüsse auf mein
Leben gehabt hat.

Ähnlich wie die Kinder von Doris und John Broll
reagierten auch meine Kinder ganz unterschiedlich auf
mein religiöses Engagement. Eines der Kinder praktiziert jetzt regelmäßig Zen, ein anderes ist Yoga-Schüler
und kürzlich auch Buddhist geworden, jedoch nicht in
der Zen-Tradition. Unsere älteste Tochter, die jetzt verheiratet ist, ist skeptisch in Bezug auf Religion und
gehört keinem Glauben an. Als Jugendliche reagierten

unsere Kinder des Öfteren irritiert oder sogar peinlich berührt auf unsere Überzeugungen und Praktiken, aber das ging vorüber.

Als meine Tochter vor über zehn Jahren ihren Highschool-Abschluss machte, wurde ich zufällig Zeugin eines Gesprächs, das sie mit Freunden führte. Ein Freund erzählte, dass er ohne religiöse Erziehung aufgewachsen war, und meine Tochter reagierte mit den Worten: »Oh, bei uns zu Hause war es völlig anders! Wir haben ständig über Religion und spirituelle Themen gesprochen!« Ich war ein wenig überrascht, denn ich hatte befürchtet, dass mein Ansatz nicht konsequent genug gewesen war und ich den wahren Wert des Buddhismus, der für Kinder eine sehr schwer verständliche Religion sein kann, nicht richtig vermittelt hatte. Was ich aus ihrer Bemerkung jedoch entnahm, war, dass die Ernsthaftigkeit der Überzeugung, die mein Mann und ich an den Tag legten, wie auch unsere Betonung von inneren Stärken und Anstand tatsächlich angekommen waren. Wenn ich mich jetzt mit meinen erwachsenen Kindern zu Tisch setze, gehen sie weder zu zynisch noch zu lässig mit den kurzen Ritualen (wie etwa Gebeten vor den Mahlzeiten) um, die wir sie bitten, mitzumachen. Sie respektieren unseren Glauben.

Die Wahrheit finden

Ich habe zahllose Eltern sagen hören: »Auch wenn ich nicht wirklich gläubig bin, nehme ich meine Kinder mit in die Kirche oder Synagoge. Wenn sie erwachsen sind, können sie selbst entscheiden, ob sie dabeibleiben wollen oder nicht.« Obwohl die Eltern es gut

meinen und hoffen, den Kindern die positiven Wirkungen einer religiösen Erziehung mitzugeben, berei-
ten sie sie auf spirituellen Zynismus vor: eine arrogante
oder misstrauische Einstellung zur Religion. Wie in
den letzten beiden Kapiteln deutlich wurde, wird
Jugendlichen die Identität, die sie in der Kindheit ver-
innerlicht haben, bewusst, und sie fragen sich: »Wer
oder was bin ich?« Wenn sie antworten: »ein Katho-
lik«, »ein Methodist«, »ein Jude« oder »ein Moslem«,
werden sie prüfen, wie sich diese Identität anfühlt. Hat
sie kein wirkliches Fundament, fühlen sie sich wahrscheinlich betrogen und nehmen vielleicht sogar an,
dass alle spirituellen Bestrebungen leer sind. Jugendliche (und manchmal auch schon Kinder) spüren
genau, ob die Erwachsenen in ihrer Umgebung tatsächlich glauben, was sie verkünden. Wenn Sie also Religion zu einem Bestandteil Ihres eigenen Lebens oder
dem Ihrer Kinder machen wollen, hier eine Warnung:
Täuschen Sie nichts vor. Wenn Sie etwas vortäuschen,
geht Ihnen und Ihren Kindern möglicherweise eine
große Chance verloren.

Sie werden sich an Dr. David Hilfiker erinnern,
den Arzt, der von einem Leben auf dem Lande in ein
Armenviertel zog, um sich einer christlichen Gemeinschaft im Dienst der Obdachlosen anzuschließen. Ich
sprach mit Dr. Hilfiker und seiner Frau Marja in ihrer
Wohnung im Adams-Morgan-Viertel in Washington,
D.C. Dr. Hilfiker, ein großer, schlanker, bärtiger Mann
mit Brille und einem bedächtigen Blick bemerkte: »Als
ich aufs College ging, verlor ich prompt meinen Glauben und schaute mir alle möglichen Arten von Spiritualität an. Aber auch wenn ich ein der Welt zuge-
wandter Mensch wurde, wusste ich, dass es einen

tieferen Sinn im Leben gab. Als junger Erwachsener stellte ich dann fest, dass ich mich am besten mit den Menschen verstand, die religiös erzogen worden waren, selbst wenn sie sich von ihrer Religion abgewandt hatten. Mir schien, dass Menschen, die mit irgendeiner Art Glauben aufgewachsen waren, eine innere Sicherheit besaßen, über die andere – ohne Religion oder Spiritualität – nicht verfügten.« Aufgrund dieser Beobachtung begannen Dr. Hilfiker und seine Frau, als sie Eltern wurden, nach einer Religion zu suchen, die sie aufrichtig und ehrlichen Herzens ausüben konnten. David stellt klar: »Das tat ich nicht nur, um ein guter Vater zu sein. Ich glaubte, die Religion könne mir etwas geben, was ich auf anderem Wege nicht bekommen konnte. Es ging also nicht nur darum, was ich meinen Kindern mitgeben wollte; es ging darum, die Wahrheit zu finden.«

Damit Kinder einen Bezug zur Religion haben, müssen sie erleben, dass ihre Eltern von ihrem eigenen spirituellen Engagement ernsthaft bewegt sind. Karin Hilfiker, die Tochter von David und Marja, sagte unlängst über die Entscheidung ihrer Eltern, in eine christliche Gemeinschaft zu ziehen, als sie noch ein Kind war: »Bei der Vorstellung, selbst einmal Kinder zu haben, bin ich verunsichert, wenn ich an die Einschränkungen denke, die das Aufziehen eines Kindes für mich mit sich bringen könnte. Ich finde es inspirierend, dass meine Eltern imstande waren, ihre Berufung zu leben und sich um der ›Sicherheit‹ der Familie willen nicht davon abhalten ließen, der Stimme ihres Herzens zu folgen. Sie haben ein volles, reiches Leben gelebt und tun es weiterhin, und ich achte sie mehr, als wenn sie in einem bürgerlichen Vorort gelebt und das

getan hätten, ›was man halt tut‹.« Obwohl Karin, die
jetzt in den Dreißigern ist, bereitwillig zugibt, dass ihre
beiden Geschwister über ihre Kindheit im Christ House
und Joseph House möglicherweise anders denken,
glaubt sie dennoch, dass ihre Eltern ihnen durch ihr
religiöses Engagement unschätzbare spirituelle Chancen eröffnet haben.

Öffnungen

Es gibt Zeiten in unserem Leben, sowohl in unserem
eigenen als auch in dem unserer Kinder, in denen eine
Tür weit aufgeht und die »großen Fragen« vor uns stehen. Manche dieser Zeiten sind durch unsere Entwicklung bedingt, etwa, wenn wir anfangen, die Komplexität unseres Universums und unserer Welt und die
Kleinheit unseres individuellen Selbst im Vergleich
dazu zu begreifen. Andere Zeiten haben mit einschnei-
denden Ereignissen zu tun, etwa, wenn ein Angehöriger stirbt oder ein Kind geboren wird. Und manche
sind winzig kleine Öffnungen – wenn wir beispielsweise einen Augenblick lang mit einem Kind ein Spin-
nennetz anschauen und staunend vor der komplizierten Welt stehen, die sich darin enthüllt.

Mein jetziger buddhistischer Lehrer, Shinzen Young,
ist ein dynamischer und leidenschaftlicher Lehrer des
Vipassana – ein Wort aus dem Sanskrit, das man grob
mit »die Dinge so sehen, wie sie wirklich sind« oder
»Einsicht« übersetzen könnte.[4] Shinzen ist keine Autoritätsfigur, sondern eher ein zuverlässiger Wegführer,
der einem sagt: »Bieg hier nach links ab« oder »Schau
noch einmal auf die Karte.« Besser als jeder andere, den

ich kenne, fasst Shinzen zusammen, wessen es bedarf, um unsere Augen für die Weisheit und Einheit zu öffnen, die in unserem Alltag unmittelbar vor uns liegen.

Er erinnert daran, wie es unseren Vorfahren vor tausend oder mehr Jahren ergangen sein muss, beispielsweise den Ureinwohnern Amerikas, die in den Wäldern und Savannen lebten. Er sagt: »Trotz all unserer hervorragenden Ausrüstungen gegen die Kälte können wir heutzutage kaum die winterlichen Temperaturen in Norddakota aushalten. Könnt ihr euch vorstellen, wie es war, dort in Tierfellen und dürftigen Behausungen den Winter zu überstehen?« Jahrtausendelang lebten Menschen unter äußerst schwierigen Bedingungen. Ihr Leben war tagtäglich von den Unbilden des Wetters, von Hunger, Krankheit und Raubtieren bedroht. Schmerz und Leiden waren ihre ständigen Begleiter. Gleichzeitig hatten die Menschen nur wenig Besitz, und es gab kaum etwas, was sie von ihren täglichen Verrichtungen ablenkte. Sie standen mit der Sonne auf und gingen schlafen, wenn sie am Horizont versank. Die Einfachheit ihres Lebens machte es ihnen leichter, sich in Großzügigkeit, Disziplin, Geduld, Fleiß und Konzentration zu üben. Ohne diese konnten sie nicht überleben.

Ihr Alltag war von spiritueller Bedeutung erfüllt. Jeden Tag vollbrachten sie große Taten: Sie halfen der Sonne, dem Wetter, den Tieren und der Erde, ihre Aufgaben zu versehen. Die Härte und die Einfachheit des Lebens sorgten dafür, dass sie mit Staunen, Achtung und Weisheit in Berührung waren. Unsere Vorfahren brauchten keine besondere Übungspraxis der Meditation und Konzentration, weil diese Fähigkeiten zum Überleben notwendig waren.

In unserem bequemen, von Informationen übersättigten Leben müssen wir uns an besondere Orte begeben, wie Meditationsretreats, Kirchen oder Synagogen, um diese Bedingungen der Einfachheit und Härte zu erleben. Meditationsretreats sind gewöhnlich anspruchsvoll, still und voller Geheimnis. Das Schweigen, die physische und mentale Anstrengung, stundenlang still zu sitzen, die Menge der Teilnehmer, das Teilen von Essen und Schlafquartieren und die auf Konzentration und Gelassenheit gerichtete Aufmerksamkeit stellen sicher, dass alle Teilnehmer neue spirituelle Erfahrungen – große und kleine – von der ihnen innewohnenden Weisheit machen.

Wenn Sie an solchen organisierten spirituellen Veranstaltungen nicht teilnehmen wollen oder können, bietet Ihnen auch der Alltag Gelegenheiten, Ihre Wahrnehmung ganz natürlich zu erweitern und ein Gefühl des Einsseins oder der Transzendenz zu erleben. Kleinen Kindern gelingt dies recht mühelos, besonders unter Bedingungen, in denen sie entspannt oder inspiriert sind: in Gegenwart geliebter Menschen, in einem Blumengarten oder am Meeresstrand. Mein jüngster Sohn schaute einmal eine Sonnenblume an und sagte ganz beiläufig:»Gott ist darin.« Er war damals ungefähr vier Jahre alt. Da das Wort »Gott« bei uns nicht zum Alltagswortschatz gehörte, fragten wir ihn, was er damit meinte. Die Blume sei mit dem Himmel verbunden, sagte er, und die Sonne lege den Himmel in die Blume. Und da Gott im Himmel war, war er natürlich in der Blume. Das alles sah er in einem Sekundenbruchteil. Die Sicht eines Kindes besitzt oft eine natürliche Einfachheit und Offenheit für das Geheimnis.

Im fünften Kapitel habe ich erwähnt, dass die heutige Depressionsrate in Amerika mehr als zehnmal so hoch ist wie in der Generation, die vor 1915 geboren wurde. Möglicherweise waren die Härte und Einfachheit des amerikanischen Lebens damals dazu angetan, Menschen ein Gespür für das Geheimnis des Lebens zu geben. Von den Schwierigkeiten des Lebens gezwungen, eine größere innere Ausgeglichenheit zu finden, hatte die frühere Generation vielleicht mehr Zugang zu der ihr innewohnenden Weisheit.

Ich bin zwar keine Verfechterin schwieriger Lebensumstände, aber ich bin der Ansicht, dass Schwierigkeiten, Einfachheit und das Geheimnis Themen sind, die eine wichtige Rolle für die Achtung vor dem Leben spielen und möglicherweise antidepressive Wirkungen haben. Eine schlichte Lebensweise auf einer Campingreise oder Wanderung oder die Übung, in einer langen Schlange oder im Stau vollkommen still zu bleiben und das eigene Kind (und auch sich selbst) aufzufordern, zu beobachten, was sich in den eigenen Gedanken abspielt – das sind die täglichen Gelegenheiten, um sich auf die natürliche Weisheit einzustimmen, die bei kleinen Kindern oft unmittelbar unter der Oberfläche liegt. Aber vielleicht finden Menschen jeden Alters den direktesten Zugang zur Achtung vor dem Leben und seinem Geheimnis durch Krankheit und Tod.

Die Achtung vor dem Leben und dem Tod

Angesichts von Verlust, Krankheit, Verfall und Tod tauchen spirituelle Fragen und Bestrebungen ganz von selbst auf. Meines Wissens werden amerikanische Kinder vor der Realität dieser Aspekte der Existenz stärker geschützt als Kinder in jeder anderen Gesellschaft. Die meisten Erwachsenen, die heutzutage zu mir in die Psychotherapie kommen, waren noch nie beim Tod eines Menschen zugegen; ich weiß es, weil ich sie danach frage. Das ist eine schreckliche Vergeudung von Chancen für die spirituelle Entwicklung. Wenn Sie einen anderen Menschen noch nie haben sterben sehen, wird Ihnen Ihr eigener Tod so fremd vorkommen, als würden Sie auf einem anderen Planeten leben. Besonders wenn Sie einen Menschen durch die Stadien des langsamen Sterbens begleiten, werden Sie Erkenntnisse, Vertrauen und vielleicht sogar Weisheit für Ihren eigenen Tod daraus schöpfen.

Wie mir viele Pädagogen in meinen Gesprächen gesagt haben, werden amerikanische Kinder und Jugendliche auf Videofilmen, im Fernsehen und im Kino mit Toten und Morden bombardiert. Diese weichgespülten oder dramatisierten Tode gaukeln jungen Menschen vielleicht vor, etwas über den Tod und das Sterben zu wissen, aber sie wissen nichts – solange sie sich nicht in Gegenwart eines Menschen aus Fleisch und Blut aufgehalten haben, der im Sterben liegt. Der »virtuelle Tod« liefert uns eine Ersatzerfahrung: Wir glauben zu wissen, aber wir wissen nicht. In der Gegenwart eines Sterbenden oder Toten kommen wir ganz von selbst in Berührung mit einem tiefen religiösen Sehnen, das Menschen zu allen Zeiten hatten.

In anderen Gesellschaften (und früher auch in unserer) ist es üblich, dass Kinder Krankheit, Sterben und Tod miterleben, bevor sie erwachsen sind. Menschen jeden Alters sterben zu Hause in ihrer vertrauten Umgebung, und manchmal wird ihr Körper lange aufgebahrt. Meine Tochter arbeitete als Freiwillige beim Friedenscorps in Thailand in einem abgelegenen Dschungeldorf. Sie lernte eine Familie kennen, die den Leichnam der Großmutter noch ein Jahr nach deren Tod im Wohnzimmer aufbewahrte! Sie hatten die Körperflüssigkeiten entfernt und den Leichnam so präpariert, dass er nicht roch. Die Großmutter lag in einer einfachen Holzkiste, damit alle Familienmitglieder sie noch einmal sehen konnten, bevor sie eingeäschert wurde. Einige kamen von weither angereist, um ihr die letzte Ehre zu erweisen. Für die Familienmitglieder und die Dorfbewohner war die tote Großmutter im Wohnzimmer eine normale, alltägliche Angelegenheit. Die Kinder spielten direkt neben ihrem Sarg, und andere Familienmitglieder aßen und tranken in ihrer Nähe, während sie alte Erinnerungen an sie austauschten.

Ein solcher Anblick macht Menschen, und insbesondere Kinder, offen für Fragen über den Sinn des menschlichen Lebens. Im Folgenden äußert sich Karin Hilfiker darüber, wie sie es empfand, als Jugendliche Zeugin von Krankheit und Tod zu werden: »Zu viele Kinder werden vor der Realität des Todes geschützt. Es machte auf mich einen tiefen Eindruck, ihn zu sehen, dabei zu sein, ihn mitzuerleben und ihn immer gewärtig zu haben, sogar jetzt. Wenn ich mich zu sehr in etwas verstricke – Schule, Arbeit oder was auch immer –, halte ich inne und denke: He, irgendwann kommt der Tod! Vergiss das nicht! Ob morgen oder in fünfzig Jahren. Wirst du mit dem Fazit deines Lebens zufrieden sein? Kannst du den jetzigen Augenblick lieben und ehren?«

Das Miterleben von Krankheit und Tod ruft auch unsere Großzügigkeit und unser Mitgefühl wach, wenn

wir uns die dafür notwendige Zeit und Aufmerksamkeit nehmen. Wie auch manche Tiere wundern wir uns
über den Tod. Wenn Eltern mich fragen, wie sie ihre
kleinen oder pubertierenden Kinder an ein spirituelles
Bewusstsein heranführen können, empfehle ich ihnen
immer, mit ihnen Kranke und Sterbende zu besuchen.
Für ein Kind unter vier ist es schwierig, die Fakten zu
verstehen. Danach ist es einem Kind meistens klar, was
Tod und Krankheit bedeuten. In jedem Augenblick gibt
es in unserem Leben gewöhnlich jemanden in unserer
Nachbarschaft oder im Umkreis der Familie, der krank
ist oder im Sterben liegt. Und in manchen Augen-
blicken liegt ein uns nahestehender Mensch auf dem
Sterbebett. Das ist eine sehr wichtige Zeit, um diesen
Menschen zu besuchen – und die Kinder mitzuneh-
men. Wenn ein Angehöriger schwer krank ist oder im
Sterben liegt, tauchen viele existenzielle und religiöse
Fragen und Anliegen auf. Es kann auch nützlich sein,
Kranke oder Sterbende zu besuchen, die man nicht so
gut kennt, weil man möglicherweise eine überraschend
fundamentale Verbindung mit ihnen entdeckt, die das
Persönliche transzendiert. Mutter Teresa sprach oft
davon, wie dankbar sie dafür war, Fremde zu begleiten,
die im Sterben lagen, und mit ihnen eine große Nähe
zu erleben. Da wir alle hinfällig werden (oder einen
Unfall haben) und irgendwann sterben, sind wir durch
den Tod alle miteinander verbunden.

Wenn Karin sich an ihre Jugend erinnert, sieht sie
ihre Begegnungen mit Aids und dem Tod als »ein per-
fektes Gegenmittel gegen all den trivialen Quatsch in
der Highschool: Kleider, Collegebewerbungen, Partys,
Trinken, Sex und Klatsch. Etwas zu haben, was tief und
spirituell war – ohne Predigt oder Dogma –, war das

perfekte Ventil. Das andere Zeug war albern, das hier war die *Wahrheit*.« Wieder taucht das Wort »Wahrheit« auf. Je näher wir dem wahren Leben kommen – dem Wissen, dass wir begrenzt, verletzlich, abhängig von anderen und verantwortlich für unsere eigenen Entscheidungen sind –, desto besser. Karin fährt fort: »Auf den Beerdigungen musste ich weinen, und das tat ich ausgiebig. Ich weinte oft weiter, während ich gedanklich zu einem Streit mit meinem Freund, dem Druck in der Schule oder irgendeinem namenlosen Kummer abschweifte.«

Der »namenlose Kummer« kann den bewussten und unbewussten Verlusten entsprechen, die sie in ihrem Leben erlitten hatte. Unsere Verluste anzuerkennen und über sie zu reden ist eine Weise, unsere Achtung vor dem Leben zu stärken. Dr. David Landers, der von mir interviewte Psychologieprofessor am Saint Michael's College, erwähnte, dass die meisten College-Studenten den einen oder anderen Mitschüler gehabt hatten, der schon in der Highschool verstorben war. »Fast jeder Student, den ich kenne, hatte einen Freund, der in der Highschool durch Alkohol, Drogen oder einen Unfall ums Leben gekommen ist. Wie geht die Familie damit um? Als meine Nichte durch einen Autounfall einen Freund verlor, der gefahren war, wobei auch ein weiterer Junge starb, der Beifahrer gewesen war, sagte sie, sie wolle zur Totenwache gehen. Meine Schwester fragte sie: ›Soll ich mitkommen?‹, und meine Nichte antwortete: ›Nein, ich gehe mit ein paar Freunden hin.‹ Das taten sie. Ich weiß nicht, ob sie sich danach mit ihren Freunden oder ihrer Familie darüber unterhielt, aber ich denke, es ist wichtig, darüber zu sprechen.«

Wir sollten uns mit der eigenen Familie und Freunden über den Tod austauschen: darüber, was unserer Meinung und der Meinung anderer nach geschieht, wenn wir sterben. Jeder hat eine Meinung dazu, und viele Menschen besitzen tiefe Einsichten, aber wenig Gelegenheit, mit anderen darüber zu sprechen. Besonders Kinder haben oft tiefe Einsichten über den Tod, weil sie noch nicht von der in unserer Kultur gängigen Voreingenommenheit und Skepsis vorbelastet sind.

Wenn wir mit unseren Kindern oder Freunden über den Tod sprechen, sollten wir nicht von simplen Euphemismen ausgehen, wie »einschlafen« oder »in die ewigen Jagdgründe eingehen«. Selbst wenn man Ihnen eingeredet hat, der Tod sei gleichbedeutend mit einer »geraden Linie auf dem EEG« oder dem »endgültigen Aus«, könnten Sie für Ihre eigenen Intuitionen und Einsichten und die Erkenntnisse anderer offen bleiben. Stellen Sie Fragen mit offenem Ausgang, wie etwa »Was geschieht nach dem Tod?« Wenn Sie beim Nachdenken über den Tod eine innere Blockade wahrnehmen, verharren Sie bei der Blockade und schauen Sie sich an, welche Gefühle und Bilder auftauchen. Seien Sie versichert, dass der Tod für jeden eine Bedeutung hat. Dr. Robert Thurman, Professor für buddhistische Studien an der Columbia-Universität, ermahnt uns in der Einleitung zu seiner Übersetzung des *Tibetischen Totenbuchs*, unsere materialistische Gleichsetzung des Todes mit dem Schlaf oder dem endgültigen Ende zu überdenken oder sogar anzuzweifeln.

Diese Gleichsetzung macht uns sofort verständlich, warum Materialisten sich geringschätzig über spirituelle und religiöse Formen der Befreiung äußern.

Wozu sollten sie ihnen dienen? Sie haben sich selbst bereits die ewige Ruhe garantiert. Sie haben ein garantiertes Nichts, das sie erwartet, ohne das geringste Bemühen ihrerseits, ohne ethisches Opfer, ohne Einsicht, ohne dass sie irgendeine Befähigung oder Erkenntnis zu entwickeln brauchen. Sie müssen nichts weiter tun als einschlafen, eine Fähigkeit, die sie bereits in Tausenden von Nächten geübt haben.[5]

Erlaubt man Jugendlichen und Kindern, offen über das zu sprechen, was ihrer Meinung nach nach dem Tod geschieht, formulieren fast alle von ihnen irgendeine Version von einem Leben nach dem Tod oder zumindest Fragen, die in diese Richtung gehen.[6]

Dr. Landers leitete eineinhalb Jahre lang eine Trauerunterstützungsgruppe in Saint Michael's. »Wir trafen uns jede Woche, und es kamen Studenten, Lehrende und das Personal. Alle Studenten hatten jemanden verloren. Dann stieß eine Frau zu unserer Gruppe mit Krebs im Endstadium. Es war für alle sehr bewegend. Sie konnte den Studenten helfen zu verstehen, wie es ist, Krebs zu haben und dem Tod ins Auge zu blicken, und die Studenten konnten darüber sprechen, wie es ist, einen Angehörigen zu verlieren. Es war sehr beeindruckend. Vielleicht eine der beeindruckendsten Arbeiten, die ich je am College gemacht habe. Es war erstaunlich, verschiedene Generationen zusammenzubringen, die über den Tod sprachen, und gleichzeitig mit anzusehen, wie er langsam eintrat.«

Alle 18 Minuten begeht jemand in den USA Selbstmord, und nach Aussagen der Psychologin Jean Twenge rangiert Selbstmord unter den Todesursachen von Menschen zwischen 15 und 24 an dritter Stelle.[7] Viele

Eltern kennen jemanden mit einem Kind, das Selbst-
mord begangen hat. Eltern würden alles tun, um ihr
Kind vor Selbstmord zu schützen, aber höchst selten
bedenken sie, dass eine Haltung der Achtung vor dem
Leben, die dadurch entsteht, dass man etwas über den
Tod weiß, einen solchen Schutz bieten könnte.

Wenn ich bei einem Klienten in der Psychotherapie
auf Selbstmordgedanken, -wünsche oder -pläne stoße,
frage ich immer: »Was wollen Sie damit erreichen, sich
selbst umzubringen?« Unweigerlich bekomme ich die
Antwort, die Robert Thurman die »materialistische
Gleichsetzung« von Schlaf und Tod nennt. Menschen
wollen Selbstmord begehen, um ihr Leiden zu beenden – kein Wunder. Aber wenn wir Sterbende begleiten, wird uns deutlich, dass der Tod kein simples Ende
ist. Zunächst erfahren wir, dass viele oder die meisten
Sterbenden ihr Leben noch einmal Revue passieren lassen – eine Art Rückschau, wie sie mit anderen umgegangen sind und welchen Beitrag sie in Form von Güte
und Fürsorge geleistet haben. Der Übergang vom Leben
in den Tod bringt eine Rechenschaft über das Leben
mit sich, das sie gelebt haben. Darüber hinaus berichten viele Sterbende, dass sie bei diesem Prozess von
bereits verstorbenen Angehörigen unterstützt werden.
Nichts beeinträchtigt den Wunsch, sich umzubringen,
stärker, als sich ernsthaft vorzustellen, dass er vielleicht
nichts weiter ist als das – nämlich ein Wunsch – und
dass das Leiden möglicherweise nach dem Tod weitergeht, verschlimmert durch den Selbstmord.

Die natürlichen Grenzen des Lebens verwandeln die
Ansprüche, die mit der Selbstwertfalle einhergehen.
Zwanghafte Selbstbezogenheit, rastlose Unzufrieden-
heit und unrealistische Erfolgs- oder Kontrollwünsche

fallen angesichts von schwerer Krankheit, von Tod und Sterben (unseres eigenen oder dem anderer) einfach weg. Achtung vor dem Leben – die sich in der Gegenwart des Todes oft rasch einstellt – kann dem Gefühl, besonders oder unvollkommen zu sein, auf einen Schlag die Macht nehmen. Ein Mensch empfindet dann nicht nur Dankbarkeit und Mitgefühl für das menschliche Leben, sondern hat auch Angst davor, es zu verlieren mitsamt der Weisheit, die es bringen kann.

Was entscheidend ist

Letztlich spielt es keine Rolle, ob unsere Kinder mit den Einzelheiten unserer religiösen Überzeugungen übereinstimmen, aber es spielt für sie eine große Rolle zu sehen, dass wir aufrichtig und mit kindlichem Staunen und Ernst über das Geheimnis des Lebens nachdenken und die Wahrheit finden wollen. Für Kinder ist es wichtig zu beobachten, dass ihre Eltern eine religiöse Einstellung entwickeln und Anstand praktizieren. Als Erwachsener, der bisher nicht so gelebt hat, müssen Sie Ihre eigenen Schritte tun, um Ihre aufrichtige Suche nach einer spirituellen Praxis zu vertiefen. Eine solche Praxis kann Ihnen helfen zu verstehen, was es bedeutet, zu lieben, zu dienen, die Wahrheit zu erkennen und Hoffnung zu bewahren inmitten des Leidens und Elends dieses Lebens. Und wie seltsam es auch klingen mag, werfen Sie schon von Kindheit an einen Blick auf das Abenteuer des Todes. Den Tod nicht aus den Augen zu verlieren vertieft das Sicheinlassen auf das Leben, Augenblick für Augenblick.

Mit Kindern ist es leicht, offen über das zu sprechen,

was bemerkenswert und geheimnisvoll am täglichen Leben ist. Sie sehen es mühelos. Sprechen Sie mit ihnen über Ehrfurcht und Geheimnis, sagen Sie beispielsweise, wie seltsam es ist, dass wir uns in einer Galaxie befinden, in der unser Planet der einzig bewohnte ist, den wir in einem riesigen Universum kennen, das weitaus dichter und komplexer ist, als es unserem bloßen Auge erscheint. Ihre kleinen Kinder sollten wissen, dass Sie über die großen Fragen der Existenz nachdenken. Erzählen Sie ihnen von Ihrem Staunen, den Einsichten, die Sie hatten, und von der Größe des Alls. Nehmen Sie sich auf Ihren gemeinsamen Fahrten zur Schule oder in die Stadt Zeit, um den Wechsel der Jahreszeiten zu verfolgen. Und wenn Sie etwas Neues sehen, schauen Sie genau hin. In diesem Sommer haben wir beispielsweise ein Rotkehlchen beobachtet, das mithilfe seines Partners ein Nest gebaut, die Eier ausgebrütet und seine Jungen großgezogen hat, direkt vor unserem Fenster auf halber Höhe der Treppe zum ersten Stock. Es ist unmöglich, am Nest vorbeizugehen, ohne stehen zu bleiben und einen Blick hineinzuwerfen. Selbst Jugendliche haben Freude an einem solchen Schauspiel.

Unterschätzen Sie nicht die wichtige Rolle, die eine religiöse Einstellung dabei spielt, Ihrem Familienleben größere Ruhe und mehr Sinn zu geben. Aber *täuschen Sie nichts vor*, denn damit untergraben Sie nur die Offenheit der Kinder für die spirituellen Möglichkeiten, die das Leben bietet. Sie sollten vielmehr einen Weg finden, der Sie wahrhaft in Kontakt mit Achtung, Ehrfurcht und Geheimnis bringt, und ihn mit Ihren Kindern teilen. Selbst einfache Gewohnheiten – wie etwa eine Kerze anzuzünden und sie einen Augenblick lang zu beobachten – können ein wenig von Ihrer inneren Weisheit zutage fördern und dasselbe bei Ihren Kindern bewirken.

Neulich stieß ich auf einen Artikel in der *New York Times* über ein Training in Achtsamkeit an mehreren öffentlichen Schulen im gesamten Land: »Ein neuer Unterrichtsschwerpunkt: die Beruhigung des Geistes.«[8] Dieses Training soll Kinder »Ausgeglichenheit« lehren, indem sie sich beim Ertönen einer Klangschale sammeln, die Augen schließen und einen Augenblick lang nur ihren Atem beobachten. Obwohl einige Lehrer Zweifel an der Wirksamkeit dieser Methode hegten, sagte einer der Schulleiter: »Wenn wir Kindern helfen können, still zu werden und nachzudenken, haben sie die Antworten in sich.« (Das gilt auch für Jugendliche und Erwachsene, aber es fällt uns ein bisschen schwerer, das zu glauben.) Eine Drittklässlerin sagte, dass Achtsamkeit ihr das Gefühl »der Ruhe« gebe, »wie eine Sendung von *Oprah*«. Ihr Klassenkamerad meinte: »Es fühlt sich an, als ob ein Vogel aus dem Ei schlüpft.«

Für einige Menschen geht die Verbindung von Religiosität und Anstand damit einher, Einfachheit und Konzentration in einer meditativen Umgebung zu üben. Andere werden feststellen, dass Religiosität und Anstand sie dazu anregen, anderen bereitwilliger zu helfen, gütig zu sein und zu dienen. Insgesamt ist es am besten, wenn Sie in der Interaktion mit Ihren Familienmitgliedern beides auf eine Weise entwickeln, die Sie und/oder Ihre Kinder am meisten anspricht. Eine einfache Weise zu beginnen ist, die sechs Lebensregeln zu befolgen, die ich im vorigen Kapitel dargestellt habe. Eine ernsthafte religiöse Haltung sollte das Einfühlungsvermögen und Mitgefühl mit uns und anderen

stärken, während sie spirituell erfrischend ist, wie ein
Vogel, der aus dem Ei schlüpft.

Wenn wir die spirituelle Entsprechung zwischen unseren meditativen Einsichten und dem Dienst an anderen entdecken – und unseren Kindern auch zu dieser
Einstellung verhelfen –, schärfen wir unser Bewusstsein für unsere Interdependenz, die tiefste Wahrheit
unserer Existenz. Indem wir unsere Liebe für andere
ausweiten und zugleich unsere Verbindung zur spirituellen Quelle vertiefen, besitzen wir ein natürliches
Gegenmittel gegen die Ansprüche des besonderen
Selbst und jeglichen Druck, uns anderen überlegen zu
fühlen. Im nächsten Kapitel widmen wir uns der einzigartigen emotionalen Landschaft der menschlichen
Liebe, die oft überwältigend erscheinen kann, besonders wenn sie nicht auf einer religiösen Haltung oder
spirituellen Praxis gründet.

KAPITEL 8

Liebe und ihr »naher Feind«

Die Liebe konfrontiert uns mit schwierigen Lektionen, setzt ein entwickeltes Gewissen voraus, erwächst aus unserem Mitgefühl und braucht Autonomie, um zu blühen und zu gedeihen. Die Liebe hängt auch von Hingabe und Disziplin ab, aber viele Menschen halten sie für selbstverständlich und gehen fast beiläufig mit ihr um. Wenn uns jemand auf der Straße anhalten und fragen würde: »Ist in Ihrem Leben Liebe?«, würden wir es vermutlich bejahen, ohne groß darüber nachzudenken. An jedem beliebigen Tag behaupten Menschen, dass sie das Wetter, ihr Auto, ihre Haustiere, ihre Kinder und Lebenspartner lieben (nicht unbedingt in dieser Reihenfolge). Diese Oberflächlichkeit im Umgang mit der Liebe verschwindet, wenn wir tief in unser Leben und unsere Gefühle hineinschauen. Unzählige Male rufen Menschen in meinen Einzel- und Paartherapien in einem ernsten oder nachdenklichen Augenblick aus: »Ich weiß nicht, ob es Liebe überhaupt gibt!«

Es gibt wahre Liebe, aber vermutlich nicht in der Form, die die meisten von uns Liebe nennen würden. Die Liebe verbindet uns und trennt uns. Sie ist die Bausubstanz unserer Ehen und Familien, unserer Hoffnungen und Träume, aber sie zerstört sie auch. Liebe zwischen Menschen gleicht eher Steinen, die sich aneinander reiben – und dabei ihre rauen Kanten abschleifen oder sich gegenseitig zertrümmern –, als Bächen, die zusammenfließen. Die Liebe ist schwierig und mühsam und ebenso von Kummer und Sehnsucht wie von Freude und Staunen erfüllt. Nur wenige Menschen sind imstande, richtig zu lieben, aber wenn wir nicht lieben können, wissen wir nicht, wie man richtig lebt.

Bei Liebe denken die meisten Menschen an die Zuneigung, Leidenschaft, Nähe oder Schönheit, die sie uns bringt. Wir stellen uns die Wonnen vor, Stunden und Tage mit dem geliebten Menschen zu verbringen, ihn anzufassen, zu riechen und mit ihm zu reden. Vielleicht stellen wir uns sogar vor, für immer glücklich miteinander zu sein. Leider handelt es sich dabei nicht um Liebe, sondern um ihren betörenden Zwilling, die Idealisierung. Buddhisten verwenden den Begriff »naher Feind«, um den oberflächlichen oder in die Irre führenden Zwilling eines wertvollen Zustands oder einer wertvollen Einstellung zu kennzeichnen. Im buddhistischen Sprachgebrauch können wir die Idealisierung demnach auch als Intimfeind der Liebe bezeichnen. Wenn wir Idealisierung mit Liebe verwechseln, können wir in unserer Verbindung zu anderen und uns selbst auf verletzende Weise fehlgeleitet werden.

Das besondere Selbst ist die Schöpfung der Idealisierung. Außergewöhnlich, überragend und vollkommen – das ist keine Beschreibung eines wirklichen Menschen, einer Person mit Schwächen und Stärken. Hat man uns eingeprägt, dass wir begabt, schön, intelligent oder vielversprechend sind, können wir als Heranwachsende oft keine Schwächen und Schwierigkeiten anderer dulden und noch weniger unsere eigenen. In dieser Selbstwertfalle sind wir nicht imstande, zu anderen echte Beziehungen aufzubauen oder uns selbst in der komplizierten, schwierigen Ambivalenz der Liebe anzunehmen.

Um uns auf die Liebe einzulassen, müssen wir unsere Ideale von Vollkommenheit oder annähernder Vollkommenheit über Bord werfen. Stattdessen müssen wir mit wiederholten Enttäuschungen, Frustrationen, Misserfolgen und Ansprüchen (unseren eigenen und denen anderer) fertig werden. Vor allem setzt Liebe voraus, dass wir realistische Erwartungen haben, tolerant gegenüber Schwächen und einfühlsam mit menschlichem Leiden sind. Bei seinen Ausführungen über Liebe zitiert der Psychoanalytiker Otto Kernberg den Dichter Octavio Paz: »Liebe ist die Schnittstelle zwischen Wunsch und Wirklichkeit. Die Liebe … offenbart dem Wunsch die Wirklichkeit.«[1]

Als Kinder sind wir alle den Unwägbarkeiten der Liebe ausgesetzt. Wir beginnen in einer Familie, einem Nährboden widerstreitender Bedürfnisse, Wünsche und Persönlichkeiten. Dort lernen wir unsere ersten Lektionen über Liebe. Während wir groß werden, wenden wir diese Lektionen immer wieder bei unseren Freunden, Partnern, Lehrern und Kindern an. Die Fehler der Vergangenheit wiederholen sich in der Gegenwart und Zukunft. Es nimmt nicht wunder, dass die Art und Weise, wie wir ursprünglich geliebt, idealisiert oder akzeptiert wurden, sich prägend darauf auswirkt, wie wir andere lieben. Zu viele »Ich bin okay, du bist okay«-Eltern haben unwissentlich den Fehler begangen, ihre Kinder zu idealisieren, anstatt sie wirklich zu lieben.

Die Eltern-Kind-Bindung

Der Reiz, Kinder zu haben, liegt in hohem Maße in der Verheißung, idealisiert zu werden und zu idealisieren. Die meisten Menschen hoffen, ein Kind zu haben, das sie über alles lieben können und das zu ihnen aufschaut. Manche Menschen stellen sich ihre Kinder ganz konkret als neue und bessere Versionen ihrer selbst vor: als blitzblanke neue Ebenbilder. Wenn wir die biologische Uhr ticken hören, denken wir nicht an durchwachte Nächte, in denen wir auf einen Jugendlichen warten, der uns auf die Frage, wo er gewesen ist, freche Antworten gibt. Wir stellen uns auch nicht ein Baby mit einer Kolik vor, das sich nicht beruhigen lässt. Wir denken an zärtliche Kosestunden und wunderbar freundliche Begegnungen.

Ganz gleich, ob Sie mir glauben, dass Idealisierung ein starker Antrieb bei unserem Fortpflanzungswunsch ist oder nicht: Wenn Sie ein Kind wollen, können Sie vermutlich an nichts anderes mehr denken. Es scheint, als könnte Ihnen ein Kind all das geben, was Ihnen bisher noch gefehlt hat. Auf jeden Fall wird Ihnen Ihr Kind eine neue Bindung bescheren.

Wir gehen Bindungen zu anderen ein, um zu überleben. Für Menschen ist die Gruppe (die Familie oder der Stamm), nicht das Individuum der Garant des Überlebens. Bindung ist die Erfahrung, sich mit einem anderen zu identifizieren – das Gefühl, dass unser Überleben vom Wohlergehen des anderen abhängt. Für den Säugling und das Kind ist das ein Fakt. Eine solche Identifikation findet in jeder Eltern-Kind-Bindung statt, und die Gefühle sind beidseitig. Kinder verspüren ihre starke Abhängigkeit von der elterlichen

Bezugsperson, und die Bezugsperson verspürt eine Identifikation mit dem Kind. Wenn das Kind ein Problem hat, hat auch die Bezugsperson ein Problem.[2]

Die Bindung motiviert uns, andere, an die wir gebunden sind, genau im Auge zu behalten. Wir wollen sie in unserer Nähe wissen, weil unser Überleben von ihnen abhängt. Auch die elterliche Bezugsperson achtet sehr genau darauf, wo das Kind sich aufhält. Menschen sind mit sogenannter Trennungsangst ausgestattet, die wir mit vielen Tieren teilen.[3] Die Trennungsangst versetzt uns einen Schock, wenn wir feststellen, dass der andere, an den wir gebunden sind, verschwunden ist oder Gefahr läuft zu verschwinden.

Protest oder Wut ist der erste Ausdruck der Trennungsangst; man erlebt sie bei einem Kleinkind, das schreit, wenn die Mutter oder der Vater es in der Krippe abgibt. Das Brüllen bedeutet so etwas wie: »He, lass mich nicht allein; ich brauche dich, und du darfst nicht weggehen!« Auch die Mutter oder der Vater ist besorgt und hat Schuldgefühle. Auf einen solchen Protest folgt eine gedrückte Stimmung, eine Art Trauer oder Depression. Sie drückt etwas in der Art aus wie: »Man hat mich verlassen, und jetzt ist es aus mit mir.« Wenn das Leben weitergeht, beginnt das Kleinkind, wieder Mut zu schöpfen, zu spielen und sich auf andere einzulassen, vielleicht mit einer vagen Traurigkeit, die aber schließlich vorübergeht. Lässt man ein kleines Kind jedoch zu lange allein – kommt die Mutter tagelang nicht wieder –, reagiert das Kind gleichgültig, wenn es sie wiedersieht. Das nennt man Apathie. Man beobachtet sie bei Kindern, die von ihren Eltern über längere Zeit getrennt werden oder die verwaist sind. Apathie scheint eine biologische Reaktion zu sein, die

uns daran hindert, zu viel Energie auf Protest oder Ver-
zweiflung zu verschwenden. Das Leben muss weiter-
gehen. Wird ein Kind von seinen Eltern tatsächlich im
Stich gelassen, geht das Leben nur auf sehr beschränkte
Weise weiter, während der Schmerz der Trauer seine
Wirkung entfaltet.

Wie wir alle wissen, ist Trauer eine Form von Depression, die auftritt, wenn wir jemanden verlieren, mit
dem wir eng verbunden waren.[4] Unser Herz ist gebro-
chen, und es heilt nie mehr ganz, obwohl wir weiter-
leben und diese Erfahrung sogar in eine Quelle der
Weisheit und Einsicht verwandeln können. Nachdem
wir unsere Geschichte immer wieder erzählt haben,
finden wir uns als Erwachsene vielleicht mit unserem
Verlust ab; aber für Kinder kann Trauer einfach ein
schrecklicher physischer und emotionaler Schmerz
sein.

Sobald man eine emotionale Bindung eingegangen
ist, hat man sich mit dem anderen identifiziert. Dann
ist Trennungsangst die Folge, wenn die Bindung bedroht ist, und Trauer, wenn sie zerbricht. Selbst wenn
wir die Zuneigung zum anderen verloren haben, empfinden wir Angst und Trauer beim Zerbrechen der Bindung. Eine Bindung ist nicht dasselbe wie Liebe. Wir
können tatsächlich emotional an Menschen gebunden
sein (beispielsweise Sexualpartner), die wir nicht einmal mögen. Es ist wichtig, die Macht der Bindung zu
verstehen, ohne sie jedoch mit Liebe zu verwechseln.

Zu wissen, wie emotionale Bindung sich von Liebe
unterscheidet, hilft uns zu verstehen, was bei einer
Trennung von denen geschieht, an die wir gebunden
sind (Eltern, Partner oder Kinder). Wenn ein Elternteil
oder Kind sich ohne Vorwarnung entfernt oder plötz-

lich verschwindet, erleben wir die Emotionen der Trennungsangst (Protest, Verzweiflung, Apathie). Wir denken daran, dass wir diese Person (bewusst oder unbewusst) »bestrafen« werden, wenn sie zurückkehrt. Die Trennungsangst motiviert uns, auf diejenigen loszugehen, die uns verlassen; unser Wohlergehen ist mit dem ihren verquickt. Das erklärt, warum Eltern manchmal auf ein Kind, das verschwunden war, losgehen, sobald es zurückkommt.

In der langen Abhängigkeit der menschlichen Kindheit müssen wir uns in hohem Maße darauf verlassen können, dass unsere emotionalen Bindungen eine große Nähe zu denen garantieren, die für uns sorgen. Während Kinder aufwachsen – im Laufe ihrer ganzen Kindheit –, lernen sie zu lieben. Solange sie nicht wissen, wie man liebt, werden sie ihre Eltern idealisieren, sich mit ihnen identifizieren und an sie gebunden sein. Das ist keine Liebe.

Um einen anderen wirklich lieben zu können, müssen wir wissen, wer der andere ist – wir müssen die Unterschiede in unseren Antrieben, Fähigkeiten, Lebensweisen, Persönlichkeiten und so weiter wahrnehmen und akzeptieren. Kinder entwickeln diese Art von Wissen erst allmählich im Laufe der Entwicklung ihres Über-Ichs, das ihnen zu sehen erlaubt, wie sie anderen gleichen und sich von ihnen unterscheiden. Solange Kinder einen anderen nicht wirklich als getrenntes Wesen begreifen und anerkennen können, sind sie von Bindung und Idealisierung abhängig, um denen nahe zu bleiben, die sie brauchen.

Selbst bei Gleichaltrigen und Geschwistern stehen kleinen Kindern im Grunde nur zwei Arten der Wahrnehmung zur Verfügung: »wie ich« oder »nicht wie

ich«. Am Ende der Pubertät sind Kinder, wenn alles
glatt verläuft, imstande, andere als eigenständige Wesen
mit Unterschieden anzuerkennen, die sie interessant
finden. Als Eltern steht uns eine Wahl offen, die ein
heranwachsendes Kind nicht hat: Wir können unsere
Kinder aufrichtig lieben und sie nicht nur idealisieren,
bewundern oder an sie gebunden sein.

Die Idealisierung unserer Kinder

Es ist eine große Leistung, unsere Kinder, die noch
nicht imstande sind, uns als Person wahrzunehmen
und zu erkennen, aufrichtig zu lieben. Wir gehen davon aus, dass Eltern dazu in der Lage sind, obwohl unsere Gesellschaft ihnen wenig oder gar keine Hilfen an
die Hand gibt, um die in der Liebe enthaltenen Wider-
sprüche zu verstehen. Statt ihnen ein Wissen über
menschliche Liebe zu vermitteln, füttert man Eltern
mit Fiktionen, bei denen elterliche Liebe mit Idealisierung und Bindung verwechselt wird. Diesen Fiktionen
zufolge sind gute (vielleicht sogar großartige) Eltern
solche, die ihren Kindern unablässig Aufmerksamkeit,
Zuwendung und materielle Dinge schenken – alles,
was das Kind will –, und zum Dank werden sie eines
Tages mit selbstsicheren, einfühlsamen und liebevollen
Erwachsenen belohnt, die imstande sind, sämtliche
Ziele zu erreichen, die sie sich gesteckt haben, und
freudig für ihre alternden Eltern sorgen. Diese fiktiven
erwachsenen Kinder sind das Ergebnis der guten Erziehung, die sie genossen haben. Nach all den Opfern der
Eltern – so die Fiktion – werden die Kinder dankbar
und großzügig sein. »Ich bin okay, du bist okay«-Eltern

idealisieren nicht nur ihre Kinder, sondern auch die elterliche Liebe.

Selbstverständlich ist es vollkommen normal, ein kleines Kind zu idealisieren. Eltern sind fast dazu gezwungen, ein Neugeborenes zu idealisieren, weil Säuglinge so viel Zeit, Energie und Aufwand in Anspruch nehmen, dass die menschliche Rasse aussterben würde, wenn wir sie realistisch betrachten würden. Aber damit Kinder und Eltern funktionierende und gesunde Beziehungen entwickeln können (in denen Eltern die Führung haben und ihren Kindern helfen, Mitglieder der Familie und Gesellschaft zu werden), sollte die Idealisierung eines Babys spätestens nach den ersten sechs Monaten allmählich nachlassen.[5] Ersetzt die Idealisierung stattdessen mit der Zeit die Liebe, verstricken oder identifizieren sich die Eltern mit dem Kind.

Idealisierung ist der auf das geliebte Wesen ausgeübte Druck oder die Forderung, der vollkommene Andere zu sein: ein Ebenbild von uns selbst oder ein Abbild dessen, was uns vollständig machen würde. Wenn die Idealisierung zu lange anhält, wird das besondere Selbst des Kindes zur besonderen Rettung der Eltern. Die Eltern müssen das Bild des Kindes um jeden Preis schützen. Leiten Eltern jede Kritik *immer* mit einem Kompliment ein (zum Beispiel: »Sam ist so ein kluger Junge; deshalb passt er in der Schule nicht auf, er langweilt sich einfach«), kann ich daran sehen, dass das Kind als Rettung für den Selbstwert der Eltern herhalten muss. Man sollte sich über das eigene Kind ohne Umschweife beklagen können, denn ein Kind sorgt für viele Probleme, während es uns gleichzeitig auch Freude macht.

Manchmal wird die Idealisierung zur Norm, und Eltern hören ganz auf, kritisch über ihr Kind zu sprechen und vielleicht sogar von ihm zu denken. Aber Kinder wissen, dass sie sowohl gut als auch schlecht sind. Sie geraten aus dem Gleichgewicht, wenn ein Erwachsener etwas anderes zu denken scheint, auch wenn sie den Machtvorteil wahrnehmen und ihn vielleicht nicht aufgeben wollen. Kinder wie Erin und Adrienne empfinden oft einen – vielleicht nur unterschwelligen – Druck, ihren »Prachtkind«-Status zu schützen, aber später werden sie in der Selbstwertfalle landen und illusionäre Ideale und Vorstellungen verfolgen.

Um Prachtkinder zu haben, brauchen Familien Sündenböcke – andere Geschwister, ein Elternteil, eine Stiefmutter, einen Stiefvater. Jemand muss gehasst, abgewertet oder verunglimpft werden, damit ein anderer aufgewertet werden kann. Die negativen Gefühle gegenüber dem Prachtkind werden auf jemand anderen in der Familie oder auf einen Menschen, der der Familie nahesteht, verschoben.[6]

Auf diese Weise vor der rauen Wirklichkeit geschützt, ist ein Prachtkind verwirrt oder entsetzt, wenn es in die Welt hinausgeht. Prachtkinder wissen sehr gut, wie sie anderen attraktiv erscheinen können, und sie haben den Anspruch, sich im Lob, der Bewunderung, Aufmerksamkeit und Anerkennung anderer zu sonnen. Bleibt dies aus, gerät das Prachtkind in die Verwirrung und Angst der Selbstwertfalle. Auch wenn es sich vielleicht nicht offen so verhält, als hätte es ein besonderes Selbst, ist der Druck, perfekt zu sein, unter der Oberfläche immer da.

Wie Madeleine Levine in ihrem 2006 erschienenen

Buch *The Price of Privilege* berichtet, sind die vorpubertären und pubertären Kinder aus wohlhabenden
Familien mit einem Jahreseinkommen von 120 000 Dollar und mehr Amerikas neue Risikogruppe für einen
hohen Grad an emotionalen Störungen (besonders
Angst und Depression). Ihre Anfälligkeit widerspricht
unseren Stereotypen. Das sind keine Familien, in denen
Kinder vernachlässigt werden, sondern in denen sich
Eltern übermäßig engagieren. Viele dieser Helikopter-
oder Rollentausch-Eltern haben eine idealisierte Verstrickung mit ihren Kindern und wünschen sich unbewusst ein Kind, das die elterliche Fantasie von Perfektion oder Ruhm erfüllt. Aktuellen Studien zufolge
entwickeln 30 bis 40 Prozent der 12- bis 18-Jährigen
aus wohlhabenden Elternhäusern beunruhigende
psychische Symptome.[7] Diese Statistiken belegen die
Verwechslung von Liebe und Idealisierung bei vielen
»Ich bin okay, du bist okay«-Eltern. Diese Eltern lassen
ihren Kindern nicht nur zu viele materielle Dinge und
Privilegien zukommen, erziehen sie nicht zur Verantwortung und loben sie über Gebühr, sie halten ihnen
auch einen Zerrspiegel entgegen. Er besagt: »Du bist
perfekt, weil du mein Kind bist.«

Die elterliche Idealisierung kann Jugendliche und
junge Erwachsene fast süchtig danach machen, mit
ihren Eltern zu kommunizieren. Mithilfe von Mobil-
telefonen können College-Studenten mehrmals am Tag
mit ihren Helikopter-Eltern in Kontakt treten. Wie Dr.
David Landers vom Saint-Michael's College berichtet,
war die Verstrickung von Eltern und Kindern eines der
größten Probleme, mit denen er als Leiter des Beratungszentrums am College zu tun hatte. Dr. Landers ist
der Meinung, dass Eltern ihre Kinder benutzen, um ein

besseres Selbstwertgefühl zu haben.«Eine Mutter sagte mir am Telefon, dass ihre Tochter sie jeden Morgen um zehn Uhr eine halbe Stunde lang anruft, um sich über das College zu beklagen. Die Mutter wollte wissen, was sie tun könne, und ich riet ihr: ›Gehen Sie nicht ans Telefon.‹ Sie erwiderte: ›Aber sie ist doch so verzweifelt; und sie hat niemanden, mit dem sie reden kann.‹ Ich antwortete: ›Vertrauen Sie mir; sie wird jemand anderen finden. Vielleicht müssen auch Sie sich jemand anderen zum Reden suchen.‹«

Landers glaubt, dass ein Mangel an Wirklichkeitssinn das Problem dieser Helikopter-Eltern ist, die behütend über ihren Kindern schweben. Viele Helikopter-Eltern »sind so mit dem Leben ihrer Kinder verstrickt, dass sie kein Eigenleben führen. Wenn ich heutigen Eltern einen Rat geben sollte, würde er lauten: ›Führen Sie Ihr eigenes Leben. Gehen Sie ins Kino, lesen Sie ein Buch, gehen Sie weg, damit Sie nicht immer telefonisch erreichbar sind. Es ist in Ordnung, dass Sie die Freunde Ihres Kindes sind, aber versuchen Sie nicht, seine besten Freunde zu sein.‹ Ich erlebe viele Mütter, die nicht nur die besten Freundinnen ihrer Kinder, sondern auch der Freunde ihrer Kinder sein wollen. Das ist seltsam. Kinder sind nicht dafür da, ihr Leben lang bei den Eltern zu bleiben!« Werden Kinder oder Eltern idealisiert statt geliebt, wird eine gesunde Beziehung durch Verzerrung und Verstrickung ersetzt. Wenn junge Menschen, die in einer solchen Verstrickung gefangen sind, sich auf den Weg machen, um eine Partnerbeziehung zu finden, geraten sie leicht in die Selbstwertfalle, weil sie nicht den Spiegel finden können, der ihnen die Botschaft gibt: »Du bist perfekt, weil du zu mir gehörst.«

In uns und unseren Kindern Normalität zu fördern und sie Gemeinsinn zu lehren, verbessert ungemein ihre Chancen, unrealistische Wünsche loszulassen und als Erwachsene ihre Partner zu lieben. Auf ihrem Weg zur Liebe müssen wir unseren Kindern die Notwendigkeit von Bescheidenheit, Toleranz und Selbstkorrektur vorleben und beibringen. Die Eltern-Kind-Bindung, die Bindung an einen Lebenspartner, die Geschwister- und Freundschaftsbindung, sie alle beruhen darauf, dass wir imstande sind, uns selbst realistisch einzuschätzen, insbesondere unsere Fehler und Grenzen. Mit zunehmender Autonomie und zur Vorbereitung auf die Liebe als Erwachsene müssen Kinder lernen, mit Kritik konstruktiv umzugehen und sich selbst zu überprüfen, um zu sehen, was wirklich los ist. Sie müssen das Wesen wahrer Liebe kennenlernen.

Das Wechselspiel der Liebe

Die gesamte Lebenserfahrung kann man als Ausdruck eines konstanten Wechselspiels von Expansion und Kontraktion betrachten. Unsere Atemtätigkeit, unsere Hoffnungen und Träume, die Ereignisse in der Welt, unsere Gesundheit und das Wetter sind nur einige Phänomene, an denen wir den Wechsel von Expansion und Kontraktion, von Fülle und Leere beobachten können. Einige Augenblicke im Leben sind erfüllend und vielversprechend, andere karg und frustrierend. Um uns, unser Leben und diejenigen, die wir lieben wollen, zu akzeptieren, müssen wir sowohl die Fülle als auch die Leere willkommen heißen. Das ist besonders schwierig beim Thema Liebe.

Die meisten Menschen definieren Liebe als erfüllendes Gefühl. Sie wünschen sich, dass sie warm, einladend und akzeptierend ist. Sie wollen eine Identifikation mit dem geliebten Menschen empfinden. Aber wahre Liebe ist ambivalent – manchmal erfüllend und manchmal frustrierend –, weil sie mit der Bereitschaft einhergeht, einerseits die Schwächen des anderen zu tolerieren und zu akzeptieren und andererseits dem anderen die Freiheit zu gewähren, der zu sein, der er oder sie ist. In jeder liebevollen Beziehung müssen wir die frustrierenden Aspekte von Furcht, Hass, Enttäuschung, Toleranz, Loyalität, Verantwortung und Zukunftsangst zulassen und das tiefe Empfinden akzeptieren, dass der geliebte Mensch der »andere« ist (unser Gegenteil, Feind, Ankläger oder böser Zwilling). Die erfüllenden Gefühle von Trost, Vergnügen, Zuneigung, Vertrauen, Freude, Staunen und dem inneren Empfinden, dass der geliebte Mensch das »Selbst« (so wie ich) ist, sind weitaus willkommener als die frustrierenden.

Das Aufwachsen in einer Familie garantiert, dass man sowohl den erfüllenden als auch den frustrierenden Aspekten der Liebe begegnet. Bedürfniskollisionen zwischen den Eltern, zwischen Eltern und Kindern und zwischen den Geschwistern sorgen dafür, dass wir lernen, ein Auf und Ab in unseren zärtlichen Beziehungen hinzunehmen. Doch wenn ein Kind von den Eltern nur idealisiert wird, werden diese unschätzbaren ersten Lektionen in menschlichen Beziehungen verzerrt. An die Stelle der natürlichen Desillusionierung in der Eltern-Kind-Beziehung tritt durch die Idealisierung die törichte Fantasie von einem perfekten Kind oder perfekten Eltern.

Desillusionierung ist die Folge, wenn unsere Hoffnungen und Illusionen zertrümmert werden wie Gestein, das eine Klippe hinabstürzt. Unsere Illusionen zerbrechen, und wir erleben negative Emotionen – Ärger, Angst, Scham, Schuld, Traurigkeit –, die unser Bild vom geliebten Menschen verdunkeln. Was wir uns so gewünscht, worauf wir so gehofft hatten, auch zum Wohl des von uns geliebten Menschen, findet nicht statt, ist nicht wirklich. »Die Liebe offenbart dem Wunsch die Wirklichkeit.« Diese Art von Desillusionierung konfrontiert uns mit unserer Verpflichtung gegenüber dem geliebten Menschen.

Unsere erste Verantwortung als Eltern besteht darin, unseren Kindern grundlegende menschliche Werte zu vermitteln – das Leben zu ehren, die Wahrheit zu sagen, das Eigentum anderer zu achten und mit Sexualität fürsorglich und respektvoll umzugehen. Unsere zweite Verantwortung besteht darin, uns aus unserer idealisierenden Verstrickung zu lösen. Die Welt der Zukunft ist nicht die Welt der Vergangenheit. Unser Kind wird nicht so sein wie wir, denn es ist ein Kind seiner eigenen Zeit. Als Eltern haben wir die Aufgabe, das von uns geliebte Kind darauf vorzubereiten, ein autonomer, liebevoller Erwachsener – ein normales menschliches Wesen – zu werden. Wenn wir uns dieser Aufgabe nicht widmen, läuft es höchstwahrscheinlich Gefahr, eine rastlose Unzufriedenheit zu entwickeln, die sich in Form von Depression, Angst oder Sucht niederschlagen kann.

Ein höchst bedeutsamer frustrierender Aspekt der elterlichen Liebe ist die Notwendigkeit, unsere Kinder zu disziplinieren. Meine Eltern waren wie die meisten Eltern meiner Freunde streng. Bei ihnen gab es Regeln, Vorschriften und Strafen. Ich zweifelte nie daran, dass mich meine Eltern liebten, aber ich wusste, dass ich ihren Regeln gehorchen musste, sonst wurde ich bestraft. Wenn meine Mutter mich feierlich versohlte (»Du weißt, weswegen, und du machst das nicht noch einmal«), fügte sie immer hinzu: »Das tut mir mehr weh als dir.« Ich glaubte ihr das damals nicht, aber als ich selber Mutter wurde, wusste ich genau, was sie gemeint hatte. Unsere Kinder an gutes Benehmen und moralische Verhaltensnormen heranzuführen bedeutet, bereit zu sein, unsere negativen Emotionen zum Disziplinieren und Strafen einzusetzen. Das ist Teil unserer Liebe für sie.

Wenn ich meinen Kindern Grenzen setzte, indem ich ihnen Privilegien strich, eine Strafpredigt hielt, sie still sitzen ließ oder sie manchmal sogar in die Ecke stellte (das habe ich wirklich getan), dachte ich an die Worte meiner Mutter zurück, dass es ihr wehtat, mich zu strafen. Als meine Kinder neun oder zehn waren, sagten sie manchmal: »Ich hasse dich!«, wenn ich sie ausschimpfte oder ihr Verhalten kritisierte. Auch wenn ich so etwas zu meiner eigenen Mutter nicht hätte sagen dürfen, empfand ich ihre Worte als ehrlichen Ausdruck ihrer echten und nachvollziehbaren Gefühle. Und ich erwiderte: »Natürlich hasst du mich. Ich bin deine Mutter.« Wer könnte hassenswerter sein? Ich war der wichtigste Mensch in ihrem noch jungen Leben, und meine kritischen Reaktionen taten ihnen weh. Ich ging davon aus, dass ihr Hass stark war, weil ihre Verbindung zu mir auch stark war, auch wenn ich es nicht gern hörte, dass sie mich hassten. Es ist natürlich, dass auch Eltern in der Beziehung zu ihren Kindern eine Mischung aus Hass und Liebe empfinden.

Als Eltern sollten wir uns unserer ambivalenten Gefühle gegenüber unseren Kindern nicht schämen, sondern sie stattdessen nutzen, um unsere Weisheit und Objektivität weiterzuentwickeln. Ambivalenz gibt sowohl Kindern als auch Eltern die Chance, Frustrationstoleranz zu lernen und gelassen mit negativen Gefühlen und Gedanken umzugehen (ohne sie unbedingt auszudrücken), um auf diese Weise Anstand zu entwickeln.[8] Anstand ist ein lebenslanger Schutz gegen die Selbstwertfalle. Wenn ein Kind die Spätpubertät erreicht hat, sollte es wissen, dass wahre Liebe ambivalent ist und das Tolerieren von Hassgefühlen verlangt. Es sollte verstehen, dass Liebe heißt, sich dem Wohlergehen des anderen zu verpflichten, anstatt primär auf angenehme Gefühle und darauf aus zu sein, dem anderen zu gefallen. Wahre Liebe bedeutet, dass wir die Freiheit und das Wohlergehen des geliebten Menschen im Auge behalten, ganz gleich, was wir in einem bestimmten Augenblick fühlen. Offensichtlich können gute Eltern lernen, ihre Kinder auf diese Weise zu lieben, aber erwachsene Kinder sollten ebenso lernen, ihre Eltern auf diese Weise zu lieben.

Wahre Liebe

In einer Kultur wie der unseren, in der Liebe mit Idealisierung verwechselt wird, ist es, wie schon erwähnt, eine wirklich große Leistung, unsere Kinder zu lieben. Die ganze Zeit über müssen wir die sechs Regeln des normalen Lebens beherzigen, die ich im sechsten Kapitel vorgestellt habe: Großzügigkeit, Disziplin, Geduld, Fleiß, Konzentration und Weisheit. Sie werden uns helfen, die erfüllenden Freuden und Träume und die frustrierenden Hassgefühle und Enttäuschungen nicht allzu schwerzunehmen. Mit dieser umfassenden Akzeptanz geben wir unserem heranwachsenden Kind eine unschätzbare Hilfestellung und praktizieren die höchste Form menschlicher Zuwendung.

Wahre Liebe ist die Bereitwilligkeit, uns einem Menschen, den wir gut kennen und klar wahrnehmen, immer wieder mit Interesse, Wärme und Mitgefühl zuzuwenden, ganz gleich, wie enttäuscht wir sein mögen. Es ist die Bereitwilligkeit, ehrlich, aber freundlich über die Fehler und Misserfolge des anderen zu sprechen (neben seinen Begabungen und Stärken) und Kinder an Wahrheit und innere Stärken heranzuführen, unabhängig davon, ob ihre Reaktionen in uns unangenehme Gefühle auslösen. Es ist das Wissen, dass wir loyal, aber nicht töricht für das Gute in ihnen eintreten werden, wenn es auf dem Prüfstand steht, und alles tun werden, was in unseren Kräften steht, um ihr Wohlergehen zu verbessern.

Liebe bedeutet, dass wir uns selbst aus der Distanz betrachten, nicht nur um zu sehen, dass wir zutiefst menschlich und nichts Besonderes sind, sondern auch, um unser eigenes Spektrum von Gewohnheiten, Schwächen und Dummheiten zu erkennen und dafür die Verantwortung zu übernehmen. Wir sollten unsere Schwächen und Dämonen den Menschen, die wir lieben, nicht mehr als unbedingt notwendig zumuten. Überdies müssen wir auch bereit sein, unsere Gefühle der Frustration zuzulassen, ohne dem anderen dafür die Schuld zu geben. Geduld mit unseren negativen Gefühlen lässt uns entdecken, warum wir sie so intensiv spüren: weil uns das Wohl des anderen so sehr am Herzen liegt.

Wenn ein Kind von seinen Eltern oder anderen Bezugspersonen auf diese Weise geliebt wird, hat es die
Möglichkeit, sich selbst auch so zu lieben – sogar in der
Pubertät und ganz gewiss als Erwachsener. Ist das Kind
imstande, sich als normalen Menschen mit bestimmten
Stärken und vielen Schwächen zu lieben, wird es als
Erwachsener andere lieben können und nicht den end-
losen Drang spüren, seinen mangelnden Selbstwert
aufzupolieren. In all den Jahren habe ich ein Beispiel
für diese Art von Liebe nicht vergessen können. Es
stammt aus dem 1993 erschienenen Buch *Ordinary
Time* von Nancy Mairs.[9]

In ihrem Bericht über ihre Liebe für ihren heranwachsenden Sohn Matthew – der mit einer Gelbsucht
und Rhesusunverträglichkeit zur Welt kam und seine
erste Lebenswoche getrennt von ihr im Brutkasten zu-
brachte –, schildert sie zuerst die frustrierenden Aspekte ihrer Gefühle für ihn. Seine Geburt war, wie sie
schreibt, die »eine große Tragödie« ihres Lebens. Ihre
anfängliche Trennung von Matthew hatte bei ihm, wie
sie glaubte, eine gestörte Bindung zu ihr ausgelöst.
»Von Anfang an schrie er meistens, wenn er wach war,
und umso lauter, wenn ich ihn auf den Arm nahm
und streichelte. Untröstlich über seine Ablehnung, zog
ich mich auf die Rolle der Versorgerin zurück, zwar
pflichtbewusst, aber distanziert und auf der Hut. Jahrelang glaubte ich, dass ich ihn nicht liebte.«[10]

Als er in die Pubertät kam, war sein Anblick für sie
kaum erträglich: »Sein Kopf war auf beiden Seiten ge-
schoren, und das Haar auf dem Kopf stand kammartig
hoch. Um Hals und Arme waren Ketten mit Schlössern
und nietenbesetzte Lederstreifen geschlungen, kombiniert mit schmutzigen Halstüchern in Tarnfarbe und

grellen Krawatten.« Sie weigerte sich, ihn zu idealisieren, wie sein Vater und seine Großeltern es taten. Diese
glaubten, dass »sich in dieser hässlichen Schale ein
Herz aus Gold verbirgt, ein feiner, rechtschaffener junger Mann und brillanter Schüler, tadellos gekleidet und
geschmackvoll, wenn man nur den Schlüssel finden
könnte, um ihn zu befreien. Ich schließe mich dem nicht
an. Es gibt nur einen Matthew. Die Verpackung entspricht dem Inhalt. Lassen wir ihn also so, wie er ist.«[11]

Allmählich begriff sie, dass ihre komplizierten Gefühle – Trauer über seine Ablehnung, Angst um sein
Wohl, Schuldgefühle, dass sie ihn gefährdet hatte,
Interesse und Aufmerksamkeit für jedes kleinste Detail
seines Lebens, Verteidigung seiner Freiheit, sich selbst
zu entscheiden – ein Ausdruck von Liebe waren. Auf
diese Weise wachte sie auf: »Alles in meiner Erfahrung
und Erziehung hatte mir eingeredet, dass ›Liebe‹ eine
Reaktion auf den anderen ist: ein Aufwallen freudiger
Gefühle, ausgelöst von dem angenehmen Aussehen oder
Verhalten des anderen. Der Mensch, den ich liebte, ge-
fiel mir nicht. Tatsächlich machte er mich die meiste
Zeit völlig verrückt. Aber er hielt mich total in Atem.
Und tut es immer noch.«[12]

Sie berichtet von Computerspielen mit Matthew, bei
denen ihr seine Anmut und die Schnelligkeit seines
Denkens auffallen und das Taktgefühl, mit dem er ihr
Dinge beibringt. Er versichert ihr, die an multipler
Sklerose leidet, dass er sich nicht mit ihr langweilt.
Und sie weiß, dass das stimmt. In ihrer Liebe zu Mat-
thew sieht Nancy Mairs etwas von der Liebe Gottes:

Wenn das Liebe ist – und es ist Liebe –, bekomme ich
eine Ahnung davon, was die Liebe Gottes sein

könnte. Solange ich sie mir als Erwiderung auf mein Wohlverhalten vorstellte – wenn ich gut bin, liebt mich Gott (bin ich hingegen schlecht, wirft er mich in die Hölle, was die hasserfüllteste Geste ist, die man sich vorstellen kann) –, konnte ich nicht an sie glauben, da die Chancen für mich, jemals gut genug zu sein, um die Liebe Gottes zu verdienen, geringer waren als ein Sechser im Lotto. Aber nehmen wir an, dass Gott keinen besonderen Gefallen an mir findet. Nehmen wir an, Gott findet mich ungefähr so attraktiv, wie ich Matthew in all den Jahren fand, als Rasierklingen an seinen Ohren baumelten, sein Zimmer mit Tellern und Gläsern übersät war, auf denen lange grüne Fäden wuchsen, und seine Lieblingsband »Useless Pieces of Shit« hieß. Nehmen wir an, Gott hat mich ständig im Blick, machte sich Sorgen, als ich betrunken Motorrad gefahren bin und Prüfungen nicht bestanden habe, lachte über meine Witze, steckte sich bei meinen Konzerten Stöpsel in die Ohren, bürgte für mich auf dem Polizeirevier, weinte mit mir, als wir den toten Hund begruben ... Oh, ich bin sicher, dass Gott das tut.[13]

Und ich ebenso.

Unsere Bereitwilligkeit, uns dem geliebten Menschen immer wieder zuzuwenden, ganz gleich, was er getan hat, und ihn immer gründlicher kennenzulernen, während wir sowohl die erfüllenden als auch die frustrierenden Seiten der Liebe zulassen, ist ein Wunder des Menschseins. Keinem Tier ist das möglich, denn kein Tier hat die Bandbreite und Komplexität von Reaktionen, die wir dem geliebten Menschen und uns selbst gegenüber empfinden. Wenn wir wissen, dass wir mit

uns selbst und dem geliebten Menschen leben und
arbeiten können, ganz gleich, was geschieht, dann haben wir das stabile Fundament einer ewigen Liebe.

Der Mythos der romantischen Liebe

So wie es eine gefährliche und falsche Fiktion von der
idealisierten Elternliebe gibt, gibt es eine ähnliche Fiktion von der idealisierten romantischen Liebe, die unsere Kinder in der Jugend und im frühen Erwachsenenleben antreibt. Tatsächlich ist Amerika eine Kultur, die
nach Romantik dürstet. Romantik ist eine Droge; sie
pumpt uns voll mit Fantasien und Träumen – vom geliebten Menschen und uns selbst. So wie wir haben
auch unsere Kinder so viele romantische Komödien
und Spielfilme gesehen, dass sie eine fantastische, idealisierte Liebe für möglich halten. Bei so viel Fantasie
kann eine romantische Begegnung mit einem potenziellen Partner oder Liebhaber ein wenig so sein, als würde
man in eine psychotische Projektion geraten: Das idealisierte Selbst begegnet dem idealisierten Selbst, und
beide Menschen fühlen sich wie Götter.

Teenager und junge Erwachsene der Generation Ich
sind so begierig nach romantischer Liebe wie die Babyboomer, aber die Generation Ich ist zynischer und
schneller frustriert, wenn es darum geht, den Richtigen
oder die Richtige zu finden. Wer bei »Ich bin okay, du
bist okay«-Eltern aufgewachsen ist, will vor allem
einen Seelenpartner finden, der den *eigenen* Wert
schätzt. Gelingt das nicht, kann man sich in Zynismus
flüchten und findet viel Unterstützung bei den eigenen
Freunden.

Selten wird in unseren Medien gezeigt, wie sich Romantik in Liebe verwandelt. Als in der von Sehnsucht triefenden Fernsehserie *Sex and the City* am Ende Liebe eingeführt werden sollte, war das Drehbuch flach und nicht überzeugend. Statt den Weg von der Romantik über die Desillusionierung zur Nähe zu beschreiten, gingen die Paare in der Serie immer wieder auseinander, weil sie niemanden finden konnten, der sich für die Idealisierung eignete. Wenn wir nach jemandem Ausschau halten, der uns aufs Podest stellt oder den wir aufs Podest stellen können, sind wir auf Romantik, nicht auf Liebe aus.

Heutzutage heiraten junge Menschen in Amerika später als jede Generation vorher, oft erst Anfang oder Mitte 30. Vor der Ehe haben sie gewöhnlich eine Reihe fester Beziehungen, die alle zwischen zwei und zehn Jahren dauern können, hinter sich, eine Art Minischeidungen. Ein Ergebnis heutiger Formen des Sichkennenlernens, des Zusammenwohnens und der höheren Scheidungsrate ist, dass über ein Drittel der jungen Menschen zwischen 25 und 29 allein oder mit einem Mitbewohner leben. In einigen Städten verbringen Erwachsene mehr als ihr halbes Leben allein. Und in der Altersgruppe der 25- bis 39-Jährigen gibt es mehr unverheiratete Männer als unverheiratete Frauen, was für eine gewisse Chancengleichheit bei der Einsamkeit sorgt.[14] Natürlich werden dadurch Ängstlichkeit, Depression und Süchte geschürt. Zieht man von einer romantischen Beziehung zur nächsten, ohne zu wissen, wie man sie in Liebe verwandeln kann, ist das erschöpfend und emotional auslaugend.

Wenn Menschen eine romantische und gleichzeitig sexuelle Beziehung eingehen, wie es gewöhnlich der

Fall ist, entwickeln sie auch eine emotionale Bindung,
und dann werden die Gefühle ernst. Wie schon an früherer Stelle erwähnt, ist eine emotionale Bindung die
Erfahrung, sich mit einem anderen zu identifizieren –
das Gefühl, dass das eigene Überleben von der Verbindung mit dem anderen abhängt. Wenn wir uns einen
Sexualpartner suchen, gehen wir eine gewisse Bindung
mit diesem Menschen ein. Bei einem Paar, das mehrmals miteinander geschlafen hat, entsteht eine »Paarbindung«. Dann entwickelt sich (genau wie in der
Kindheit) die Tendenz, sich mit dem Partner zu identifizieren und wissen zu wollen, wo er sich aufhält. Je
öfter wir mit jemandem schlafen, desto stärker wird die
Bindung, und dann entsteht bei einer Bedrohung der
Bindung Trennungsangst – auch wenn wir mit der
Überlegung, die Beziehung zu beenden, selbst für die
Bedrohung sorgen. Deshalb werden Menschen wütend,
wenn sie herausfinden, dass ihr Partner sie mit jemand
anderem betrogen hat, selbst wenn sie den Partner nicht
mehr attraktiv finden. Protest oder Wut ist der erste
Ausdruck von Trennungsangst, gefolgt von Verzweiflung, Depression und schließlich Apathie.

Wenn feste Paare im Teenager- oder Erwachsenenalter in der Phase der Bedrohung ihrer Beziehung stecken, werden sie, bevor sie auseinandergehen, oft von
Wellen der Wut, Verzweiflung und Apathie überrollt.
Bei der Auflösung einer engen Verbindung machen die
Partner eine Trauerphase durch – die schmerzhafte körperliche und/oder emotionale Erfahrung des Verlusts.
Unsere heranwachsenden Kinder müssen begreifen,
dass sie mit jemandem, mit dem sie eine romantische
und sexuelle Beziehung haben, instinktiv eine emotionale Bindung eingehen. Aus der Sicht unseres Bin-

dungsinstinktes gibt es so etwas wie »freien Sex« nicht. Biologisch schützt diese Bindung die Familie, die aus der Sexualität hervorgehen könnte. Die Paarbindung in einer romantischen Beziehung ist keine Liebe, aber der Schmerz, sie zu verlieren, kann dafür sorgen, dass man vor der Liebe auf der Hut ist, selbst als Teenager. Kein Wunder, dass junge Menschen oft zynisch werden.

Von der romantischen Beziehung zur Liebe

Die romantische Beziehung in Liebe zu verwandeln, bedeutet, wie ich 1994 in meinem Buch *Du bist ganz anders, als ich dachte* beschrieben habe, die Wüste der Desillusionierung und des Machtkampfs zu durchschreiten – zu tolerieren, dass Ihr Partner Sie enttäuscht und bei Ihnen emotional einige der schlimmsten Kindheitserinnerungen heraufbeschwört. Wir müssen unseren Kindern beibringen (und vorleben), dass man in Liebesdingen eine objektivere Sicht von sich selbst und den eigenen Gewohnheiten wie auch vom Partner und dessen Gewohnheiten einnehmen muss. Wir müssen in unseren Wünschen und Reaktionen flexibler werden, um die Schwächen unseres Partners akzeptieren zu können, während wir für unsere eigenen Unzulänglichkeiten die Verantwortung übernehmen. Unser Partner wird zu einem wirklichen Menschen – getrennt von uns, anders als wir und ohne Podest, da er viele Schwächen hat, die wir nicht wahrhaben wollten.

Alles, was ich über die Liebe zu Kindern gesagt habe, gilt auch für die Beziehungen zu Lebenspartnern. Der entscheidende Unterschied zwischen der Eltern-Kind- und der Partnerbindung ist natürlich, dass Partner gleichrangig sind. Da sie ebenbürtig sind, ist keiner für den anderen verantwortlich. Das macht die Beziehung sowohl einfacher als auch schwieriger als die Elternrolle. Es macht sie einfacher, weil wir nicht dafür verantwortlich sind, unseren Partner in einen lebenstüchtigen, autonomen Erwachsenen zu verwandeln. Aber es macht sie aus demselben Grund auch schwieriger. Wir müssen den Grad an Autonomie akzeptieren, den unser Partner hat, so wie wir Unterschiede im Geschmack, Tagesrhythmus, in den Werten, Gewohnheiten, dem Stil und Ähnlichem hinnehmen müssen. Wenn wir wahre Liebe schon kennen und sie in unserer Sorge für das Wohlergehen unseres Partners spüren, fällt es uns leichter, Unterschiede zu akzeptieren. Akzeptieren wir diese Unterschiede immer wieder und finden sie sogar anregend, kann man unsere Beziehung Liebe nennen. Kindern, die zu sehr gelobt und verwöhnt wurden und die zu wenig Grenzen und Führung erlebt haben, fällt es besonders schwer, mit den normalen Anforderungen der Ambivalenz in der erwachsenen Liebe umzugehen.

Einen Partner einfach so zu lieben, wie er oder sie ist, bedarf der Gelassenheit – dieses sanften, realistischen Gewahrseins dessen, was eigentlich vor sich geht. Wer verheiratet ist oder in einer eheähnlichen Beziehung lebt, muss von der romantischen Beziehung über die Desillusionierung zu einer lebenslangen Freundschaft finden, damit die Liebe lebendig bleibt. Eine liebevolle, lebenslange Partnerschaft ist eine Freundschaft – plus Sex, einem gemeinsamen Haushalt und vielleicht einer gemeinsamen Verantwortung als Eltern. Das ist eine komplizierte und anspruchsvolle Verpflichtung mit vielen Facetten. Es ist beinahe schade, dass sie mit einer Romanze beginnt. Wir müssen unse-

ren Kindern klarmachen, dass jedes Paar aus dieser erfüllenden, glitzernden Fantasie hart in die frustrierende Realität der Verärgerungen und Enttäuschungen,
Rivalitäten und Kompromisse geworfen wird, die zu
unserem alltäglichen Umgang mit unserem Partner
gehören.

Frustrierende Gefühle auszuhalten ist eine besondere Herausforderung für Kinder der Generation Ich, die
nach Idealisierung und Bewunderung dürsten und die
vielleicht auch gesellschaftliches Ansehen oder Pres-
tige aus den Fähigkeiten oder dem guten Aussehen des
Partners beziehen wollen. Die normale Desillusionierung der Romanze – wenn Fehler und Schwierigkeiten
den potenziellen Partner hässlich oder minderwertig
erscheinen lassen oder ein Machtkampf tobt – macht
Angst. Kinder der Generation Ich tendieren dazu, weg-
zulaufen. Sie gehen davon aus, dass sie den falschen
Partner gewählt haben. Tatsache ist, dass sie länger in
der Beziehung bleiben müssten, um das zu prüfen. Die
aus der Selbstwertfalle resultierenden Ansprüche können die Großzügigkeit, Geduld und Sorgfalt untergraben, die notwendig sind, um die Desillusionierung in
eine enge Freundschaft zu verwandeln. Wenn diese
Verwandlung gelingt, ernten wir den Gewinn in Form
vieler Jahre mit guten Gesprächen, bereichernden Konflikten und allen Arten von gegenseitigen Freuden, und
wir geben auch ein Vorbild wahrer Liebe für jedes Kind
ab, das aus dieser Verbindung hervorgeht.

Diese lebenslange Freundschaft kann für Eltern oder
junge Erwachsene auch als Fundament spiritueller Entwicklung dienen. Ein echter spiritueller Freund sagt
Ihnen dasselbe ins Gesicht, was er hinter Ihrem Rücken
sagt, achtet auf Ihr ethisches und spirituelles Wohl und

tut alles, was in seinen Kräften steht, um Ihnen zu helfen, ein normaler und realistischer Mensch zu sein.
Diese Prinzipien der Freundschaft gelten für jede lang
anhaltende Beziehung, auch mit einem Partner oder
einem erwachsenen Kind. Helfen Sie dem anderen,
realistisch zu sein, während Sie seinen Standpunkt bedenken. Den Kern wahrer Freundschaft bildet die Verpflichtung, unsere Gedanken und Gefühle gründlich zu
erwägen, bevor wir danach handeln. In diesem nachdenklichen Geist nehmen wir unsere Gefühle und Gedanken wahr und erlauben ihnen, genauso zu sein, wie
sie sind. Wir versuchen, mit uns ehrlich zu sein im
Hinblick darauf, was tatsächlich in unserem Innern
vorgeht. Ganz gleich, was wir dem anderen sagen wollen, wir sprechen ehrlich, aber freundlich und lassen
alle übrigen Gedanken und Gefühle weg. Das Fundament für diese Art von Freundschaft wird durch das
Einüben der Regeln des Normalseins gelegt, die ich an
früherer Stelle beschrieben habe.

Der Anspruch an uns selbst, ideal zu sein oder das
Ideal in unserem Kind oder Partner zu finden, führt
uns in die Irre, wenn es um Liebe geht. Im Gegensatz zu
jeder idealisierten Fantasie hat wahre Liebe sowohl er-
füllende als auch frustrierende Aspekte. Während wir
die erfüllenden genießen, müssen wir die frustrierenden weise für unsere Entwicklung und die unserer Kinder nutzen. Wenn Sie mit beiden Seiten der Liebe vertraut sind – aus einer Kindheit, in der Sie geliebt statt
idealisiert wurden –, werden Sie als Erwachsener reif
sein, die Anforderungen der Liebe zu akzeptieren. Das
ist die beste Voraussetzung dafür, ein gutes und glückliches Leben zu führen.

KAPITEL 9

Die Wahrheit über das Glück

Die Wahrheit über das Glück ist, dass wir es nicht direkt anstreben können, und ebenso wenig können wir es anderen schenken. Wie Selbstwert ist Glück ein Nebenprodukt dessen, wie wir denken, was wir glauben und wie wir handeln. Doch es gibt immer Arten des Denkens, Glaubens und Handelns, mit deren Hilfe die Wahrscheinlichkeit des Glücks steigt. Wir werden als Kinder oder Erwachsene glücklicher, wenn wir Gelegenheiten willkommen heißen, aus unseren Fehlern zu lernen, und Gelegenheiten ablehnen, von uns auf unrealistische Weise positiv oder negativ zu denken. Unser Glück ist an realistische Selbsteinschätzung und Verantwortung gekoppelt. Sie erzeugen ein gesundes psychisches Immunsystem, das uns schützt, wenn wir mit den Unwägbarkeiten des Schicksals konfrontiert sind oder in Gefühlen der Blamage, der Scham oder Schuldzuweisung feststecken. Aber selbst wenn wir alles in unseren Kräften Stehende tun, um das Glück zu fördern, ist es an keinem Tag unseres Lebens garantiert.

Unglück hingegen *ist* garantiert. Unzufriedenheit und Schwierigkeiten sind Teil des Lebens; es ist unmöglich, ihnen zu entgehen. Erkennen wir, dass sie universal sind, nehmen wir unsere Hindernisse und schlechten Tage nicht persönlich. Wir benutzen sie nicht, um uns und andere anzugreifen. Wir verschwenden auch keine

Energie auf den sinnlosen Versuch, unsere Kinder vor den Schwierigkeiten des Lebens zu schützen. Wir können sie aushalten, von ihnen lernen, unsere negativen Gefühle tolerieren und beginnen, unsere eigenen Stärken und Schwächen wahrzunehmen. Diese Offenheit für die Begrenzungen des Lebens wird uns und unsere Kinder letztlich glücklicher machen. Wir können den Schwierigkeiten im Leben nicht entrinnen, aber wir können unsere Einstellung ihnen gegenüber ändern.

Das Problem mit dem Besondersein ist, dass es ein tiefgreifendes Unglücksgefühl und negative Selbsteinschätzung zur Folge hat: Furcht, Depression, Versagensangst, rastlose Unzufriedenheit, den Druck, außergewöhnlich zu sein, die mangelnde Bereitschaft, erwachsen zu werden, und Gefühle von Über- (oder Unter-)legenheit. Die Symptome der Besonderheit haben die Kinder der Generation Ich und deren Eltern schmerzlich gequält, die wie die meisten von uns in die Selbstwertfalle geraten sind, indem sie glauben, jeder sei zum Erfolg geboren und könne etwas Großes leisten. Das Heilmittel für diese weit verbreitete Einstellung in unserer Kultur besteht nicht darin zu glauben, jeder sei ein Verlierer und habe nichts zu bieten. Vielmehr haben wir festgestellt, dass die übermäßige Betonung des individuellen Selbst – als isolierte, getrennte Einheit – der vorherrschende Fehler in der Kindererziehung der letzten dreißig Jahre gewesen ist. Als Menschen sind wir grundsätzlich soziale Wesen, und wir können unser individuelles Selbstvertrauen, unseren Selbstwert oder unsere Leistungen nicht betrachten, ohne zu berücksichtigen, dass wir miteinander verbunden sind.

Anstand und innere Stärken unterstützen unser Verbundensein. Sie erlauben uns, unsere Handlungen und Gefühle realistischer zu beurteilen. Wenn wir nicht lügen, betrügen oder stehlen, können wir vertrauensvoller und echter sein – freier im Umgang mit unserer Familie, der Gemeinschaft und der Welt. Dadurch ist es leichter, selbstbestimmt zu sein, weil wir nichts geheim halten müssen, was wir getan oder gesagt haben.

Bei der Bilanz, die wir über uns und unsere Beziehungen auf diesen Seiten gezogen haben, wurde deutlich, dass es möglich ist, erfolgreich und kreativ zu sein, ohne besonders sein zu müssen. Wir haben diese Möglichkeit »Normalsein« genannt und ausgeführt, wie wir am besten lernen können, unsere Interdependenz anzunehmen und Gebrauch von unserer Autonomie zu machen.

Autonomie und Glück

Man könnte sich fragen, ob Autonomie – gute Entscheidungen für uns selbst zu treffen und innerlich darauf zu vertrauen, dass wir unser eigenes Leben lenken können – etwas mit Glück zu tun hat. Aber es gibt Untersuchungen, die das genau belegen. Menschen genießen es, Autonomie auszuüben, nicht nur aufgrund dessen, was sie ihnen bringt, sondern auch aufgrund dessen, wie sie sich anfühlt. Wie der Psychologe und Wissenschaftler Daniel Gilbert in seinem 2006 erschienenen Buch *Ins Glück stolpern* schreibt: »Wir haben einen großen Schläfenlappen, um in die Zukunft zu schauen. Wir schauen in die Zukunft, um Vorhersagen über sie zu machen; wir machen Vorhersagen über sie, um sie zu kontrollieren – aber wozu wollen wir sie überhaupt kontrollieren?« Selbst wenn wir Menschen bekanntermaßen nicht gut darin sind, vorherzusagen, was uns glücklich macht, genießen wir dennoch, wie er sagt, die Erfahrung, etwas tun zu wollen und es dann zu tun.[1] Wie ich im fünften Kapitel ausgeführt habe, finden wir von klein auf Gefallen daran, Dinge zu bewegen. Teil dieser Lust ist die subjektive Kontrolle – das Gefühl, die Kontrolle zu haben, ganz gleich, ob es stimmt oder nicht. Eine klinische Depression wird gewöhnlich vom Gefühl des Kontrollverlusts beschleunigt und ist immer davon begleitet. Subjektive Kontrolle ist ein Quell des Glücks, wenn sie nicht mit innerem Druck und einem übertriebenen Ichgefühl einhergeht. Tatsächlich legen Untersuchungen nahe, dass man am Verlust der subjektiven Kontrolle zerbrechen und möglicherweise sogar daran sterben kann.

Bei einem Experiment schenkten Wissenschaftler jedem Bewohner eines Seniorenheims eine Zimmerpflanze. Der einen Hälfte der Bewohner übertrugen sie die Verantwortung für die Pflege und das Gießen der Pflanze (Gruppe mit hoher Kontrolle), der anderen Hälfte sagten sie, dass eine Mitarbeiterin sich um die Pflanze kümmern würde (Gruppe mit geringer Kontrolle). Nach sechs Monaten waren 30 Prozent der Bewohner aus der Gruppe mit der geringen Kontrolle gestorben, im Gegensatz zu nur 15 Prozent aus der Gruppe mit der hohen Kontrolle. Eine Nachfolgeuntersuchung bestätigte die Wichtigkeit subjektiver Kontrolle für das Wohlbefinden von Bewohnern in Altenheimen.[2] Das Gefühl von Kontrolle ist nicht nur angenehm, es wirkt sich auch günstig auf eine Reihe von psychischen und gesundheitsrelevanten Faktoren aus.

Wie schon erwähnt, eignet sich eine Familienkonferenz hervorragend dazu, sich die Problemlösungen aller Beteiligten – der Erwachsenen und der Kinder – anzuhören und sie als Ausdruck der Autonomie, der Erfahrung der Selbständigkeit, zu werten. Wenn Kinder von Problemen und erfolgreichen oder erfolglosen Lösungen erfahren, beginnen sie zu verstehen, was es bedeutet, aus ihren eigenen Entscheidungen zu lernen, ganz gleich, ob sie das erwünschte Ergebnis erreichen oder nicht. Ich habe in diesem Buch immer wieder betont, dass man Kindern eine ihrem Alter angemessene Autonomie zugestehen sollte, ihre Probleme selbst zu lösen und eigene Entscheidungen zu treffen. Statt sie vor Misserfolgen und negativen Gefühlen zu schützen, sollten Eltern ihnen erlauben, die Folgen ihrer Handlungen zu erleben und davon zu berichten. Das ist auch eine gute Übung für Erwachsene. Zu schildern, wie wir uns mit einem Problem und seiner Lösung auseinandergesetzt haben, ohne Angst vor unseren Irrtümern zu haben, ist eine der interessantesten und oft spaßigsten Formen zwischenmenschlicher Begegnung. Mit der Zeit entdecken Menschen, was ihnen hilft, die Kontrolle zu behalten und glücklich zu sein, wenn sie mithilfe ihrer Freunde begreifen, wie sie mit den positiven und negativen Folgen ihrer Entscheidungen umgehen können.

Tatsache ist, dass wir nicht gut darin sind, vorherzusagen, was uns glücklich macht oder was die Zukunft bringt. Menschen arbeiten beispielsweise immer mehr, um mehr zu erreichen und mehr zu verdienen, obwohl sie immer wieder entdecken, dass Privilegien, Status und besseres Spielzeug nicht zu dauerhaftem Glück führen. Es liegt also eine gewisse Ironie darin, dass wir so große Freude daran haben, eigenständige Entscheidungen zu treffen und Verantwortung für unser Leben zu übernehmen, ohne wirklich zu wissen, was uns glücklich macht.

Negative Erfahrungen und Reue

Ein Hauptgrund dafür, dass unsere Vorhersagen über die Zukunft unzuverlässig sind, ist die Tatsache, dass negative Erfahrungen uns nicht so schmerzlich treffen, wie wir vorher angenommen haben. Wenn wir uns wegen einer schlechten Zensur, einer verpassten Beförderung, der Auswirkungen der Scheidung auf unsere Kinder oder selbst wegen gesundheitlicher Probleme verrückt machen, sollten wir daran denken, dass das Problem vermutlich keine so große Rolle spielen wird, wie wir meinen. Wie Daniel Gilbert sagt: »Tatsache ist, dass negative Ereignisse eine Wirkung auf uns haben, aber gewöhnlich wirken sie sich bei Weitem nicht so stark oder so lange aus, wie wir es erwarten.« Obwohl mehr als die Hälfte aller Menschen in den Vereinigten Staaten in ihrem Leben schon einmal ein Trauma, wie eine Vergewaltigung, Körperverletzung oder eine Naturkatastrophe, erlebt haben, entwickelt nur eine Minderheit ein posttraumatisches Syndrom oder braucht professionelle Hilfe. Innere Stabilität ist die am häufigsten beobachtete Reaktion auf ein tragisches Ereignis, und die meisten Menschen fangen sich nach einem Trauma nicht nur wieder, sondern viele berichten auch von einem Gefühl der Bereicherung, weil sie etwas aus der Erfahrung gelernt haben.[3]

Den Schwierigkeiten des Lebens zu begegnen und

mit ihnen fertig zu werden gibt uns, wie ich wiederholt gesagt habe, Übung darin, unser Gleichgewicht wiederherzustellen. Allmählich entwickeln wir ein gesundes psychisches Immunsystem, das nach Gilbert »die Seele ebenso gegen Unglück verteidigt, wie das physische Immunsystem den Körper vor Krankheit schützt.«[4] Mit einem gesunden psychischen Immunsystem sind wir imstande, den mit Verlust, Unglück oder Ablehnung einhergehenden Schmerz teilweise abzuwehren, ohne dabei zu weit zu gehen (»Ich bin eindeutig im Recht oder weiß mehr als die anderen, und deshalb haben sie Unrecht«) oder uns zu wenig zu wehren (»Ich bin eine Katastrophe, und keiner würde mich lieben, wenn er die Wahrheit wüsste«). Ein gesundes psychisches Immunsystem sorgt für eine Ausgewogenheit, die uns erlaubt, aus der Realität zu lernen: (»Okay, nächstes Mal bin ich höflicher zu Tante Minnie«), ohne uns allzu schlecht zu fühlen. Um eine gute Abwehr zu entwickeln, ohne defensiv zu sein, müssen wir wiederholt aus Schwierigkeiten lernen. Dazu bedarf es der Übung. Wenn Kinder von Helikopter- oder Rollentausch-Eltern vor dieser Übung geschützt werden, sind sie entweder übermäßig defensiv oder wehrlos, sobald sie mit der rauen Wirklichkeit des Erwachsenenlebens konfrontiert werden.

Aber wie sieht es mit Reue aus? Was sollten wir tun, wenn wir vor einem Dilemma stehen, wie Erin in ihrem Magisterstudium oder Andrew, als er seine Berufswahl treffen musste? Viele Menschen begeben sich in Psychotherapie, weil sie fürchten, einen großen Fehler zu begehen, wenn sie eine schlechte Entscheidung treffen, oder weil sie glauben, sie seien an ihrem Unglück schuld, wenn sie bereits den falschen Partner oder den falschen Beruf gewählt haben. Junge Erwachsene der Generation Ich kommen wie Andrew häufig mit der Überzeugung in die Therapie, sie müssten einen bestimmten Beruf oder eine bestimmte Art Partner (mit einem bestimmten Einkommen und dergleichen) haben, um glücklich zu sein. Man hat ihnen beigebracht, auf ihre Träume zu hören und sich mit nichts anderem zufriedenzugeben. Doch wie ich bereits an früherer Stelle ausgeführt habe, gibt es keinen endgültigen Punkt im Leben, von dem aus wir beurteilen können, ob wir den richtigen Weg eingeschlagen oder den richtigen Partner gewählt haben. Unser Leben entfaltet sich aus unseren Entscheidungen heraus, aber wir wissen nie genau, ob wir die allerbesten getroffen haben.

Neulich sah ich einen Dokumentarfilm über den Architekten Frank Gehry, dessen spiralförmig verschlungene und bizarr geknickte Gebäude erfolgreich das Aussehen unserer Städte und die Geschichte der amerikanischen Architektur verändert haben.[5] Gehry, der mittlerweile in den Siebzigern ist, war davon überzeugt, dass er genauso gut hätte Pilot werden können. Er interessierte sich für die Fliegerei ebenso wie für die Architektur, aber in seiner Jugend bot sich ihm keine große Gelegenheit zum Fliegen, während das Schicksal ihm den Weg zur Architektur ebnete, auch wenn er ihn nur widerstrebend betrat. Gehry bereute nicht, Architekt geworden zu sein; dennoch stellte er fest, dass es nur eine Wahlmöglichkeit unter vielen war. Sein Leben wurde durch seine Entscheidung erheblich beeinflusst, aber er war sich sicher, dass er auch mit einer anderen Entscheidung hätte glücklich werden können. Er hat vermutlich Recht, wenn man Untersuchungen über Reue glaubt.

Reue ist eine Art Trauer über ein negatives Resultat, das wir unserer Meinung nach hätten verhindern können. Da Reue sehr wehtut, wollen wir sie möglichst umgehen. Viele Menschen haben ausgesprochen falsche Vorstellungen von der Reue. Beispielsweise glauben sie, dass sie mehr Reue oder Bedauern empfinden, wenn sie von Alternativen zu den von ihnen getroffenen Entscheidungen erfahren, wenn sie einen schlechten Rat befolgen und einen guten Rat in den Wind schlagen oder wenn ihre schlechten Entscheidungen unkonventioneller statt konventioneller Art waren. Menschen benutzen diese falschen Vorstellungen, um Entscheidungen zu treffen. Aber nur eine Faustregel gilt als verlässliche Empfehlung, wenn man Reue vermeiden will. Untersuchungen zeigen, dass Menschen jeden Alters und aus allen Schichten und Berufen am meisten das bereuen, was sie *nicht* getan haben. Mit anderen Worten: Menschen sind weniger traurig über das, was sie getan haben und was schiefging, als über das, was sie unterlassen haben (aber tun wollten) – beispielsweise eine weitere Ausbildung zu machen, eine günstige Gelegenheit wahrzunehmen, genug Zeit mit den Menschen zu verbringen, die sie lieben.[6] Einer der Gründe dafür, dass Menschen ihre Unterlassungen mehr bereuen als ihre Taten, ist, dass es unserem psychischen Immunsystem schwerer fällt, Unterlassungen realistisch zu beurteilen.

Wenn wir Dinge tun, die wir später bereuen – dass wir unsere Ersparnisse für einen verregneten Urlaub auf einer griechischen Insel ausgegeben haben –, können wir uns mit Rationalisierungen trösten (»Schließlich war es nur Geld, und ich musste keine Angst vor einem Sonnenbrand haben«). Aber wenn unsere *Unter-*

lassungen ein Gefühl mangelnder Erfüllung zur Folge haben, können wir uns nicht damit trösten, was wir daraus gelernt haben. Man lernt nichts, wenn man seinen Wünschen niemals nachgeht.

Wenn im Leben Ihres Kindes ein Problem auftritt, das es von seinem Alter her bewältigen kann, ermutigen Sie es, es anzupacken und zu versuchen, es zu lösen. Hat es Erfolg, sollte es seine Belohnung direkt aus der Situation und nicht aus Ihrem Lob beziehen. Laufen die Dinge schief oder nicht so, wie Ihr Kind es sich wünscht, erlauben Sie ihm, sich mit den negativen Gefühlen und Folgen auseinanderzusetzen, während Sie es durch Ihre Zuversicht unterstützen (»Ich bin sicher, dass du damit fertig wirst«). Dem Kind direkt oder indirekt zu vermitteln, dass es stark genug ist, mit den Schwierigkeiten fertig zu werden, verhilft ihm zur Entwicklung eines gesünderen psychischen Immunsystems. Impfen Sie Ihr Kind gegen die Überzeugung, dass sein Glück hauptsächlich von außen kommt – seinem Aussehen, seinen Zensuren, seinen sportlichen Erfolgen –, denn das wird nicht der Fall sein.

Menschen, die im Schatten der Selbstwertfalle leben, empfinden das Glück als noch flüchtiger als alle anderen. Sie leiden unter dem Trugschluss, dass Ruhm, Ansehen, Status oder Reichtum sie glücklich machen sollten. Das führt zu einer dreifachen Enttäuschung. Erstens werden sich ihre Träume vom außergewöhnlichen Erfolg meist nicht realisieren, weil die Umstände dafür nicht günstig genug sind. Sie werden auf die Wege, die sie nicht eingeschlagen haben, mit Bedauern zurückschauen, weil sie glauben, durch ihre eigenen Fehler Chancen vertan zu haben. Zweitens: Wenn sie den erwünschten Ruhm und Reichtum erlangen sollten, werden sie verwirrt feststellen, dass diese nicht die erhoffte Belohnung und Befriedigung mit sich bringen. Und drittens: Der Anspruch, besonders zu sein, wird sie anderen entfremden – sie werden nicht teilen, kooperieren und sich mit anderen entwickeln. Sich wie ein normaler Mensch zu fühlen statt wie jemand, der innerlich oder äußerlich im Rampenlicht stehen muss, erhöht die Wahrscheinlichkeit des Glücks, wenn das Glück tatsächlich an die Tür klopft.

Wenn das Glück an die Tür klopft

Was hilft uns, das Glück hereinzulassen, wenn es an die Tür klopft? Vielleicht kennen Sie die Antwort: im Augenblick bleiben, wachsam und bewusst sein. Warum fällt uns das so schwer, selbst wenn wir glücklich sind? Weil wir uns auf uns selbst konzentrieren: Das Ichgefühl und übertriebene Ansprüche an uns selbst können sogar unsere glücklichen Augenblicke trüben. Wenn Glück »der Geisteszustand ist, in dem wir uns nicht wünschen, in einem anderen zu sein«, wie der berühmte Erforscher des *Flow*-Erlebens Mihaly Csikszentmihalyi sagt, dann vereiteln Ichgefühl, Scham, Neid, Eifersucht, Verlegenheit und Schuldgefühle das Glück.[7] Sie holen uns aus der Freude zurück in die Sorge um uns selbst.

Neid auf einen anderen lässt uns in Sekundenbruchteilen unsere Mitte verlieren. Ebenso nehmen uns Scham und Verlegenheit die Freude und holen negative Gefühle über uns selbst hoch. Alle Emotionen, die uns dazu bringen, uns mit anderen zu vergleichen, und uns drängen, uns an unseren Ansprüchen zu messen

(»Habe ich das auch richtig gemacht?«), begrenzen eindeutig unser Gefühl der Zufriedenheit.

Während das Ichgefühl uns das Glück raubt, macht
die Gelassenheit es größer, ganz gleich, ob wir Kinder
oder Erwachsene sind. Wenn Glück als ein Geisteszustand definiert wird, in dem wir uns nicht wünschen,
in einem anderen zu sein, dann fördert Gelassenheit
definitionsgemäß das Glück. Gelassenheit ist, wie wir
gesehen haben, die sanfte realistische Wahrnehmung
und Akzeptanz unserer Erfahrung, so wie sie ist. Wenn
wir diese Art Bewusstheit kultiviert haben, akzeptieren
wir unsere Erfahrungen, ohne an ihnen herumzumani-
pulieren. Ganz gleich, welche Gefühle angerührt werden, wir reiten auf den Wellen der Expansion und
Kontraktion und bleiben wachsam. In einem Augenblick des Entzückens, der Freude oder Lust vermehrt
die Akzeptanz unser Glück. Wenn wir eine Acht auf
Schlittschuhen laufen, eine Bleistiftskizze vollenden,
eine Skulptur fertig stellen oder uns einfach an einem
guten Mahl erfreuen, sind wir glücklich, ohne von dem
Gedanken abgelenkt zu sein: »Habe ich es so gut gemacht, wie ich es hätte machen können?« »Wird meine
Arbeit den Preis bekommen?« oder »Ich bin so satt!
Warum habe ich bloß so viel gegessen?« Diese Art von
Ichgefühl raubt uns das Glück, das unseren Erfolgen
und Befriedigungen innewohnen sollte.

Gelassenheit bedeutet nicht Passivität oder Gleich-
mut, sondern imstande zu sein, in Kontakt mit der
Mitte unseres Seins zu bleiben. Sie schenkt uns die
Freiheit, uns unserer inneren Weisheit zuzuwenden.
Sind wir gerade in ein schwarzes Loch der Scham gefallen, sollten wir unsere Wahrnehmung nicht ausblen-
den oder anfangen, uns selbst anzugreifen, sondern

vielmehr unsere Körperempfindungen und die Bilder, die uns in den Sinn kommen, zur Kenntnis nehmen; dann werden wir feststellen, dass die Blamage schnell vergeht. Wir haben unsere Mitte gar nicht verloren. Kinder zu ermutigen, Gelassenheit zu praktizieren, indem wir sie bitten, innezuhalten und ihre Erfahrung in einem beliebigen Augenblick zur Kenntnis zu nehmen – etwa wenn das Telefon klingelt oder sie durch eine Tür gehen –, stärkt ihre Gelassenheitsmuskulatur, die ihnen im Laufe der Jahre helfen wird, die Negativität zu überwinden und die Freude zu maximieren.

Gelassenheit unterstützt auch unsere Beziehung zu anderen. Eine sanfte Akzeptanz unserer Gefühle und Interaktionen erlaubt uns, einfühlend und miteinander verbunden zu bleiben, selbst wenn wir Konflikte haben. Wir bleiben in Kontakt mit unserem Menschsein und öffnen uns beiden Seiten des Konflikts. Besonders in unseren engen Beziehungen müssen wir ein Gefühl der Verbindung durch dick und dünn behalten. Die meisten empfinden das als große Herausforderung. Neid und Scham sind die störendsten Gefühle in engen Beziehungen. Werden sie aktiviert, kann fast jede Enttäuschung überwältigend erscheinen und zu negativen Gefühlsexplosionen und Verbalattacken führen. Als Erwachsene können wir in den positiven wie den negativen Augenblicken Gelassenheit üben, was unser Glück mit hoher Wahrscheinlichkeit vermehren wird. Auch unsere Kinder können wir lehren, aufmerksam zu beobachten und innezuhalten, wenn starke Gefühle hochkommen. Wenn sie geübt haben, sich zu konzentrieren, indem sie feststellen, was im Augenblick geschieht, sind sie auch in der Lage, ihre Gefühle zu beobachten.

Die Glücksmuskulatur stärken

Als fürsorgliche Eltern möchten wir, dass unsere Kinder glücklich sind. Wir genießen die Augenblicke der Nähe und wollen sie ausdehnen. Viele Menschen sind gute Freunde ihrer Kinder und wissen, wie sie ihre Wünsche und Begabungen unterstützen können. Aber wie wiederholt deutlich wurde, erzeugt es bei Kindern, Jugendlichen und jungen Erwachsenen großes Leid, wenn sie im zementierten Denken der Besonderheit feststecken. Das besondere Selbst schwächt ihre Glücks- und Autonomiemuskulatur, die sie brauchen, um auf eigenen Beinen zu stehen. Im gesamten Buch habe ich eine Reihe von praktischen Veränderungen in unseren Einstellungen und Beziehungen empfohlen, um unseren Kindern eine neue Art von Selbstvertrauen zu ermöglichen.

Ich weiß, dass es schwer ist, den eigenen Erziehungsstil zu ändern. Zuweilen erscheint es unmöglich, unsere Gewohnheiten in einer Beziehung zu verändern. Die gute Nachricht lautet jedoch, dass unsere Kinder, weil sie Kinder sind, Veränderungen akzeptieren können. Ihr Körper, ihr Gehirn, ihre Umgebung und ihre Erfahrungen sind ständig in einer rasanten Entwicklung begriffen. Denken wir nur an den Unterschied zwischen einem Säugling und einem Kleinkind, einem Kleinkind und einem Grundschulkind und diesem Grundschulkind und einem Teenager. Viele Empfehlungen im vorliegenden Buch machen einen veränderten Umgang mit Ihren eigenen Kindern und denen anderer Menschen notwendig. Wahrscheinlich fällt den Kindern die Veränderung leichter als Ihnen.

Meine Freundin Shannon erzählte mir von einem

Gespräch mit einer anderen Mutter über die Veränderungen in deren Erziehungsstil. Stephanie kam aus einer wirtschaftlich priviligierten, aber emotional anspruchsvollen Familie. Sie gab ihre vielversprechende Karriere auf, als das dritte ihrer fünf Kinder zur Welt kam, und verschrieb sich mit Haut und Haaren der Kindererziehung. Sie achtete darauf, jedes Bedürfnis ihrer Kinder zu erfüllen – von Umarmungen und Küsschen bei einem verletzten Knie oder angeschlagenen Ego bis hin zu Europareisen, um wichtige Lebensabschnitte zu feiern. Sie war auch rasch dabei, ihre Kinder für ihre Leistungen zu loben. Bastelarbeiten wurden aufgestellt, gute Noten reich belohnt, besondere Begabungen gefördert und unterstützt. Dann las Stephanie in einem Nachrichtenmagazin einen Artikel über die Folgen von zu viel Lob und Verwöhnen. Sie begann, ihren Erziehungsstil bei ihren fünf Kindern gründlich zu überdenken.

Zunächst besprach sie ihre Überlegungen mit ihrem Mann. Sie kamen beide überein, die Kinder weniger zu loben. Sie beschlossen, auch das zu verändern, was sie unbewusst betont hatten – dass ihre Kinder besonders waren. Nachdem sie die Grundzüge ihrer Strategie entworfen hatten, beriefen sie eine Familienkonferenz ein, bei der sie alle Kinder versammelten und ihnen mitteilten, was sie ändern würden und warum. Sie sagten ihnen, dass sie sie weiter liebten und immer lieben würden, aber dass Mama und Papa sie nicht mehr anspornen würden. Sie betonten, dass sie sich glückliche und erfolgreiche Kinder wünschten und es deshalb für das Beste hielten, den Kindern zu helfen, eine bessere Verbindung untereinander und mit anderen herzustellen.

Stephanie und ihr Mann gaben sich große Mühe, den Ton und das Verhalten gegenüber ihren Kindern zu verändern, und noch jetzt nehmen sie Korrekturen vor. Was Stephanie jedoch überraschte, war, wie leicht ihre Kinder sich darauf einstellten. Tatsächlich haben alle angefangen, sie scherzhaft zu korrigieren, wenn sie in ihre alten Gewohnheiten zurückfällt.

Wir haben als Eltern die Führungsrolle. Wir haben die Macht, Veränderungen im Erziehungsstil vorzunehmen, ganz gleich, ob das Kind ein Jahr oder 21 Jahre alt ist. Unsere Worte und Taten haben einen sehr viel größeren Einfluss auf die sich entwickelnde Persönlichkeit unseres Kindes, als wir vielleicht glauben. Gehen Sie nicht davon aus, dass Sie und Ihre Kinder gleichrangig sind oder dass die Meinungen aller Beteiligten die gleiche Gültigkeit haben. Eine Familie ist keine Demokratie. Sie sollten Ihr Kind vielmehr durch Regeln und Beispiele dazu anhalten, ein freundlicher, autonomer Erwachsener mit guten Manieren und einem gut entwickelten Gewissen zu werden. In den langen Jahren der Abhängigkeit Ihres Kindes ist das eine komplexe und anspruchsvolle Aufgabe. Ihre Aufgabe besteht nicht darin, der beste Freund Ihres Kindes zu sein, sondern es vielmehr darauf vorzubereiten, ein erfülltes und selbständiges Leben zu führen.

Unsere erste Verantwortung lautet, unserem Kind beizubringen, ein aktives Mitglied seiner Familie, Gemeinschaft, Gesellschaft und Spezies zu werden. Denken Sie an die Wichtigkeit emotionaler Intelligenz (Selbstwahrnehmung, Impulskontrolle, Einfühlung in andere), um glücklich und erfolgreich zu sein, besonders in Führungsrollen, Beziehungen, Gruppen und in der Kreativität. Helfen Sie Ihrem Kind, die sechs Lebensregeln des Normalseins und die Fähigkeiten emotionaler Intelligenz anzuwenden.

Mithilfe einer stetigen Erinnerung an die sechs Lebensregeln des Normalseins können Sie individuelle Erfolge und Leistungen in das rechte Licht rücken. Wenn es unseren Kindern gelingt, sich Privilegien und Status zu erwerben, hängen ihre Leistungen nicht nur von ihnen, sondern auch von der Beteiligung und den Opfern vieler anderer ab. In Wahrheit teilt man seine Verdienste immer mit anderen. Wenn wir diese Verbundenheit empfinden, fällt es uns leichter, uns an Erfolg – unserem eigenen und dem anderer – in einer nicht egozentrischen Weise zu erfreuen. Dadurch nimmt unser Glück zu.

Im siebten Kapitel habe ich gezeigt, dass wir die Bereitschaft unserer Kinder, das Leben zu würdigen, stärken können, wenn wir ihnen helfen, sensibel für die Übergänge zu werden – Geburt, Alter, Krankheit und Tod. Gesundheit ist für uns alle nur ein vorübergehender Zustand. Wenn wir uns Zeit nehmen, uns um Kranke zu kümmern oder sie zu besuchen, wird uns bewusst, was für ein Geschenk es ist, dass es uns zurzeit gut geht. All die Weisen, wie wir mit anderen an den gemeinsamen Sorgen und Nöten des Lebens teilhaben, können unsere Großzügigkeit, Dankbarkeit und unser Vertrauen stärken – die Grundlagen für unser eigenes Glück.

Vertrauen und Glück

In der Nähe meines Wohnorts befindet sich die Norwich University, ein 1819 gegründetes, privates Militärcollege, das neben Kadetten auch Zivilstudenten ausbildet. Ich fing an, mich für diese Universität zu interessieren, weil sie aktiv gute Manieren und Leitwerte fördert. Als Beraterin bei ihrer campusweiten Initiative, emotional intelligente Führungsqualitäten zu entwickeln (quer durch die Reihen: für Studenten, Lehrkräfte, Mitarbeiter und Verwaltung) habe ich viel über mich und andere gelernt im Hinblick auf die Ansprüche, die eine Führungsrolle an unseren Charakter stellt. Um die uns innewohnenden Führungsqualitäten zu entwickeln und auszubauen (dafür zu sorgen, dass die Gruppe Dinge umsetzt, während man gute Beziehungen untereinander aufrechterhält), müssen wir andere konstant im Blick behalten.

Als ich Martha Mathis, Dekanin der Studenten in Norwich, bei meinen Recherchen für dieses Buch interviewte, fungierte ich noch nicht als Beraterin an der Universität. Martha Mathis ist eine schlanke, attraktive Frau mittleren Alters mit freundlichen Manieren, einem Funkeln in den Augen und einer Art, den Kopf zur Seite zu neigen, als wollte sie sagen: »Wirklich? Glauben Sie das?«

Zu Beginn meines Gesprächs mit Frau Mathis ging ich davon aus, dass sich in den letzten fünf bis zehn Jahren auch in Norwich veränderte Gewohnheiten der Studenten bemerkbar gemacht hatten – wie etwa Anspruchsdenken und schlechte Manieren –, so wie ich es von anderen Colleges gehört hatte. Als ich sie danach fragte, neigte sie den Kopf und antwortete: »Ich glaube, Norwich ist anders. Unsere Wurzeln und Fundamente liegen in einem Ehrenkodex und Leitwerten. Für uns haben bestimmte Werte einen höheren Stellenwert als die reine Wissenschaft. Wenn Sie sich auf Norwich einlassen, lassen Sie sich auf ziemlich strenge ethische Regeln ein.« Sie fuhr fort: »Über die Jahre gesehen, sind die Studenten, die hier die besten Erfolgschancen haben, solche mit einem gesunden Moralkodex. Diejenigen, die Erfolg haben, sind es gewohnt, dass ihnen viele Menschen eine Menge Fragen stellen, und sie wissen, wie man darauf höflich antwortet.«

Als ich nachfragte, ob es in den letzten zehn Jahren Veränderungen gegeben habe, sagte sie: »Ich glaube, es gibt leichte Veränderungen. Die Eltern sind inzwischen engagierter, weil sie für die Ausbildung hier sehr viel bezahlen. Sie nehmen sich ein größeres Mitspracherecht, was ich begrüße.« Ich fragte nach Problemen mit Helikopter-Eltern, und Dekanin Mathis zuckte mit den Schultern und sagte: »Ich halte diese Eltern für einen Gewinn. Ich ordne sie nicht auf diese Weise ein.« In meinem langen und angenehmen Gespräch mit Frau Mathis wurde mir klar, dass ich mich in einer Umgebung befand, in der gute Manieren und Anstand eine Voraussetzung waren. Eltern und Kinder wussten, wenn sie hierherkamen, dass sie sich darauf einließen, sich auf die Pflicht, die Gemeinschaft und andere zu konzentrieren statt auf sich selbst.

Martha Mathis erklärte mir, dass der Erfolg in Norwich nicht »in Privilegien eingepackt ist. Er ist eher in Moral und Interdependenz eingepackt.« Ich war überrascht, letzteren Begriff hier zu hören, und fragte nach: »Meinen Sie, für die Gemeinschaft sorgen?«, worauf sie erwiderte: »Ja. Ich finde es gut, dass mein Portemonnaie und meine Kreditkarten im Auto liegen, während wir uns unterhalten, und mein Schlüssel im Zündschloss steckt. Das gefällt mir. Es heißt etwas, wenn man auf den Zusammenhalt in der eigenen Gemeinschaft zählen kann. Bei den Kontakten mit meinen Studenten, also wenn ein Student in das Dekanat kommt, bin ich nicht sofort misstrauisch. Es könnte dahin kommen, aber das ist nicht mein Ausgangspunkt.«

Nach meinem Gespräch mit Frau Mathis und der Lektüre der Leitwerte von Norwich war ich fasziniert. Aus meinem persönlichen Hintergrund und meiner langjährigen Erfahrung in Paartherapie weiß ich, dass Vertrauen zueinander das Fundament für unsere glücklichsten Erfahrungen ist. Wenn wir zutiefst glauben, dass wir denen, von denen wir abhängen – unseren Eltern, Freunden, Partnern und uns selbst – trauen können, sind wir sofort glücklicher und entspannter. Das ist der Grund dafür, dass Anstand und innere Stärken mehr zählen als Begabung, und die Grundlage für die Entwicklung unserer Talente bilden.

Uns selbst akzeptieren, wie wir sind

Im ersten Kapitel hörten wir Adrienne, die 33-jährige Assistenzärztin, sagen, dass sie sich wünsche, »nicht in dieser Dunkelheit zu versinken«. Wir haben erfahren, dass diese Dunkelheit die Selbstwertfalle der negativen Selbsteinschätzung ist: Angst, Versagensängste, Rastlosigkeit und Scham, die die unglücklichen Begleiter unserer übertriebenen Ansprüche an uns selbst und unser Leben sind. Wie fühlt es sich an, frei von der Selbstwertfalle zu sein?

Vor allem ist es eine Arbeit, die nie ein Ende hat. Wir kommen nicht in der Selbstakzeptanz an und leben dann einfach dort. Jeden Tag lassen wir uns aufs Neue auf unsere Beziehungen und uns selbst ein und beziehen Kraft aus der inneren Stabilität, die sich entwickelt, wenn wir Schwierigkeiten überwinden und Probleme lösen, aus der Disziplin eines guten Gewissens und innerer Stärken, aus unserer Selbstbestimmung und Eigenständigkeit, aus der Übung, normal zu sein, und aus einer wachsenden Offenheit für unsere Interdependenz durch Einfühlungsvermögen, Liebe, Mitgefühl und Spiritualität.

Als Eltern entdecken wir, dass wir, wenn wir unseren Kindern den Weg zur Selbstakzeptanz vermitteln und zeigen, selbst auch davon profitieren. In dem vorliegenden Buch habe ich wiederholt den Weg zu einem neuen Selbstvertrauen dargestellt, das nicht auf idealisierten Ansprüchen an uns selbst und andere gründet. Wenn wir versucht sind, uns anzugreifen, weil wir – als Kinder, Jugendliche oder Erwachsene – irgendwelchen Idealvorstellungen nicht gerecht wurden, halten wir inne und schauen uns nach einem realistischeren und mitfühlenderen Ansatz um. In dem Wissen, dass Schwierigkeiten und Enttäuschungen wie auch Schmerz und Krankheit Teil des Lebens sind, erwarten wir nicht länger, dass wir diese frustrierenden Erfahrungen ganz von uns fernhalten können. Stattdessen können wir aus ihnen lernen und sie mit Humor betrachten, ohne den Anspruch zu erheben, dass selbst das uns vollkommen gelingt.

Wir lernen, uns selbst, die wir verletzliche menschliche Wesen mit allen möglichen Grenzen sind, mit Güte zu behandeln. Wir werden mitfühlend mit uns

selbst, wenn wir feststellen, dass wir uns von unerreichbaren Idealen unter Druck setzen lassen, und konzentrieren uns gelassen darauf, den Gefühlen zu erlauben, durch uns hindurchzufließen. Dann versuchen
wir, mehr Selbsterkenntnis zu gewinnen, indem wir
unsere weniger hilfreichen emotionalen Gewohnheiten
wahrnehmen: wie wir gelernt haben, uns zu verteidigen, indem wir unsere Handlungen und Gedanken rationalisieren oder kritisieren. Wir machen uns das alles
voller Mitgefühl bewusst und sagen oder tun etwas, um
all das zu akzeptieren. Ich persönlich nehme mir einen
Augenblick Zeit, um meine Schwächen, Grenzen oder
Fehler zu würdigen, weil sie mich an mein Menschsein
erinnern.

Um gegen die Gewohnheit der negativen Selbsteinschätzung und überzogener Ansprüche anzugehen,
sollten wir ein paar Dinge beachten und dasselbe auch
unseren Kindern beibringen. Vor allem sollten wir an
die denken, von denen wir unmittelbar abhängen – an
uns selbst, diejenigen, die mit uns zu einem bestimmten Zeitpunkt in einem Raum sind, und jene, zu denen
wir enge Beziehungen haben. Unsere Worte und Handlungen sollten unsere Verbundenheit mit diesen Menschen unterstützen – wir müssen nicht notgedrungen
einer Meinung mit ihnen sein, aber wir sollten uns ihre
Wünsche und Verletzlichkeiten klarmachen. Beim
Sprechen oder Handeln sollten wir die Achtung vor
uns selbst und den Menschen aufrechterhalten, mit
denen wir in Beziehung stehen.

Beim Reden ist es hilfreich, eine einfache Regel zu
befolgen, die man auch Kindern beibringen kann.
Wenn wir von Konflikten oder negativen Gefühlen geplagt sind – oder auch bei anderen Gelegenheiten –,

sollten wir einen Schritt zurücktreten und uns fragen, ob das, was wir sagen wollen, 1. wahr, 2. freundlich und 3. notwendig ist. Wenn ja, sollten wir sprechen. Wenn nicht, sollten wir unsere Worte überdenken. Erwarten Sie dabei keine Perfektion von sich, sondern betrachten Sie es als generelle Leitlinie und rufen Sie es gelegentlich auch Ihren Kindern in Erinnerung.[8]

Erinnern Sie sich (und Ihre Kinder) auch daran, möglichst immer vor dem Sprechen einen Augenblick innezuhalten, um Ihre Gedanken, Gefühle, Einstellungen und Ihre Empathie gegenüber den Anwesenden zu prüfen. Nachdem Sie gesprochen oder gehandelt haben, können Sie Rückschau halten und prüfen, worin das Resultat besteht. Ihre Selbstakzeptanz wird automatisch größer, wenn Sie darauf achtgeben, was bei anderen vorgeht, denn auf diese Weise rufen Sie sich in Erinnerung, dass Sie nicht allein sind und sich auf andere verlassen können. Wenn Ihre Worte unpassend oder verletzend waren, können Sie sich entschuldigen und versuchen, es besser zu machen. Es gibt kein ideales Ende in diesem Prozess.

Wenn Kinder gelernt haben, sich selbst zu überprüfen und sich mit Mitgefühl und Güte anzunehmen, sind sie allmählich dankbar für ihre Fehler, Schwächen, Grenzen und sogar für ihre schlechten Gewohnheiten. Schlechte Gewohnheiten können uns etwas lehren. Wenn sie uns bewusst werden, wie es zwangsläufig irgendwann geschieht, lernen wir immer aus ihnen, ganz gleich, ob wir allein oder mit anderen zusammen sind. Auch unsere Fehler sind freundliche Begleiter, wenn sie uns zum Lachen bringen und helfen, uns besser wahrzunehmen. Und so können wir uns an unserer eigenen Gesellschaft erfreuen, ganz gleich, was wir gerade tun.

Unser Mitgefühl mit uns selbst stärkt unsere Autonomie, weil wir weniger Angst vor Herausforderungen und Schwierigkeiten haben. Was immer uns begegnen mag, wir werden einen Weg finden, damit umzugehen und daraus zu lernen. Wenn wir sogar in unserer Selbstkritik gütig sind, werden wir offener, flexibler und mutiger in unseren Beziehungen, Führungsrollen und unserer Kreativität einerseits und in Schmerz und Schwierigkeiten andererseits. Wir trauen uns zu, mit unseren Stärken und Schwächen umgehen zu können und die notwendige Hilfe zu bekommen, ohne uns innerlich zu überfordern.

Indem wir unseren Kindern diese Beziehungsfähigkeit beibringen und sie vorleben, können wir den Druck und die Negativität der Selbstwertfalle bannen und das Glück hereinbitten, wenn es an die Tür klopft. Schließlich werden wir uns in unserer eigenen Gesellschaft genauso wohl fühlen wie in der Gesellschaft anderer, weil wir uns nur selten scharf von anderen abgrenzen, außer wenn es notwendig ist, um Unterschiede und Grenzen zu betrachten. Mit Mitgefühl und Fürsorge gegenüber uns selbst und allen anderen stellen wir fest, dass die Wärme der Liebe immer verfügbar ist, weil wir sie uns selbst geben können.

Dank

Natürlich würde es dieses Buch nicht ohne die vielen Interviews geben, die seine Grundlage bilden. Deshalb möchte ich zuerst allen Menschen danken, die ich interviewt habe – sowohl den namentlich genannten als auch denen, die anonym bleiben wollten. Ich habe als Vorbereitung auf das Buch Tausende von Seiten mit Transkripten von Gesprächen gesammelt. Alle, die mich bei meinem Projekt, die Selbstwertfalle zu untersuchen, unterstützt haben, waren großzügig, klar und einsichtsvoll. Ich habe von ihnen gelernt und meine Gedanken mit jedem Gespräch weiterentwickelt.

Zweitens möchte ich meinen Psychotherapie-Klienten danken, die als Erste meine Aufmerksamkeit auf die vielen Formen des Leidens gelenkt haben, zu deren Milderung ich mit diesem Buch einen Beitrag leisten möchte. Die Geschichten und Fragen meiner Klienten sind herausfordernder, faszinierender und inspirierender, als man es sich von außen vorstellen kann; ebenso ist ihre Offenheit und Großzügigkeit bemerkenswert. Ich hätte dieses Buch nicht geschrieben, wenn ich nicht Müttern, Vätern und jungen Erwachsenen begegnet wäre, die eine neue Sicht für das Problem des Selbstwerts in der Kindererziehung und im Familienalltag brauchten. Meine Erfahrungen mit meinen Klienten in der Psychotherapie und Psychoanalyse sind seit mehr als zwanzig Jahren meine größten Lehrer auf dem Gebiet der Psychologie. Es ist ein Privileg, eine persönliche Einsicht in das Leben von Menschen zu erhalten, wie ich sie erhalten habe. Dafür bin ich zutiefst dankbar.

Die Menschen, die Kritik und wissenschaftliche Hilfestellungen bei diesem Projekt geleistet haben, waren ebenfalls unschätzbar wertvoll. Sharon Broll, meine private Lektorin, hat sich für dieses Buch weit über das Normale hinaus engagiert. Von Anbeginn an warf sie Fragen auf und half mir, meine Gedanken zu ordnen. Schließlich fand sie den roten Faden für eine sinnvolle Gliederung und hielt mich an, das Manuskript zu straffen und meinen Stil griffiger zu machen. Ich habe jede Minute der Zusammenarbeit genossen. Sharon hat mich bei mehreren Büchern unterstützt, und ich kann ihren Beitrag gar nicht hoch genug würdigen.

Meine Literaturagentin Jill Kneerim war ein Rollenvorbild als Mensch und eine erfahrene Wegweiserin durch die Welt der Verlage. Ohne ihren Zuspruch und Humor wäre ich verloren gewesen. Sie ist eine wahre Freundin.

In den Frühstadien der Vorbereitung wurde ich hervorragend von Kristy Mamchur unterstützt, die wissenschaftliche Recherchen durchführte und Hinweisen aus Zeitschriften und Zeitungsartikeln nachging. Kristy fragte, sondierte und begleitete mich bei meinen vielen theoretischen Überlegungen in der Frühphase meiner Nachforschungen zu der kulturellen Überbetonung des Ichs und ihren Konsequenzen. Ich kann dir nicht genug danken, Kristy.

Lisa Condon löste Kristy ab und vollendete die Arbeit, indem sie die Anmerkungen plante und schrieb. Lisa war bei ihrer Arbeit aufmerksam und effizient und führte ihre Aufgaben bewundernswert autonom durch.

Danke für alles, was du zu diesem Buch beigetragen hast, Lisa.

Dieses Buch hätte nicht geschrieben werden können, wenn ich mich nicht so lange und ausgiebig mit dem Buddhadharma beschäftigt hätte – den Lehren Buddhas und seiner Nachfolger. Seit mehr als dreißig Jahren hat der Buddhismus auf vielfältigste Weise eine zentrale Rolle darin gespielt, mir zu erklären, warum und wie wir darunter leiden, das individuelle Selbst in unseren Wahrnehmungen und Gefühlen überzubetonen. In den letzten Jahren war ich besonders dankbar für die Unterweisungen von Shinzen Young in der Praxis des Vipassana, und in früheren Jahrzehnten von Philip Kapleau Roshi in der Zen-Praxis.

Natürlich schätze ich für immer die Freundschaft und Hilfe meines Mannes Ed Epstein, der mich zum Schreiben ermutigt und mich dabei emotional unterstützt. Zusammen waren wir Partner und Eltern und haben mit allen Schwierigkeiten zu kämpfen gehabt, die ich hier schildere. Bei der Arbeit an diesem Buch habe ich mit Ed viele Stunden damit zugebracht, verschiedene Aspekte und Episoden bei der Erziehung unserer drei Kinder zu beleuchten. Ed begleitete mich zu einigen der längsten Interviews. Diese Begegnungen wurden bereichert durch Gespräche, die wir vorher und nachher führten. Wie immer bin ich zutiefst dankbar für Eds Freundschaft und Humor.

Letztlich aber übernehme ich die volle Verantwortung für das, was ich hier geschrieben habe, und hoffe, dass es uns alle dabei unterstützt, uns aus der Selbstwertfalle zu befreien.

Anmerkungen

Einleitung

1 Für eine gründliche Behandlung dieses kulturellen Trends siehe beispielsweise Madeline Levine: *The Price of Privilege*, Harper Collins, New York 2006; Jean M. Twenge: *Generation Me*, Free Press, New York 2006.

2 Siehe Twenge: *Generation Me*, Kapitel 2, für einen soziohistorischen Überblick über die in den 1970er- und 1980er-Jahren sichtbaren Veränderungen bei der Förderung des Selbstwerts in Erziehung und Pädagogik.

3 Zum Beispiel Alan Eisenstock: *The Kindergarten Wars*, Warner, New York 2006; John Hewitt: *The Myth of Self-Esteem*, St. Martin's, New York 1998; Dan Kindlon: *Too Much of a Good Thing*, Mirimax, New York 2001; Levine: *The Price of Privilege;* Christie Mellor: *The Three-Martini Playdate*, Chronicle, San Francisco 2004; Alissa Quart: *Hothouse Kids*, Penguin, New York 2006; Alexandra Robbins: *The Overachievers*, Hyperion, New York 2006 und Twenge: *Generation Me.*

4 Siehe beispielsweise P. J. Watson, Tracy Little und Michael D. Biderman:»Narcissism and Parenting Styles«, *Psychoanalytic Psychology 9* (1992), S. 231.

5 Zusätzlich behandeln eine Reihe meiner Bücher die Interaktion zwischen dem soziokulturellen Kontext und der Psychologie des Individuums. Siehe Bibliografie.

6 Für eine Zusammenfassung verschiedener wissenschaftlicher Referate über die Entwicklung des Gehirns während der Pubertät siehe National Institute of Mental Health: *Teenage Brain – A Work in Progress*, NIH Publication Nr. 01-4929, 2001.

7 John K. Rosemond teilt meine Meinung, dass Symptome, die gewöhnlich als »Aufmerksamkeitsdefizit« katalogisiert werden, das Resultat eines veränderten Erziehungsstils

von einem »realistischen« hin zu einem »idealistischen« Standpunkt sind. Siehe John K. Rosemond: »The Diseasing of America's Children«, in R. H. Wright und N. A. Cummings (Hrsg.): *Destructive Trends in Mental Health,* Routledge, New York 2005.

8 Twenge: *Generation Me,* S. 1.

9 Siehe Twenge: *Generation Me,* S. 5.

10 Robert Bellah u.a.: *Habits of the Heart*, Harper and Row, New York 1985, S. 84.

11 Siehe beispielsweise Mark Epstein: *Going to Pieces Without Falling Apart,* Broadway Books, New York 1998, für eine Diskussion, wie das Streben nach materiellen Dingen und Status wahres Glück verhindert. Siehe auch Paul R. Fulton und Ronald D. Siegel: »Buddhist and Western Psychology – Seeking Common Ground« in C. K. Germer, R. D. Siegel und P. R. Fulton (Hrsg.): *Mindfulness and Psychotherapy,* Guilford Press, New York 2005, S. 40–42, für eine Erläuterung der buddhistischen Sicht, dass Leiden die Folge ist, wenn man das Ich als substanziell und fest ansieht.

12 Siehe Sharon Lamb und Lyn Mikel Brown: *Packaging Girlhood,* St Martin's, New York 2006; Young-Eisendrath: *Gender and Desire,* und dies:. *Frauen und Verlangen* für eine Erörterung der Formen, in denen Weiblichkeit an besondere soziale Werte gekoppelt ist.

13 Siehe William Pollack: *Jungen – Was sie vermissen, was sie brauchen,* Beltz Verlag, Berlin 2007, für eine Erörterung der These, dass Männlichkeit an bestimmte soziale Werte geknüpft ist.

14 Young-Eisendrath: *Frauen und Verlangen.*

15 Siehe beispielsweise Annette Lareau: *Unequal Childhoods,* University of California Press, Berkeley 2003.

Kapitel 1: Das Problem des Besondersseins

1 Bei einer Reihe von Studien wurden eine erhöhte Rate verschiedener emotionaler Störungen in den jetzigen Generationen im Vergleich zu früheren Generationen festgestellt. Die Rate von schwerer Depression bei vor 1915 Geborenen

liegt bei 1 bis 2 Prozent (siehe P. J. Wickramaratne u.a.: »Age, Period, and Cohort Effects on the Risk of Major Depression«, *Journal of Clinical Epidemiology 42* (1989), S. 333–343, während laut einer Studie aus den 1990er-Jahren 21 Prozent der Jugendlichen bereits eine schwere depressive Periode hinter sich hatten (siehe P. M. Lewinsohn u.a.: »Age-Cohort Changes in the Lifetime Occurrence of Depression and Other Mental Disorders«, *Journal of Abnormal Psychology 102* [1993], S. 110–120). Mehrere Studien belegen auch einen zunehmenden Narzissmus in der heutigen Generation. Eine Studie besagt, dass die Anzahl von Jugendlichen, die dem Satz zustimmen »Ich bin ein wichtiger Mensch«, sich von 12 Prozent Anfang der 1950er-Jahre auf 80 Prozent Ende der 1980er-Jahre erhöht hat (siehe C. R. Newson: »Changes in Adolescent Response Patterns on the MMPI/MMPI-A Across Four Decades«, *Journal of Personality Assessment 81* [2003] S. 74–84). Zusätzlich ergab eine Befragung von 2002, dass Alter mit einer höheren Punktzahl beim narzisstischen Persönlichkeitsinventar einhergeht, wobei Menschen unter 35 die höchste Punktzahl erreichen (siehe Joshua Foster, Keith Campbell und Jean Twenge: »Individual Differences in Narcissism«, *Journal of Research in Personality 37* [2002], S. 469–486).

2 Beispielsweise gibt es eine Reihe von Artikeln über den Anspruch, den junge Menschen darauf erheben, Karrierevorteile zu haben, bevor sie eine Zeit als Angestellte zubringen. Siehe Martha Irvine: »Age of ›Entitlement‹ Changes Rules«, *Grand Rapids Press,* 3. Juli 2005, Teil H.

3 Siehe beispielsweise Rosemond: »The Diseasing of America's Children« in Wright and Cummings (Hrsg.): *Destructive Trends in Mental Health.* Auch andere Kapitel in diesem Buch sind relevant für eine Kritik an der biologischen Argumentation, was die kindliche Entwicklung angeht.

4 Siehe Richard C. Lewontin: *Biology and Ideology – The Doctrine of DNA,* House of Anansi Press, Toronto 1991, für eine Kritik an der Wissenschaftsgläubigkeit. Lewontin argumentiert, dass Wissenschaft nicht objektiv und außerhalb des sozialen Rahmens angesiedelt ist, sondern sozial

vermittelt wird und sozialen, politischen und ökonomischen Absichten dient.

5 Aufgrund des zunehmenden Trends, Kindern Medikamente zu geben, hat sich die Anzahl der Kinder mit psychiatrischer Medikation zwischen 1987 und 1997 verdreifacht. Siehe Julie M. Zito u. a.: »Psychotropic Practice Patterns for Youth«, *Archives of Pediatrics and Adolescent Medicine 157* (2003), S. 17–25.

6 Für andere Berichte über Kinder mit Verhaltensauffälligkeiten siehe Judith Warner: *Perfect Madness – Motherhood in the Age of Anxiety,* Riverhead Books, New York 2005; Mellor: *The Three-Martini Playdate;* und Judith Warner: »Kids Gone Wild«, *New York Times,* 27. November 2005, Teil: *Week in Review.*

7 Für weitere Erörterungen über das Konzept des ichbewussten Selbst siehe Polly Young-Eisendrath und James Hall: *Jung's Self Psychology*; Charles Taylor: *The Sources of the Self,* Harvard University Press, Cambridge, MA 1989; Robert Kegan: *The Evolving Self – Problem and Process in Human Development,* Harvard University Press, Cambridge, MA 1982; und Joseph LeDoux: *Das Netz der Persönlichkeit,* dtv, München 2006.

8 Siehe Rom Harré: *Personal Being – A Theory for Individual Psychology,* Harvard University Press, Cambridge, MA 1986.

9 Für Beispiele siehe Polly Young-Eisendrath und Terence Dawson (Hrsg.): *The Cambridge Companion to Jung.*

10 Siehe beispielsweise Erik Erikson: *Kindheit und Gesellschaft,* Klett-Cotta, Stuttgart 2005.

11 Siehe beispielsweise John Bowlby: *Bindung und Verlust – 1. Bindung;* Reinhardt, München 2006. Eine ganze Reihe von Arbeiten und Forschungen sind in den letzten 40 Jahren zum Thema Bindungen in Beziehungen erschienen. Siehe Anmerkung 2 in Kapitel 8.

12 *Webster's II New College Dictionary,* 2. Aufl., Houghton Mifflin, Boston 1999.

13 Siehe Alfie Kohn: *Unconditional Parenting,* Atria Books, New York 2005, sowie Karen K. Burhans und Carol S. Dweck: »Helplessness in Early Childhood«, *Child Development 66* (1995), S. 1719.

14 Siehe Levine: *The Price of Privilege.*

15 Es gibt sehr viel Literatur über den Buddhismus. Für eine knappe Einführung in den Buddhismus siehe Ruben L. F. Habito: *Experiencing Buddhism,* Orbis Books, Maryknoll, NY 2005, oder besuchen Sie die Website www.shinzen.org. Für einen Überblick über die verschiedenen Schulen der Psychoanalyse siehe Stephen A. Mitchell und Margaret J. Black: *Freud and Beyond,* Basic Books, New York 1995.*

16 Für weitere Überlegungen zu Autonomie als Selbständigkeit und Selbstbestimmung siehe Young-Eisendrath: *Gender and Desire.*

17 Für eine Erläuterung dieser zentralen Lehre des Buddhismus, dass Unzufriedenheit und Schwierigkeiten ein unausweichlicher Teil des Lebens sind, siehe Dalai Lama: *Die vier Edlen Wahrheiten,* Fischer, Frankfurt/Main 2000, und Rob Nairn: *Auf den Spuren des erleuchteten Drachen,* dtv, München 2000.

18 Stephen S. Hall: »The Older-and-Wiser Hypothesis«, *New York Times Magazine,* 6. Mai 2007.

19 Siehe Monika Ardelt: »Social Crisis and Individual Growth«, *Journal of Aging Studies 12* (1998), S. 291; D. A. Kramer: »Wisdom as a Classical Source of Human Strength«, *Journal of Social and Clinical Psychology 19* (2000), S. 83; Virginia E. O'Leary und Jeanette R. Ickovics: »Resilience and Thriving in Response to Challenge«, *Women's Health 1* (1995), S. 121; Michael Rutter: »Psychosocial Resilience and Proactive Mechanisms«, *American Journal of Orthopsychiatry 57* (1987); S. 316; und Michele M. Tugade and Barbara L. Fredrickson: »Resilient Individuals Use Positive Emotions to Bounce Back from Negative Emotional Experiences«, *Journal of Personality and SocialPsychology 86* (2004), S. 320.

---

* Für deutschsprachige Leser zu empfehlen: Michael von Brück: *Einführung in den Buddhismus,* Insel, Frankfurt 2007, sowie Wolfgang Mertens: *Psychoanalyse – Geschichte und Methoden,* C.H. Beck, München 4. Aufl. 2004.

Kapitel 2: Die Wurzeln des Problems

1 Siehe Jonathan D. Glatter: »To: Professor@University.edu; Subject: Why It's All About Me«, New York Times, 12. Februar 2006, Erziehungsteil, und Twenge: *Generation Me,* S. 28 ff.

2 Margaret Mead tat über die Erfahrung der isolierten Kleinfamilie der 1950er- und 1960er-Jahre den berühmten Ausspruch: »Niemand hat vorher je von der Kleinfamilie verlangt, ganz allein in einem abgeschlossenen Rahmen zu leben, wie wir es tun. Ohne Verwandte, ohne Unterstützung haben wir sie in eine unmögliche Situation gebracht.« Siehe Robert Andrews, Mary Briggs und Michael Seidel (Hrsg.): *Columbia World of Quotations,* Columbia University Press, New York 1996.

3 Siehe beispielsweise Alice Miller: *Das Drama des begabten Kindes und die Suche nach dem wahren Selbst,* Suhrkamp, Frankfurt/Main 1996.

4 Siehe Christopher Lasch: *The Culture of Narcissism,* W. W. Norton, New York 1979.

5 Thomas A. Harris: *Ich bin o.k., Du bist o.k.,* Rowohlt, Reinbek bei Hamburg 1975.

6 Im Allgemeinen bezieht sich der Begriff »Laissez-faire-Erziehung« auf einen nachgiebigen Erziehungsstil, der den Selbstausdruck der Kinder betont und nur minimale Leitung, Disziplin oder Kontrolle beinhaltet. Für eine Darstellung des »Laissez-faire-Erziehungsstils« siehe John Gottman: *Kinder brauchen emotionale Intelligenz,* Heyne Verlag, München 2002. Eine Untersuchung von Erziehungsstilen hat ergeben, dass Kinder von nachgiebigen Eltern impulsiver, ungehorsamer und fordernder sind als Kinder, die anders erzogen wurden. Siehe Diana Baumrind: »Rearing Competent Children« in William Damon (Hrsg.): *Child Development Today and Tomorrow,* Jossey-Bass, San Francisco 1989, S. 349.

7 Der Begriff »Helikopter-Erziehung« ist im akademischen Rahmen weit verbreitet zur Bezeichnung von Eltern, die sich zu sehr um ihre Kinder kümmern, besonders in schulischen und beruflichen Belangen. Siehe »Helicopter

Parents Reconsidered«, www.collegeboard.com/parents/
plan/getting-ready/155044.html; sowie Barbara Kantrowitz
und Peg Tyre: »The Fine Art of Letting Go«, *Newsweek,*
22. Mai 2006.

8 Kindlon: *Too Much of a Good Thing,* S. xi.

9 Warner: *Perfect Madness,* S. 226.

10 Lee Carroll und Jan Tober: *Die Indigo Kinder,* Koha Verlag,
Burgrain 2004.

11 Im Jahre 2006 kam der Dokumentarfilm *Indigo Evolution*
heraus, der die Indigo-Bewegung beschreibt (siehe www.
indigoevolution.com). Auch Zeitungsartikel sind dazu erschienen, zum Beispiel John Leland: »Are They Here to
Save the World?« *New York Times,* 12. Januar 2006, Gesundheitsteil.

Kapitel 3: Die Bedeutung von Schwierigkeiten

1 Für weitere Informationen über die Miss-Hall's-Mädchenschule, siehe ihre Website: www.misshalls.org.

2 Siehe Judy B. Garber, N. S. Robinson und D. Valentiner:
»The Relationship Between Parenting Style and Adolescent Depression«, *Journal of Adolescent Research 12*
(1997) S. 12; sowie Brian K. Barber und Elizabeth L. Harmon: »Violating the Self« in Brian K. Barber (Hrsg.): *Intrusive Parenting,* American Psychological Association, Washington, DC 2002, S. 15.

3 In seinem Buch *Emerging Adulthood* beschreibt Jeffrey J.
Arnett den in den letzten Jahrzehnten beobachtbaren Wandel, verspätet erwachsen zu werden. Beispielsweise merkt
er an, dass ein typischer 21-Jähriger in den 1970er-Jahren
seine Ausbildung beendet hatte, verheiratet, in der Fami-
liengründungsphase war und einem Beruf nachging, während Menschen heutzutage Ende zwanzig oder älter sind,
bevor sie irgendeinen dieser Meilensteine des Erwachsenenalters erreichen. Siehe *Emerging Adulthood,* Oxford
University Press, New York 2004.

4 Laut einem Regierungsgutachten von 2005 fuhren 8,3 Pro-

zent der 16- bis 17-Jährigen und 19,8 Prozent der 18- bis 20-Jährigen im letzten Jahr mindestens einmal unter Alkohol- oder Drogeneinfluss Auto. Siehe U.S. Department of Health and Human Services: »2005 Survey on Drug Use and Health – National Results«, Office of Applied Studies, SAMHSA, www.oas.samhsa.gov/NSDUH/2k5NSDUH/2k5 results.htm#Ch3.

5 Für weitere Informationen zu Familienkonferenzen, darunter auch, wie man sie durchführt, siehe Kristen Zolten und Nicholas Long: »Family Meetings«, Center for Effective Parenting, Arkansas State PIRC, 1997, www.parentin g-ed.org/parenting-handouts.htm, sowie Elaine Hightower and Betsy Riley: *Our Family Meeting Book,* Free Spirit, Minneapolis 2002.

6 Dalai Lama: *Die vier Edlen Wahrheiten,* Fischer, Frankfurt 2000.

7 Eine Untersuchung zu Selbstverletzungen unter College-Studenten ergab, dass 17 Prozent der begutachteten Studenten sich selbst verletzten, davon 75 Prozent wiederholt. Die Autoren dieser Studie stellten auch fest, dass es über 400 Seiten im Internet gibt, in denen man sich über Selbstverletzung austauschen kann. Siehe Joan J. Brumberg: »Are We Facing an Epidemic of Self-Injury?« *Chronicle of Higher Education 53* (2006); S. B6.

8 Siehe die Geschichte von Flint und Flo in Jane Goodall: *Wilde Schimpansen,* Rowohlt, Reinbek bei Hamburg 1991.

9 Neff, Hsieh und Dejitterat untersuchten die Beziehung zwischen Mitgefühl mit sich selbst und Reaktionen auf schulisches Versagen. Danach ist Mitgefühl mit sich selbst mit der Tendenz verbunden, eine schlechte Zensur zu akzeptieren und anschließend zu versuchen, die eigenen schulischen Leistungen zu verbessern. Mitgefühl mit sich selbst erlaubt Schülern mit anderen Worten, Verantwortung für ihre schlechten Zensuren zu übernehmen und den Misserfolg wegzustecken, ohne sich aus der Fassung bringen zu lassen. Siehe Kristen Neff, Ya-Ping Hsieh und Kullaya Dejitterat: »Self-Compassion, Achievement Goals, and Coping with Academic Failure«, *Self and Identity 2* (2005), S. 263–287.

10 Siehe David Hilfiker: *Healing the Wounds,* Pantheon, New York 1985, und ders.: *Not All of Us Are Saints,* Ballantine, New York 1994.

11 David Hilfiker: »Seeing Poverty After Katrina«, im Gespräch mit Krista Tippett: *Speaking of Faith.* National Public Radio, 24. August 2006.

12 Siehe Karin Hilfiker: »Tears of Grief, Tears of Joy«, *With,* Dezember 1991, S. 9.

Kapitel 4: Die Notwendigkeit von Gewissen und inneren Stärken

1 Siehe »Do Ethics Still Matter?«, Zogby International, 9. Mai 2005, www.zogby.com/news/ReadNews.dbm?ID=991.

2 Siehe Josephson Institute of Ethics: »2004 Josephson Institute Report Card on Ethics of American Youth«, www.josephsoninstitute.org/Survey2004/2004reportcard-press release.htm.

3 Der Enron-Skandal (siehe Harry Maurer: »Enron: Guilty, Guilty, Guilty«, *Business Week,* 12. Juni 2006) sowie die Enttarnung der Undercover-CIA-Agentin Valerie Plame (siehe Jim Vandehei: »Probe Focuses on Rove's Testimony«, *Houston Chronicle,* 8. Mai 2006) sind aktuelle Beispiele für das unethische Verhalten hochkarätiger Mitglieder der Gesellschaft.

4 Siehe S. 3 von »2004 Josephson Institute Report Card«.

5 Siehe Steve Farkas und Jean Johnson mit Ann Duffett und Kathleen Collins: »Aggravating Circumstances – A Status Report on Rudeness in America«, Public Agenda, 2002, www.publicagenda.org/specials/civility/civility4.htm.

6 Siehe Alex P. Kellogg: »Facing more, and Possibly Pickier Students, Colleges Renovate and Add Housing«, *Chronicle of Higher Education,* 19. Oktober 2001, für einen Bericht über die höhere Nachfrage nach Einzelzimmern und besserer Ausstattung (z.B. Parkplätze, größere Zimmer, mehr Privatsphäre) in Studentenwohnheimen. Kellogg zitiert mehrere Umfragen in Colleges, denen zufolge der Wunsch nach einem Einzelzimmer der Hauptgrund für Studenten

war, sich für ein anderes College zu entscheiden, und stellt fest, dass die meisten Studenten nie ein Zimmer mit einem Geschwister teilen mussten und an ein eigenes Zimmer mit Fernsehen, Computer und Telefon gewöhnt sind. Einem weiteren Zeitungsartikel zufolge ergab eine informelle Umfrage einer College-Verwaltung unter Erstsemestern, dass nur fünf von 200 Studenten jemals ein Zimmer mit einem Geschwister geteilt hatten (siehe Karen G. Goff: »Lessons in Life«, *Washington Times,* 10. Oktober 2004, Teil D).

7 Meine Erörterung und Analyse von Robert Tulloch und James Parker basiert auf Informationen aus *Judgment Ridge,* einem Gespräch mit dem Psychiater Andrew Pomerantz und einer Reihe von Zeitungsartikeln, die in der Zeit der Dartmouth-Morde erschienen. Siehe Dick Lehr und Mitchell Zuckoff: *Judgment Ridge,* HarperCollins, New York 2003.

8 Alle Zitate in diesem Absatz sind zu finden auf S. 150 von Lehr und Zuckoff: *Judgment Ridge.*

9 Ebda., S. 150.

10 Im diagnostischen und statistischen Handbuch psychischer Störungen *Diagnostische Kriterien (DSM-IV-TR)* wird der Begriff antisoziale Persönlichkeitsstörung zur Charakterisierung einer Person benutzt, die gewöhnlich als »Psychopath« beschrieben wird. Laut *DSM-IV-TR* gehört die antisoziale Persönlichkeitsstörung zu einem Cluster von Störungen, bei denen ein Mensch eine signifikante Missachtung der Rechte anderer zeigt sowie Aggression, Impulsivität und fehlende Reue bei Fehlhandlungen. Siehe Henning Sass, Hans-Ulrich Wittchen und Michael Zaudig: *Diagnostische Kriterien (DSM-IV-TR),* Hogrefe Verlag, 2003. Eine narzisstische Persönlichkeitsstörung liegt im selben Cluster von Persönlichkeitsstörungen wie die antisoziale Persönlichkeitsstörung. Obwohl die beiden Diagnosen sich ähneln, was mangelnde Empathie und Sorge für andere angeht, unterscheiden sie sich in spezifischen Verhaltensmustern. Die narzisstische Persönlichkeitsstörung ist charakterisiert durch ein Muster von signifikantem Egoismus, unrealistischen Erfolgsfantasien, einem Bedürfnis nach konstanter Bewunderung, Anspruchshaltung und dem Be-

nutzen anderer zur Befriedigung der eigenen Bedürfnisse. Siehe *DSM-IV-TR.*

11 *Webster's II New College Dictionary.*

12 Für eine allgemeine Darstellung der inneren Stärken siehe Christopher Peterson und Martin E. P. Seligman: *Character Strengths and Virtues,* American Psychological Association and Oxford University Press, New York 2004.

13 Siehe zum Beispiel Nagapriya: *Exploring Karma and Rebirth,* Windhorse, Birmingham, England 2005.

14 Peterson and Seligman: *Character Strengths and Virtues,* S. 119.

15 In dieser Studie schauten sich die Probanden die erste Karte des Thematischen Apperzeptionstests (TAT) an. Siehe David Ephraim: »A Psychocultural Approach to TAT Scoring« in R. H. Dana (Hrsg.): *Handbook of Cross-Cultural and Multicultural Personality Assessment,* Lawrence Erlbaum, Mahwaw, NJ 2000, S. 427.

16 Ebda., S. 432.

17 Ebda., S. 433, für beide Zitate der japanischen Schüler.

18 Peterson and Seligman: *Character Strengths and Virtues,* S. 229.

19 Jean Piaget: *Das moralische Urteil beim Kinde,* Klett-Cotta, Stuttgart 1983, S. 180 ff.

20 Bei einer Untersuchung des postpubertären Gehirns fanden Wissenschaftler heraus, dass sich in der Spätpubertät signifikante Veränderungen in den Stirnlappen des Gehirns vollziehen, die verantwortlich sind für die kognitive Verarbeitung sowie Exekutivfunktionen wie Impulskontrolle, Planen und Argumentieren. Siehe Elizabeth Sowell u. a.: »In Vivo Evidence for Post-Adolescent Brain Maturation in Frontal and Striatal Regions«, *Nature Neuroscience* 2 (1999), S. 859 ff.

21 Gigi Marks ist Assistenzprofessorin für kreatives Schreiben an der School of Humanities and Sciences, Ithaca College, in Ithaca, New York.

22 Schätzungen von Untreue bei älteren Jugendlichen reichen von 20 bis 64 Prozent. Siehe S. Shirley Feldman und Elizabeth Cauffman: »Sexual Betrayal Among Late Adolescents«, *Journal of Youth and Adolescence 28* (1999),

S. 235–258, sowie Catherine M. Grello, Deborah P. Welsh
und Melinda S. Harper: »No Strings Attached«, *Journal of
Sex Research 43* (2006), S. 255–267.

Kapitel 5: Autonomie und emotionale Reife

1 Unter Berufung auf die Statistik des amerikanischen Census Bureau heißt es in einem Zeitungsartikel von 2006,
dass die Anzahl der 18- bis 34-Jährigen, die wieder bei den
Eltern einziehen, seit den 1970er-Jahren um 48 Prozent zugenommen hat. Siehe Suzette Hackney: »More Adult
Children Returning to the Nest«, *Houston Chronicle,* 19. Juni 2006, Wirtschaftsteil.

2 Das National Institute of Mental Health (NIMH) hat eine
Zusammenfassung der Forschungsergebnisse über die
Hirnentwicklung in der Pubertät herausgegeben. Das The-
senpapier fasst die aktuelle Forschung zusammen und
zeigt, dass das Gehirn bei Jugendlichen signifikante Verän-
derungen durchmacht, die mit der Reifung der kognitiven
Prozesse in Verbindung stehen. Siehe National Institutes of
Health: *Teenage Brain.*

3 David Elkind: »Egocentrism in Adolescence« in Judith
Krieger Gardner und Ed Gardner (Hrsg.): *Readings in Deve-
lopmental Psychology,* 2. Aufl., Addison-Wesley, Reading,
MA 1978, S. 1025–1033.

4 Journalisten und Wissenschaftler haben festgestellt, dass
die heutigen Jugendlichen, die mit der Betonung des Besondersseins aufgewachsen sind, glauben, einen berechtig-
ten Anspruch auf materielle Belohnungen und Lob zu
haben. In einem Artikel der Associated Press von 2005
nennt die Journalistin Martha Irvine die heutige Jugend
beispielsweise die »Anspruchsgeneration« und sagt, dass
junge Menschen hohe Gehälter und Beförderungen verlangen, ohne ihrerseits Zeit oder Mühe zu investieren.
(Siehe Martha Irvine: »Young Labeled ›Entitlement Generation‹«, *Associated Press,* 26. Juni 2005, www.bizyahoo.
com/ap/050626/the_entitlement_generation.html2.v3).

Forschungsergebnisse belegen zudem, dass Menschen der heutigen Generation (d.h. unter 35 Jahren) höhere Werte im narzisstischen Persönlichkeitsinventar erreichen (siehe Foster u.a.: »Individual Differences in Narcissism«).

5 Für einen ausführlichen Bericht über Andrews Psychotherapie und seine Selbstreflexionen siehe »Andrew: Insecurity, Inferiority, Social Anxiety, and Submissiveness« in: Joseph Schachter (Hrsg.): *Transforming Lives,* Jason Aronson, New York 2005, S. 127–148.

6 Twenge: *Generation Me,* S. 78.

7 Ebda., S. 105.

8 Ebda., S. 106.

9 Ebda., S. 107.

10 Schachter: »Andrew: Insecurity, Inferiority«, a.a.O., S. 141ff.

11 Ebda., S. 142.

12 Für weitere Informationen zum Konzept des Über-Ich siehe Hans Blum: »Superego Formation, Adolescent Transformation, and Adult Neurosis«, *Journal of the Psychoanalytic Association 33* (1985), S. 887; Hans W. Loewald: »Some Instinctual Manifestations of Superego Formation«, *Annual of Psychoanalysis 1* (1973), S. 104; sowie David Milrod: »The Superego: Its Formation, Structure, and Functioning«, *Psychoanalytic Study of the Child 57* (2002), S. 131.

13 Schachter, a.a.O., S. 143.

14 Ebda., S. 140.

15 Für die Untersuchung des Einflusses der Eltern-Kind-Beziehung auf die Hirnentwicklung siehe William T. Greenough und James E. Black: »Induction of Brain Structure by Experience« in: M. R. Gunnar und C. A. Nelson (Hrsg.): *Minnesota Symposia on Child Psychology: Developmental Neuroscience, Bd. 24*, Lawrence Erlbaum, Hillsdale, NJ 1997; und Allan N. Schore: »The Experience-Dependent Maturation of a Regulatory System in the Orbital Prefrontal Cortex and the Origin of Developmental Psychopathology«, *Development and Psychopathology 8* (1996), S. 59–87.

16 Für eine Diskussion der psychologischen Wichtigkeit der Namensgebung und der Eltern-Kind-Beziehung siehe

Deborah Ann Luepnitz: *Schopenhauers Stachelschweine,* Psychosozial Verlag, Gießen 2007.

17 Für mehr Informationen über den Einfluss der Geschwisterordnung auf das Individuum siehe Michael Lamb und Brian Sutton-Smith (Hrsg.): *Sibling Relationships,* Lawrence Erlbaum, Hillsdale, NJ 1982.

18 Twenge: *Generation Me,* S. 3.

19 Siehe Daniel Stern: *Die Lebenserfahrung des Säuglings,* Klett-Cotta, Stuttgart 2003, für eine gründliche Darstellung der zwischenmenschlichen Prozesse, die die vielen Schritte zur Entwicklung eines Ichgefühls erleichtern.

20 Für eine Diskussion der asiatischen Begriffsbildung über das Selbst, bei der die Verbindung mit anderen betont wird, siehe Hajime Nakamura: *Ways of Thinking of Eastern Peoples,* Kegan Paul, London 1964 und 1999.

21 Für eine Darstellung der Stadien der kognitiven und intellektuellen Entwicklung von Kindern siehe Jean Piaget und Bärbel Inhelder: *Die Psychologie des Kindes,* dtv, München 1993.

22 In der gesamten Menschheitsgeschichte haben unterschiedliche Gesellschaften Kinder ab dem siebten Lebensjahr stärker in die Pflicht genommen. Beispielsweise begann eine Lehre im Gerichtswesen im Mittelalter mit sieben, das englische Gewohnheitsrecht machte Kinder mit sieben für ihr Verhalten verantwortlich, und zurzeit gestattet die katholische Kirche Kindern mit sieben die Erstkommunion. Siehe Adele M. Brodkin: »Age of Reason«, *Scholastic Parents,* 1. Juli 2006, www.content.scholastic.com.

23 Für die Darstellung der Entwicklung des Sprechens und Erzählens siehe Jerome Bruner: *Wie das Kind sprechen lernt,* Huber Verlag, Bern 2002.

24 Es gibt einige gute Bücher über die Bedeutung des unangeleiteten, von Kindern selbst gelenkten Spielens. Siehe David Elkind: *The Power of Play,* Da Capo, Cambridge, MA 2007; Fergus P. Hughes: *Children, Play, and Development,* Allyn and Bacon, Cambridge, MA 1999; sowie Dorothy G. Singer und Jerome L. Singer, *The House of Make-Believe,* Harvard University Press, Cambridge, MA 1990.

25 Für eine gründliche Zusammenfassung der Forschungs-

ergebnisse über die Entwicklung der Empathie bei Kindern siehe Kathleen Cotton:»Developing Empathy in Children and Youth«, *Northwest Regional Library, School Improvement Research Series,* 1992, www.nwel.org/scpd/sirs/7/cu13.html.

Kapitel 6: Der Wert des Normalseins

1 Für eine Darstellung des neueren Trends,»Hochbegabung« von Kindern zu fördern, siehe Quart: *Hothouse Kids.*

2 Dr. Marlene Maron leitet den jugendpsychologischen Dienst im Fletcher Allen Health Care, in Burlington, Vermont.

3 Siehe Quart: *Hothouse Kids.*

4 In seiner Übersicht über die Forschungen zu den Korrelaten von Glück fasst David Myers Studien zusammen, die einen Zusammenhang zwischen engen Beziehungen und stärkerem Glück nahelegen. Siehe David Myers:»The Funds, Friends, and Faith of Happy People«, *American Psychologist 55* (2000), S. 56–67.

5 Siehe Daniel Goleman, Richard Boyatzis und Annie McKee: *Emotionale Führung,* Ullstein, Berlin 2003.

6 Sieh Kristen Neff:»The Development and Validation of a Scale to Measure Self-Compassion«, *Self and Identity 2* (2003), S. 224–250.

7 Siehe *A Nation Deceived: How Schools Hold Back America's Brightest Students,* Bd. 1 und 2. University of Iowa, Iowa City 2004. Beide Bände sind online erhältlich unter www.nationdeceived.org.

8 Ann Hulbert:»Can Genius Really Be Cultivated?«, *New York Times Magazine,* 20. November 2005, S. 64 ff.

9 Eric Konigsberg:»Prairie Fire: The Life and Death of a Prodigy«, *New Yorker,* 16. Januar 2006, S. 44.

10 Ebda., S. 55.

11 Für weitere Informationen über die positiven Auswirkungen der Verbindung mit anderen und einem Gefühl des gemeinsamen Menschseins siehe Daniel Goleman: *Soziale Intelligenz,* Droemer Knaur, München 2006, sowie Mark R.

Leary u. a.: »Self-Compassion and Reactions to Unpleasant Self-Relevant Events«, *Journal of Personality and Social Psychology 92* (2007), S. 887–904.

12 Schachter, a. a. O., S. 131 f.

13 Siehe Michael Lewis: »Self-Conscious Emotions« in Michael Lewis und Jeanette M. Haviland-Jones (Hrsg.): *Handbook of Emotions,* 2. Aufl., Guilford Press, New York 2000, S. 623–636.

14 Für weitere Informationen über Primäremotionen siehe Paul Ekman, »Basic Emotions« in Tim Dalgleish und Mick Power (Hrsg.): *Handbook of Cognition and Emotion,* John Wiley and Sons, Sussex, GB 1999, S. 45–60, und Robert Plutchik: »A General Psychoevolutionary Theory of Emotion« in *Emotion: Theory, Research, and Experience,* Bd. 1 von *Theories of Emotion,* hrsg.v. Robert Plutchik und Henry Kellerman, Academic Press, New York 1980, S. 3–33.

15 Siehe Lewis: »Self-Conscious Emotions«.

16 Siehe Jerome Kagan: *The Second Year – The Emergence of Self-Awareness,* Harvard University Press, Cambridge, MA 1981.

17 Siehe Stern: *Die Lebenserfahrung des Säuglings* für die zwischenmenschlichen Vorgänge, die die Entwicklung einer Konsensrealität erleichtern. Siehe auch Jerome Bruner: *Actual Minds, Possible Worlds,* Harvard University Press, Cambridge, MA 1987, für eine theoretische Darstellung des zwischenmenschlichen Kontextes der Wirklichkeit.

18 Für weitere Erläuterungen über die Entwicklung des Über-Ichs siehe Hans Blum: »Superego Formation«; Loewald: »Some Instinctual Manifestations of Superego Formation«; und Milrod: »The Superego«.

19 Für weitergehende Erörterungen über die Wichtigkeit von Beziehungen für die Entwicklung von Empathie siehe Daniel Goleman: *Soziale Intelligenz,* Droemer Knaur, München 2006, und ders.: *Emotionale Intelligenz,* dtv, München 2007.

20 Für Untersuchungen über den Größenwahn und die zugrunde liegenden Minderwertigkeitsgefühle siehe Robert

Raskin, Jill Novacek und Robert Hogan: »Narcissism, Self-Esteem, and Defensive Self-Enhancement«, *Journal of Personality 59* (1991), S. 19–38; sowie David J. Schneider und David Turkat: »Self-Presentation Following Success or Failure«, *Journal of Personality 43* (1975), S. 127–135.

21 Solche Verzerrungen können zur Entwicklung eines »falschen Selbst« führen, bei dem es dem Betroffenen an einem Gefühl der Echtheit mangelt. Siehe Susan Harter u. a.: »A Model of the Effects of Perceived Parent and Peer Support on Adolescent False Self Behavior«, *Child Development 67* (1996), S. 360–374.

22 Siehe Mihaly Csikszentmihalyi: *Das Flow-Erlebnis,* Klett-Cotta, Stuttgart 2005.

23 Im Buddhismus werden diese Praktiken die sechs Paramitas genannt. Siehe Traleg Kyabgon: *The Essence of Buddhism – An Introduction to Its Philosophy and Practice,* Shambhala, Boston 2001, für eine Darstellung dieser Praktiken aus buddhistischer Sicht.

24 Hall: »The Older-and-Wiser Hypothesis«.

Kapitel 7: Religion und Achtung

1 Seit den 1950er-Jahren ist der Kirchenbesuch um 30 Prozent zurückgegangen, wobei der größte Teil des Rückgangs seit den 1980er-Jahren zu verzeichnen ist. Siehe Robert Putnam: *Bowling Alone.* Simon & Schuster, New York 2000, S. 70 f.

2 C. G. Jung: *Psychologie und Religion,* Walter-Verlag, Olten 1971, S. 14.

3 Siehe beispielsweise *The Secret – Das Geheimnis,* DVD, Alive-Produktion 2007.

4 Shinzen Young ist Autor vieler Bücher und Vorträge über Buddhismus, Vipassana-Meditation und Umgang mit Schmerzen. Er ist Begründer des Vipassana Support Institute in Ontario, Kanada, und hält Meditationsretreats in ganz Nordamerika. Für weitere Informationen über Shinzen Young siehe seine Website www.shinzen.org.

5 Robert Thurman (Übers.): *The Tibetan Book of the Dead,*

Bantam, New York 1994, S. 25, (dt.: *Das tibetische Totenbuch,* Krüger, Frankfurt 2001.)

6 Siehe Robert Coles: *The Spiritual Life of Children,* Houghton Mifflin, Boston 1990.

7 Siehe Twenge: *Generation Me,* S. 108.

8 Patricia Leigh Brown: »In the Classroom, a New Focus on Quieting the Mind«, *New York Times,* 16. Juni 2007, Erziehungsteil.

Kapitel 8: Liebe und ihr »naher Feind«

1 Zitiert in Otto Kernberg: *Liebesbeziehungen – Normalität und Pathologie,* Klett-Cotta, Stuttgart 1998.

2 Die Bindungstheorie wurde von John Bowlby entwickelt, der darlegte, dass Menschen ein primäres, instinktives Bedürfnis haben, enge emotionale Beziehungen einzugehen, und dass diese Beziehungen wichtig für das Überleben sind. Siehe Bowlby: *Bindung und Verlust,* a.a.O.

3 Bowlby behandelte die Trennungsangst in seinem Buch *Bindung* und vertrat die Auffassung, dass es das Überleben fördert, Kinder in der Nähe ihrer Bezugspersonen zu behalten. Mary Ainsworth und ihre Kollegen untersuchten den Prozess der Trennung und die Bindungsmuster zwischen Kleinkindern und ihren Bezugspersonen. Siehe Mary Ainsworth u.a.: *Patterns of Attachment,* Lawrence Erlbaum, Hillsdale, NJ 1978.

4 Für weiterführende Informationen über den Trauerprozess siehe beispielsweise Elizabeth Kübler-Ross und David Kessler: *Dem Leben neu vertrauen,* Kreuz, Stuttgart 2006.

5 Für eine weiterführende Darstellung der tiefen psychischen Bindung zwischen Eltern und Kind siehe Daniel Stern und Nadia Bruschweiler-Stern: *Geburt einer Mutter,* Piper, München 2001; Donald W. Winnicott: *Von der Kinderheilkunde zur Psychoanalyse,* Psychosozial Verlag, Heidelberg 2008; und ders.: *Kind, Familie und Umwelt,* Reinhardt, München 1999.

6 Für weiterführende Darlegungen über die Familiendyna-

mik des schwarzen Schafs siehe Michael E. Kerr und Murray Bowen: *Family Evaluation,* W.W. Norton, New York 1988; sowie Murray Bowen: *Family Therapy in Clinical Practice,* Jason Aronson, New York 1994.

7 Siehe Suniya S. Luthar und Chris C. Sexton: »The High Price of Affluence« in Robert V. Kail: *Advances in Child Development,* Academic Press, San Diego 2005.

8 Siehe beispielsweise Donald W. Winnicott: *Reifungsprozesse und fördernde Umwelt,* Psychosozial Verlag, Gießen 2004.

9 Nancy Mairs: *Ordinary Time – Cycles in Marriage, Faith, and Renewal,* Beacon Press, Boston 1993.

10 Ebda., S. 144 f.

11 Ebda., S. 145.

12 Ebda., S. 146.

13 Ebda.

14 Siehe New Strategist Editors: *Generation X,* 4. Aufl., New Strategist, Ithaca, NY 2004, S. 172. Siehe auch Peter Gorner: »University of Chicago Sex Study Sees Love, Loneliness«, *Chicago Tribune,* 9. Januar 2004. Für amerikanische Statistiken bis 2007 siehe *Statistical Abstract of the United States,* U.S. Census Bureau, www.census.gov/compendia/statab.

Kapitel 9: Die Wahrheit über das Glück

1 Daniel Gilbert: Stumbling on Happiness, Knopf, New York 2006, S. 20 (dt.: *Ins Glück stolpern,* Goldmann Verlag, München 2008).

2 Ebda, S. 21

3 Ebda, S. 153.

4 Ebda, S. 162.

5 *Sketches of Frank Gehry,* DVD, Regie Sydney Pollack, Sony Pictures Home Entertainment, Culver City, CA 2006.

6 Siehe beispielsweise Thomas D. Gilovich und Victoria H. Medvec: »The Experience of Regret – What, When, and Why«, *Psychological Review 102* (1995), S. 379–395.

7 Zitiert in *Tricycle: The Buddhist Review,* Herbst 2005, S. 77.

8 Diese Praxis basiert auf dem rechten Sprechen, einer buddhistischen Leitlinie für ethisches Verhalten, die Teil des Achtfachen Pfades ist (acht Leitlinien, um das Leiden zu beenden). Siehe Rob Nairn: *Auf den Spuren des erleuchteten Drachen,* dtv, München 2000.

Bibliografie

Ainsworth, Mary, Mary C. Blehar, Everett Waters und Sally Wall: *Patterns of Attachment – A Psychological Study of the Strange Situation,* Hillsdale, Lawrence Erlbaum, New York 1978.

Andrews, Robert, Mary Briggs und Michael Seidel (Hrsg.): *Columbia World of Quotations,* Columbia University Press, New York 1996, www.bartleby.com/66/78/38578.html.

Ardelt, Monika: »Social Crisis and Individual Growth – The Long-term Effects of the Great Depression«, *Journal of Aging Studies 12* (1998), S. 291–314.

Arnett, Jeffrey J.: *Emerging Adulthood – The Winding Road from the Late Teens to the Twenties,* Oxford University Press, New York 2004.

Barber, Brian K., und Elizabeth L. Harmon: »Violating the Self – Parental Psychological Control of Children and Adolescents« in Brian K. Barber (Hrsg.): *Intrusive Parenting – How Psychological Control Affects Children and Adolescents,* American Psychological Association, Washington, DC, 2002.

Baumrind, Diana: »Rearing Competent Children« in William Damon (Hrsg.): *Child Development Today and Tomorrow,* Jossey-Bass, San Francisco 1989.

Bellah, Robert, Richard Madsen, William M. Sullivan, Ann Swidler und Steven M. Tipton: *Habits of the Heart – Individualism and Commitment in American Life,* Harper and Row, New York 1985.

Blum, Hans: »Superego Formation, Adolescent Transformation, and Adult Neurosis«, *Journal of the Psychoanalytic Association 33* (1985), S. 887–910.

Bowen, Murray: *Family Therapy in Clinical Practice,* Jason Aronson, New York 1994.

Bowlby, John. *Bindung und Verlust – 1. Bindung,* Reinhardt, München 2006.

ders.: *Bindung und Verlust – 2. Trennung: Angst und Zorn,* Reinhardt, München 2006.

ders.: *Bindung und Verlust – 3. Trauer und Depression*, Reinhardt, München 2006.

Brodkin, Adele M.: »Age of Reason«, *Scholastic Parents,* 1. Juli 2006, www.content.scholastic.com.

Brown, Patricia Leigh: »In the Classroom, a New Focus on Quieting the Mind«, *New York Times*, 16. Juni 2007, Erziehungsteil.

Brumberg, Joan J.: »Are We Facing an Epidemic of Self-Injury?«, *Chronicle of Higher Education 53* (2006), S. B6.

Bruner, Jerome: *Actual Minds, Possible Words*, Harvard University Press, Cambridge, MA 1987.

ders.: *Wie das Kind sprechen lernt,* Huber Verlag, Bern 2002.

Burhans, Karen K., und Carol S. Dweck: »Helplessness in Early Childhood – The Role of Contingent Worth«, *Child Development 66* (1995), S. 1719–1738.

Carroll, Lee, und Jan Tober: *Die Indigo Kinder – Eltern aufgepasst ... Die neuen Kinder sind da,* Koha Verlag, Burgrain 2004.

Coles, Robert: *The Spiritual Life of Children*, Houghton Mifflin, Boston 1990.

Cotton, Kathleen: »Developing Empathy in Children and Youth«, Northwest Regional Library, School Improvement Research Series, 1992, www.nwel.org/scpd/sirs/7/cu13.html.

Csikszentmihalyi, Mihaly: *Das Flow-Erlebnis – jenseits von Angst und Langeweile im Tun aufgehen,* Klett-Cotta, Stuttgart 2005.

Dalai Lama: *Die vier Edlen Wahrheiten – Die Grundlage buddhistischer Praxis*, Fischer, Frankfurt am Main 2000.

»Do Ethics Still Matter? – Lichtman/Zobgy Poll of Young Americans Say ›Yes, But ...‹«, Zogby International, 9. Mai 2005, www.zogby.com/news/ReadNews.dbm?ID=991.

Eisenstock, Alan: *The Kindergarten Wars – The Battle to Get Into America's Best Private Schools*, Warner, New York 2006.

Ekman, Paul: »Basic Emotions«, *Handbook of Cognition and Emotion,* hrsg. von Tim Dalgleish and Mick Power, John Wiley and Sons, Sussex, GB 1999.

ders.: *Gefühle lesen – Wie Sie Emotionen erkennen und richtig interpretieren,* Spektrum Akademie Verlag, Heidelberg 2005.

Elkind, David: »Egocentrism in Adolescence« in Judith Krieger Gardner und Ed Gardner (Hrsg.): *Readings in Developmental Psychology,* 2. Aufl., Addison-Wesley, Reading, MA 1978.

ders.: *The Power of Play – How Spontaneous, Imaginative Activities Lead to Happier, Healthier Children,* Da Capo, Cambridge, MA 2007.

Ephraim, David: »A Psychocultural Approach to TAT Scoring« in R. H. Dana (Hrsg.): *Handbook of Cross-cultural and Multicultural Personality Assessment,* Lawrence Erlbaum, New York 2000.

Epstein, Mark: *Going to Pieces Without Falling Apart – A Buddhist Perspective on Wholeness,* Broadway Books, New York 1998.

Erikson, Erik: *Kindheit und Gesellschaft,* Klett-Cotta, Stuttgart 2005.

Farkas, Steve, und Jean Johnson mit Ann Duffett und Kathleen Collins: »Aggravating Circumstances – A Status Report on Rudeness in America«, Public Agenda, 2002, www.public agenda.org/research/researchreports-details.cfm?list=19.

Feldman, S. Shirley, und Elizabeth Cauffman: »Sexual Betrayal Among Late Adolescents – Perspectives of the Perpetrator and the Aggrieved«, *Journal of Youth and Adolescence 28* (1999), S. 235–258.

Foster, Joshua, Keith Campbell und Jean Twenge: »Individual Differences in Narcissism – Inflated Self-Views Across the Lifespan and Around the World«, *Journal of Research in Personality 37* (2002), S. 469–486.

Fulton, Paul R., und Ronald D. Siegel: »Buddhist and Western Psychology Seeking Common Ground« in C. K. Germer, R. D. Siegel, and P. R. Fulton (Hrsg.): *Mindfulness and Psychotherapy,* Guilford Press, New York 2005.

Garber, Judy B., N. S. Robinson und D. Valentiner: »The Relationship Between Parenting Style and Adolescent Depression – Self-Worth as a Mediator«, *Journal of Adolescent Research 12* (1997), S. 12–33.

Gilbert, Daniel: *Stumbling on Happiness,* Knopf, New York

2006 (dt.: *Ins Glück stolpern – Suche dein Glück nicht, dann findet es dich von selbst,* Goldmann Verlag, München 2008).

Gilovich, Thomas D., und Victoria H. Medvec: »The Experience of Regret – What, When, and Why«, *Psychological Review 102* (1995), S. 379–95.

Glatter, Jonathan D.: »To: Professor@University.edu; Subject: Why It's All About Me«, *New York Times,* 12. Februar 2006, Erziehungsteil.

Goff, Karen G.: »Lessons in Life – Sharing Space; Rules Help as Children Compromise«, *Washington Times,* 10. Oktober 2004, Teil D.

Goleman, Daniel: *Emotionale Intelligenz,* dtv, München 1997.

ders.: *Soziale Intelligenz – Wer auf andere zugehen kann, hat mehr vom Leben,* Droemer Knaur, München 2006.

Goleman, Daniel, Richard Boyatzis und Annie McKee: *Emotionale Führung,* Ullstein, Berlin 2003.

Goodall, Jane: *Wilde Schimpansen – Verhaltensforschung am Gombe-Strom,* Rowohlt, Reinbek bei Hamburg 1991.

Gorner, Peter: »University of Chicago Sex Study Sees Love, Loneliness«, *Chicago Tribune,* 9. Januar 2004.

Gottman, John: *Kinder brauchen emotionale Intelligenz – Ein Praxisbuch für Eltern,* Heyne Verlag, München 2002.

Greenough, William T., und James E. Black: »Induction of Brain Structure by Experience – Substrates for Cognitive Development« in M. R. Gunnar und C. A. Nelson (Hrsg.): *Minnesota Symposia on Child Psychology – Developmental Neuroscience,* Bd. 24, Lawrence Erlbaum, Hillsdale, NJ 1997.

Grello, Catherine M., Deborah P. Welsh und Melinda S. Harper: »No Strings Attached – The Nature of Casual Sex in College Students«, *Journal of Sex Research 43* (2006), S. 255–267.

Habito, Ruben L. F.: *Experiencing Buddhism – Ways of Wisdom and Compassion,* Orbis Books, Maryknoll, NY 2005.

Hackney, Suzette: »More Adult Children Returning to the Nest – It's a Cultural Custom for Some and a Financial Need for Others«, *Houston Chronicle,* 19. Juni 2006, Wirtschaftsteil.

Hall, Stephen S.: »The Older-and-Wiser Hypothesis«, *New York Times Magazine,* 6. Mai 2007.

Harré, Rom: *Personal Being – A Theory for Individual Psychology,* Harvard University Press, Cambridge, MA 1986.

Harris, Thomas A.: *Ich bin o.k., Du bist o.k .- Wie wir uns selbst besser verstehen und unsere Einstellung zu anderen verändern können, eine Einführung in die Transaktionsanalyse,* Rowohlt, Reinbek bei Hamburg 1975.

Harter, Susan, Donna Marold, Nancy Whitesell und Gabrielle Cobbs: »A Model of the Effects of Perceived Parent and Peer Support on Adolescent False Self Behavior«, *Child Development 67* (1996), S. 360–374.

Hewitt, John: *The Myth of Self-Esteem – Finding Happiness and Solving Problems in America,* St. Martin's, New York 1998.

Hightower, Elaine, und Betsy Riley: *Our Family Meeting Book – Fun and Easy Ways to Manage Time, Build Communication, and Share Responsibility Week by Week,* Free Spirit, Minneapolis 2002.

Hilfiker, David: *Healing the Wounds – A Doctor Looks at His Work,* Pantheon, New York 1985.

ders.: *Not All of Us Are Saints – A Doctor's Journey with the Poor,* Ballantine, New York 1994.

Hilfiker, Karin: »Tears of Grief, Tears of Joy«, *With,* Dezember 1991.

Hughes, Fergus P.: *Children, Play, and Development,* Allyn and Bacon, Needham Heights, MA 1999.

Hulbert, Ann: »Can Genius Really Be Cultivated?«, *New York Times Magazine,* 20. November 2005.

Irvine, Martha: »Age of ›Entitlement‹ Changes Rules – Generation of Workers Demand More from Workplace«, *Grand Rapids Press,* 3. Juli 2005, Teil H.

dies.: »Young Labeled ›Entitlement Generation‹«, *Associated Press,* 26. Juni 2005, www.bizyahoo.com/ap/050626/the_entitlement_generation.html2.v3.

Josephson Institute of Ethics: »2004 Josephson Institute Report Card on Ethics of American Youth: Part One – Integrity«, www.josephsoninstitute.org/Survey2004/2004reportcard-pressrelease.htm.

Jung, C. G.: *Psychologie und Religion,* Walter, Olten 1971.

Kagan, Jerome: *The Second Year – The Emergence of Self-Awareness,* Harvard University Press, Cambridge, MA 1981.

ders.: *Die Natur des Kindes*, Piper, München 1987.

Kantrowitz, Barbara, und Peg Tyre: »The Fine Art of Letting Go«, *Newsweek*, 22. Mai 2006.

Kegan, Robert: *The Evolving Self – Problem and Process in Human Development*, Harvard University Press, Cambridge, MA 1982.

Kellogg, Alex P.: »Facing More, and Possibly Pickier Students, Colleges Renovate and Add Housing«, *Chronicle of Higher Education*, 19, Oktober 2001.

Kernberg, Otto: *Liebesbeziehungen – Normalität und Pathologie*, Klett-Cotta, Stuttgart 1998.

Kerr, Michael E., und Murray Bowen: *Family Evaluation – An Approach Based on Bowen Theory*, W.W. Norton, New York 1988.

Kindlon, Dan: *Too Much of a Good Thing – Raising Children of Character in an Indulgent Age*, Mirimax, New York 2001.

Kohn, Alfie: *Unconditional Parenting – Moving from Rewards and Punishments to Love and Reason*, Atria Books, New York 2005.

Konigsberg, Eric: »Prairie Fire – The Life and Death of a Prodigy«, *New Yorker*, 16. Januar 2006.

Kramer, D. A.: »Wisdom as a Classical Source of Human Strength – Conceptualization and Empirical Inquiry«, *Journal of Social and Clinical Psychology 19* (2000), S. 83–101.

Kübler-Ross, Elisabeth, und David Kessler: *Dem Leben neu vertrauen – Den Sinn des Trauerns durch fünf Stadien des Verlusts finden*, Kreuz, Stuttgart 2006.

Kyabgon, Traleg: *The Essence of Buddhism – An Introduction to Its Philosophy and Practice*, Shambhala, Boston 2001.

Lamb, Michael, und Brian Sutton-Smith (Hrsg.): *Sibling Relationships – Their Nature and Significance Across the Lifespan*, Lawrence Erlbaum, Hillsdale, NJ 1982.

Lamb, Sharon, und Lyn Mikel Brown: *Packaging Girlhood – Rescuing Our Daughters from Marketers' Schemes*, St. Martin's, New York 2006.

Lareau, Annette: *Unequal Childhoods – Class, Race, and Family Life*, University of California Press, Berkeley 2003.

Lasch, Christopher: *The Culture of Narcissism*, W. W. Norton, New York 1979.

Leary, Mark R., Eleanor B. Tate, Claire E. Adams, Ashley B. Allen und Jessica Hancock: »Self-Compassion and Reactions to Unpleasant Self-Relevant Events – The Implications of Treating Oneself Kindly«, *Journal of Personality and Social Psychology 92* (2007), S. 887–904.

LeDoux, Joseph: *Das Netz der Persönlichkeit – Wie unser Selbst entsteht*, dtv, München 2006.

Lehr, Dick, und Mitchell Zuckoff: *Judgment Ridge – The True Story Behind the Dartmouth Murders*, HarperCollins, New York 2003.

Leland, John: »Are They Here to Save the World?«, *New York Times*, 12. Januar 2006, Gesundheitsteil.

Levine, Madeline: *The Price of Privilege – How Parental Pressure and Material Advantage Are Creating a Generation of Disconnected and Unhappy Kids*, HarperCollins, New York 2006.

Lewinsohn, Peter M., Paul Rohde, John Seeley und Stanley Fischer: »Age-Cohort Changes in the Lifetime Occurrence of Depression and Other Mental Disorders«, *Journal of Abnormal Psychology 102* (1993), S. 110–120.

Lewis, Michael: »Self-Conscious Emotions – Embarrassment, Pride, Shame, and Guilt« in Michael Lewis und Jeanette M. Haviland-Jones (Hrsg.): *Handbook of Emotions*, 2. Aufl., Guilford Press, New York 2000.

Lewontin, Richard C.: *Biology and Ideology – The Doctrine of DNA*, House of Anansi Press, Toronto 1991.

Loewald, Hans W.: »Some Instinctual Manifestations of Superego Formation«, *Annual of Psychoanalysis 1* (1973), S. 104–116.

Luepnitz, Deborah Ann: *Schopenhauers Stachelschweine – Psychotherapiegeschichten über die Nähe und ihre Tücken*, Psychosozial Verlag, Gießen 2007.

Luthar, Suniya S., und Chris C. Sexton: »The High Price of Affluence« in Robert V. Kail: *Advances in Child Development*, Academic Press, San Diego 2005.

Mairs, Nancy: *Ordinary Time – Cycles in Marriage, Faith, and Renewal*, Beacon Press, Boston 1993.

Maurer, Harry: »Enron – Guilty, Guilty, Guilty«, *Business Week*, 12. Juni 2006.

Mellor, Christie: *The Three-Martini Playdate – A Practical Guide to Happy Parenting,* Chronicle, San Francisco 2004.

Miller, Alice: *Das Drama des begabten Kindes und die Suche nach dem wahren Selbst,* Suhrkamp, Frankfurt/Main 1996.

Milrod, David: »The Superego – Its Formation, Structure, and Functioning«, *Psychoanalytic Study of the Child 57* (2002), S. 131–148.

Mitchell, Stephen A. und Margaret J. Black: *Freud and Beyond – A History of Modern Psychoanalytic Thought,* Basic Books, New York 1995.

Myers, David: »The Funds, Friends, and Faith of Happy People«, *American Psychologist 55* (2000), S. 56–67.

Nagapriya: *Exploring Karma and Rebirth,* Windhorse, Birmingham 2005.

Nairn, Rob: *Auf den Spuren des erleuchteten Drachen – Buddhistische Meditation,* dtv, München 2000.

Nakamura, Hajime: *Ways of Thinking of Eastern Peoples – India, China, Tibet, Japan,* Kegan Paul, London 1964 und 1999.

National Institutes of Health, National Institute of Mental Health: *Teenage Brain – A Work in Progress,* NIH Publication No. 01-4929, 2001.

A Nation Deceived – How Schools Hold Back America's Brightest Students, 2 Bde., University of Iowa, Iowa City 2004, www.nationdeceived.org.

Neff, Kristen: »The Development and Validation of a Scale to Measure Self-Compassion«, *Self and Identity 2* (2003), S. 224–250.

Neff, Kristen, Ya-Ping Hsieh und Kullaya Dejitterat: »Self-Compassion, Achievement Goals, and Coping with Academic Failure«, *Self and Identity 2* (2005), S. 263–287.

Newson, C. R.: »Changes in Adolescent Response Patterns on the MMPI/MMPI-A Across Four Decades«, *Journal of Personality Assessment 81* (2003), S. 74–84.

New Strategist Editors: *Generation X – Americans Born 1965 to 1976,* 4. Aufl., New Strategist, Ithaca, NY 2004.

O'Leary, Virginia E., und Jeanette R. Ickovics: »Resilience and Thriving in Response to Challenge – An Opportunity for a Paradigm Shift in Women's Health«, *Women's Health – Re-*

search on Gender, Behavior, and Policy 1 (1995), S. 121–142.

Peterson, Christopher, und Martin E. P. .: *Character Strengths and Virtues – A Handbook and Classification,* American Psychological Association and Oxford University Press, New York 2004.

Piaget, Jean: *Das moralische Urteil beim Kinde,* Klett-Cotta, Stuttgart 1983.

Piaget, Jean, und Bärbel Inhelder: *Die Psychologie des Kindes,* dtv, München 1993.

Plutchik, Robert: »A General Psychoevolutionary Theory of Emotion« in Robert Plutchik und Henry Kellerman (Hrsg.): *Emotion – Theory, Research, and Experience,* Bd. 1, *Theories of Emotion,* Academic Press, New York 1980.

Pollack, William: *Jungen – Was sie vermissen, was sie brauchen: Ein neues Bild der seelischen Entwicklung unserer Söhne,* Beltz, Berlin 2007.

Putnam, Robert: *Bowling Alone,* Simon & Schuster, New York 2000.

Quart, Alissa: *Hothouse Kids – The Dilemma of the Gifted Child,* Penguin, New York 2006.

Raskin, Robert, Jill Novacek und Robert Hogan: »Narcissism, Self-Esteem, and Defensive Self-Enhancement«, *Journal of Personality 59* (1991), S. 19–38.

Robbins, Alexandra: *The Overachievers – The Secret Lives of Driven Kids,* Hyperion, New York 2006.

Rosemond, John K.: »The Diseasing of America's Children – The Politics of Diagnosis« in R. H. Wright and N. A. Cummings (Hrsg.): *Destructive Trends in Mental Health – The Well-Intentioned Path to Harm,* Routledge, New York 2005.

Rutter, Michael: »Psychosocial Resilience and Proactive Mechanisms«, *American Journal of Orthopsychiatry 57* (1987), S. 316–331.

Sass, Henning, Hans-Ulrich Wittchen und Michael Zaudig: *Diagnostische Kriterien (DSM-IV-TR),* Hogrefe Verlag, Göttingen 2003.

Schachter, Joseph: »Andrew – Insecurity, Inferiority, Social Anxiety, and Submissiveness« in Joseph Schachter (Hrsg.): *Transforming Lives – Analyst and Patient View the Power* of Psychoanalytic Treatment, Jason Aronson, New York 2005.

Schneider, David J., und David Turkat: »Self-Presentation Following Success or Failure – Defensive Self-Esteem Models«, Journal of Personality 43 (1975), S. 127–135.

Schore, Allan N.: »The Experience-Dependent Maturation of a Regulatory System in the Orbital Prefrontal Cortex and the Origin of Developmental Psychopathology«, Development and Psychopathology 8 (1996), S. 59–87.

The Secret – Das Geheimnis, DVD. Regie Drew Hariot, Alive-Produktion, 2007.

Singer, Dorothy G., und Jerome L. Singer: The House of Make-Believe – Children's Play and the Developing Imagination, Harvard University Press, Cambridge, MA 1990.

Sketches of Frank Gehry, DVD. Regie Sydney Pollack. Sony Pictures Home Entertainment, Culver City, CA 2006.

Sowell, Elizabeth R., Paul M. Thompson, Colin J. Holmes, Terry L. Jernigan und Arthur W. Toga: »In Vivo Evidence for Post-Adolescent Brain Maturation in Frontal and Striatal Regions«, Nature Neuroscience 2 (1999), S. 859 ff.

Statistical Abstract of the United States, U.S. Census Bureau. www.census.gov/compendia/statab.

Stern, Daniel: Die Lebenserfahrung des Säuglings, Klett-Cotta, Stuttgart 2003.

Stern, Daniel, und Nadia Bruschweiler-Stern: Geburt einer Mutter, Piper, München 2001.

Taylor, Charles: The Sources of the Self – The Making of Modern Identity, Harvard University Press, Cambridge, MA 1989.

Thurman, Robert (Übers.): The Tibetan Book of the Dead: Liberation Through Understanding in the Between, Bantam, New York 1994. (dt.: Das tibetische Totenbuch, Krüger, Frankfurt 2001.)

Tugade, Michele M., und Barbara L. Fredrickson: »Resilient Individuals Use Positive Emotions to Bounce Back from Negative Emotional Experiences«, Journal of Personality and Social Psychology 86 (2004), S. 320–333.

Twenge, Jean M.: Generation Me – Why Today's Young Americans Are More Confident, Assertive, Entitled – and More Miserable Than Ever Before, Free Press, New York 2006.

U.S. Department of Health and Human Services: »2005 Survey on Drug Use and Health – National Results«, Office of Applied Studies, SAMHSA. www.oas.samhsa.gov/NSDUH/ 2k5NSDUH/2k5results.htm#Ch3.

Vandehei, Jim: »Probe Focuses on Rove's Testimony – As He Wraps Up, Special Counsel Asking if Deputy Chief of Staff Lied About Conversation«, *Houston Chronicle,* 8. Mai 2006.

Warner, Judith: »Kids Gone Wild«, *New York Times,* 27. November 2005, Teil: Week in Review.

dies.: *Perfect Madness – Motherhood in the Age of Anxiety,* Riverhead Books, New York 2005.

Watson, P. J., Tracy Little und Michael D. Biderman: »Narcissism and Parenting Styles«, *Psychoanalytic Psychology 9* (1992), S. 231–244.

Webster's II New College Dictionary, 2. Aufl., Houghton Mifflin, Boston 1999.

Wickramaratne, Priya J., Myrna M. Weissman, Philip J. Leaf und Theodore R. Holford: »Age, Period, and Cohort Effects on the Risk of Major Depression – Results from Five United States Communities«, *Journal of Clinical Epidemiology 42* (1989), S. 333–343.

Winnicott, Donald W.: *Kind, Familie und Umwelt,* Reinhardt, München 1999.

ders.: *Reifungsprozesse und förderliche Umwelt,* Psychosozial Verlag, Gießen 2004.

ders.: *Von der Kinderheilkunde zur Psychoanalyse,* Psychosozial Verlag, Gießen 2008.

Young-Eisendrath, Polly: *Gender and Desire – Uncursing Pandora,* Texas A&M University Press, College Station, 1997.

dies.: *Frauen und Verlangen – Warum Frauen mehr als nur begehrt sein wollen,* Goldmann, München 2003.

dies.: *Du bist ganz anders, als ich dachte – Den Partner wirklich lieben lernen,* Droemer Knaur, München 1996.

Young-Eisendrath, Polly, und Terence Dawson (Hrsg.): *The Cambridge Companion to Jung,* Cambridge University Press, Cambridge 1997.

Young-Eisendrath, Polly, und James Hall: *Jung's Self Psychology – A Constructivist Perspective,* Guilford Press, New York 1991.

Young-Eisendrath, Polly und Florence Wiedemann: *Female Authority – Empowering Women Through Psychotherapy,* Guilford Press, New York 1987.

Zito, Julie M., Daniel J. Safer, Susan DosReis, James F. Gardner, Laurence Magder, Karen Soeken, Myde Boles, Frances Lynch und Mark A. Riddle: »Psychotropic Practice Patterns for Youth – A Ten-Year Perspective«, *Archives of Pediatrics and Adolescent Medicine 157* (2003), S. 17–25.

Zolten, Kristen, und Nicholas Long: »Family Meetings«, Center for Effective Parenting, Arkansas State PIRC 1997, www.parenting-ed.org/parenting-handouts.htm.

Register